別冊 環 ㉙

KAN: History, Environment, Civilization

# 甦るシモーヌ・ヴェイユ *1909-1943*

純粋にして、勇敢・寛容

# 目次

「真に強靭で、真に純粋で、真に勇敢で、真に寛大」であるために。

別冊 環 ㉙

KAN: History, Environment, Civilization

# 甦るシモーヌ・ヴェイユ 1909-1943

## 純粋にして、勇敢・寛容

編＝鈴木順子

稲葉延子
岩野卓司
木崎さと子
合田正人
小林康夫
最首 悟
鈴木順子

鶴岡賀雄
渡名喜庸哲
長谷川まゆ帆
柳澤田実
山田登世子

シルヴィ・ヴェイユ
ロベール・シュナヴィエ
フロランス・ド・リュシー

訳＝稲葉延子
鈴木順子
西 文子

藤原書店

# 序
# 甦るシモーヌ・ヴェイユ

シモーヌ・ヴェイユ（1909-1943）の没後八一年目となる今年、ヴェイユの思想や行動を、現代的な新たな視点から見つめ直したい、という思いで本書は刊行された。それはヴェイユが生きた時代の背景を理解しつつ、他方二十一世紀的問題意識からヴェイユを再読する試みであり、もしヴェイユの言葉が時代を越えた輝きを放ちうるとすればわれわれにはどのような光が届くのかを探る企てである。したがってまさにそれは、ヴェイユをわれわれの前に甦らせようとする挑戦に他ならない。

とはいえ、決してヴェイユの言葉がまったく聞かれなかった時代が存在したというわけではない。本邦では、一九五七年の加藤周一による紹介以来、また五八年に始まる著作の翻訳以来、ヴェイユは多くの人々に読まれ続けてきた。六〇年代の学生紛争の中で、さらに彼女の宗教性に興味を抱く人々の間でも。他方、二〇二〇年代に入り、あたかも大戦再来のごとき状況が生じる事態になって、ヴェイユがこれまでとは異なる理由から求められ読まれる時代が新たに訪れたのは確かなのではないだろうか。

シモーヌ・ヴェイユは、大戦間の暗い時期にあって、善悪両方の側面をもつ複雑な人間存在の奥深くに分け入りつつ、同時に超越的で崇高なものに思いを馳せ、そして何よりつねに「真に強靭で、真に純粋で、真に勇敢で、真に寛大な人びとだけが（このような戦乱の時代に）矜持を保つ」などの力強い言葉で、同時代の社会、人々に向かって語りかけ続けた思想家である。今また、敵と味方、正義と悪とを簡単に二分する思考法が強まりつつある中、心に響く彼女の言葉をわれわれは新たに数多く見出せるだろう。

あらためて、ヴェイユの言葉に耳を傾けよう。たとえば、彼女は抗独運動を積極的に行いながらも、他方「ひたすら受動的な苦しみだけが悪を滅ぼす」と言った。さらには「（ナチスのような）強者といえどもけっして絶対的に強くはなく、（ユダヤ人のような）弱者といえども絶対的に弱くはない」とも言っていた。

実はヴェイユは、社会における強者も弱者も同じ人間と考え、弱者の擁護だけを正義とはしなかったし、力に対して抵抗することは大事だが、忍従することにも意義があるとしていた。また、戦争を同時代と遠い未来からの両方から見つめながら、言葉を発した。したがって彼女の言葉は、ある一つのものの見方、尺度から発せられるモノフォニー（単声）ではなく、いつもどんな時も複数の声が入り混じったポリフォニー（多声）だったのである。

このようにわれわれの、敵と味方、善と悪を安易にわけがちな一面的なものの見方を相対化する、その彼女の貴重な声の響きを丁寧に聞きながら、彼女の行動と思考の軌跡をたどり直したい。価値観が多様であることが重要視される現在、彼女の多面的なものの見方に学びたい。そして、いまわれわれの置かれたこの危機的な状況の中で、ヴェイユが示した「真に強靭で、真に純粋で、真に勇敢で、真に寛大な」考え方、生き方とは具体的にどのような考え方、生き方か、読者と共に考えたい。ヴェイユを再読しつつ現代についても考えるわれわれのこの試みは、SNS上で激しく大量に発せられるがすぐ泡のように消えていく、その場限りの空虚な言葉たちを生む行いとは全く異なる。つまり年月の重みに耐える言葉を紡ごうとする勇気と強さ、言葉への純粋な信頼、何よりも自分と異なる人間への寛大さを大切にする営みになるはずである。

最後に、この企画の構成について一言説明する。この企画には、「「犠牲」と「歓び」」「「利己」と「利他」」「歴史を問うヴェイユ、歴史に問われるヴェイユ」という三つの柱があるが、それは、「強さ、純粋さ、勇気、寛容」というヴェイユの言葉をより深く理解するために立てられたものである。さらに「私にとってのヴェイユ」というテーマで、さまざまな書き手がヴェイユへの想いを記すコラムがある。これらの枠組みはすべて、狭い専門研究の垣根を超え多様なアプローチでヴェイユを紹介すること、ヴェイユをより幅広い読者に開き、新しいヴェイユ読解の可能性を示すことを目指して設けられたものである。ヴェイユの言葉通りの「真に強靭で、真に純粋で、真に勇敢で、真に寛大な」一冊になればと心より願っている。

編者　鈴木順子

兄・アンドレと（1922年）

# I 総論 今、なぜヴェイユか

# 今、なぜヴェイユか

## 【純粋―抵抗―世界を感受する歓び】

**鈴木順子**

●すずき・じゅんこ 一九六五年生。東京大学大学院総合文化研究科地域文化研究専攻博士課程満期退学。学術博士。仏ポワティエ大学DEA取得。中部大学教授。フランス思想・哲学、フランス地域文化。主な著作に、『シモーヌ・ヴェイユ「犠牲」の思想』（2012、第五回河上肇賞本賞受賞作）『シモーヌ・ヴェイユ「歓び」の思想』（2023、共に藤原書店）など。

### はじめに――力への抵抗を続けるためには

シモーヌ・ヴェイユ（1909-43）は、一九三四年春、フランス中央部オーヴェルニュ＝ローヌ＝アルプ地域圏ロアンヌにある高校で哲学教員をしていたが、その彼女のもとに、以前の赴任地ルピュイの元教え子から一通の手紙が届いた。その生徒は、日ごとに不安定さを増す社会情勢に焦燥感を抱き、個性的な哲学の授業中に社会への問題意識も育ててくれたヴェイユを思慕して、自分も社会改革活動に積極的に参加したい旨を書いてきたのだった。ヴェイユはその正義感の強い元生徒に、次のように返事を書いた。

> 真に強く、真に純粋（purs）で、真に勇気があり、真に心が広い（généreux）人びとだけが〔権力に反抗することに〕耐え抜くでしょう(1)。

その二年ほど前の一九三二年に行ったドイツ視察旅行で、勢力争いにうつつを抜かしナチスの台頭を許したドイツ共産党、社会党に対してすでに期待や信頼を失っていたヴェイユは(2)、それらの革新勢力は、抑圧と戦うふりはするが、実はより悪い抑圧を受け入れるに至るだけだと考えていた。そのため、革命のイデオロギーを盲信することなく抵抗者は孤独であれ、と上記の手紙の中で生徒に注意を促し、そしてそれにつづき上記の言葉を書いたのだった。

第二次世界大戦開始直前という困難な時代に生きる哲学者、社会活動家として、ヴェイユは社会における抑圧的な力に抗し続け、また新たな抑圧を生むまいとしていたが、その時彼女が最も重視していたのが、孤独、強さ、純粋さ、勇気、心の広さだったのだ。本稿ではこれらの中で特に「純粋さ」を中心に、ヴェイユの後半生の思想と人生の軌跡の両方を検討する。ヴェイユが一九三〇―四〇年代当時言っていたことは、約九〇年後再び混迷を深め戦火を交える世界に生きる私たちに何かヒントとなることがあるだろうか。

## 一 「無垢」と「純粋」のあいだ――ヴィオレッタ

シモーヌ・ヴェイユを少しでも知る人なら、純粋（pur）という言葉は、彼女の口から発せられるのにかなりふさわしい語だと思うだろう。

例えば、シモーヌは十五歳の夏、家族と共にアルプス地方でヴァカンスを過ごしたが、その際、シャモニー＝モンブランに近いエヴェット氷河に兄と登って周囲の山々を眺めた。その時のことを、彼女は次のように書いている。

私が山の景色を見ているときに、純粋さ（pureté）という考えが浮かんできて、あらがいがたく少しずつ私の中に入ってきました。[3]

この眺望は、兄アンドレにとっても大変印象に残るものだったらしく、自伝で感慨深く振り返っている。ただその時、妹シモーヌの心に、アルプスの山々の景色が「純粋」の観念を決定的に植えつけたことについては、長い間「まったく気づかなかった」とし、妹の死後出版された手稿によって初めて認識したと言っている。[4] シモーヌの「純粋」観念への強い傾倒が、少女期にすでに始まっていたこと、またそうしたシモーヌ独自の精神世界の細部は、身近な家族にさえも、彼女の生前にはうかがい知れないことだったことがわかる。[5]

さらに、彼女の高等師範学校時代の校長のセレスタン・ブーグレや、論文指導に当たったレオン・ブランシュヴィックらが、彼女のことを「赤い処女（La vierge rouge）」というあだ名で呼んでいたということは、ジャック・カボーやシモーヌ・ペトルマンによる伝記[6]で紹介されて以来、つとによく知られている。これは、シモーヌが高等師範学校在籍中に社会的な請願活動や平和運動などに熱心に関わっていたことから、パリ・コミューンの戦闘的な革命家で「赤い処女」と呼ばれたルイーズ・ミシェル（1830-1905）にちなんでつけられたのではないかとされてきた。[7] このシモーヌのあだ名に後世、保守系新聞が「聖処女」としての意味を含ませるようになった旨の指摘が、近刊のシルヴィ・ヴェイユ著『アンドレとシモーヌ――ヴェイユ家の物語』にはある。[8] つまり、vierge が持つ多くの意味のうち、処女懐胎の聖母マリア（la Vierge Marie）という意味が、シモーヌの死後付け加わったということである。いずれにせよ、シモーヌには、社会活動に情熱を傾け、男性に混じって活発に活躍するが、男女の機微には無関心で、そしてどこか性的には清らかな存在、すなわち純粋無垢なイメージがあることは確かだろう。ルイーズ・ミシェルが男性関係も華やかであったのとは対照的である。

そのようなシモーヌ自身の持つ「純粋」さや、心中深く常にあった「純粋」観念への傾倒は、果たして彼女の人間としての「未成熟さ、生硬さ」だろうか。日本語の「清濁併せ呑む」という表現が「度量の広さ」を意味することから考えると、ヴェイユが世の「濁り」を一切拒否する幅の狭い人間であるかのようにとらえる人もいるかもしれない。たとえば、日本語で「あの人は純粋だ」というとき、それは決まって融通のきかなさを指す。

確かに「純粋」という語は、日本語においては両義的であるが、しかしヴェイユ自身が「純粋」という語を使う際には、常に積極的な意味でしか用いなかったのは確かである。[9] 改めて、ここで、彼女がそれほど重視する「純粋」とはいかなる観念だったかを確認してみたい。

## 「無垢」と「純粋」のあいだ

「純粋（pur）」の類義語に「無垢（innocent）」があるが、後者には「罪がない」の他「世間知らず」という、かなりはっきりした否定的な意味がある。ヴェイユ自身も、両者は異なるものとして認識していた。たとえば、彼女が（純粋ではなく）「無垢」の特徴を持つ人物として創作した人物に、戯曲『救われたヴェネツィア』におけるヴィオレッタがいる。まずはこのヴィオレッタについて見てみよう。

例えば、『カイエ』には、ヴィレッタについての次のような創作メモが見られる。

> 幸福な無垢（l'innocence）。ヴィオレッタ。何かしら無限に貴重なもの。しかもそれははかない、こわれやすい幸福、偶然の幸福である。[10]

『救われたヴェネツィア』は、一九四〇―四三年の間にヴェイユが執筆していた戯曲で、大筋においては出来上がっているものの、作者の予期せぬ死により未完に終わったとされる作品である。十七世紀に実際にあった歴史的事件（一六一八年のスペイン人によるヴェネツィア共和国占領の陰謀）をモデルに、ヴェネツィアを占拠・奪取しようとするプロヴァンス人の陰謀と、その一団に巻き込まれたせいで、ヴェネツィア人の娘への愛と果たすべき任務のはざまで苦悩するプロヴァンス人将校ジャフィエの姿を描いている。ヴェネツィアの有力者の娘である美しい少女ヴィオレッタは、生まれ故郷のヴェネツィアを心から愛し、他国人による強奪の企みが水面下で進んでいることなど露知らぬまま、年に一度のヴェネツィア祭の日を待ち望む日々を送っていた。ジャフィエは最終的に、ヴィオレッタへの愛ゆえに、陰謀を阻止すべく仲間を裏切る決意をする。彼のおかげでヴェネツィアは救われ、無事祭りの日が訪れる。ジャフィエ自身は破滅に追い込まれひとり街を去るが、ヴィオレッタは、何も知らぬままに幸せであり続ける。

このヴィオレッタは、若く美しい、まさに無垢な少女として描かれている。ひたすら自分の生まれ育った美しい街ヴェネツィアを思い、祭りの日の高揚と輝きを求めている。彼女の「無垢」は一途に光を希求し続ける強さとして描かれる。例えば、ヴェネツィア祭の前日、侵略の実行と阻止の間で苦悩するジャフィエの横で、彼女は無邪気に言う。

> ヴェネツィアがいつか破壊されたり、奴隷になったりすることがありうるなんて、考えてみることさえできないというのは本当じゃなくて？　そんなことになったらわたしたちはどのようにして生きていくことになるのでしょう？　生きてゆくことなどできはしないわ。わたしたちは、荒野の中にいることになるのですから。
> 　そんなことは、決して起こらないはずです。決して。こんなに美しいものが破壊されるのを、神さまはお許しにならないはずだわ。それに、誰が、ヴェネツィアに害を加えたがっているというのでしょう？[11]

このヴィオレッタの無邪気さ、無垢さは、まるで幼な子のそれである。幼な子の欲求の強さについてヴェイユは次のように『カイエ』で語っている。

> 子どもは両手を差しのべ全身を輝くもののほうに引っ張っていこうとする。たとえそれが月であろうともである。空腹のとき、子どもは乳やパンを求めて倦むことなく声と全身で泣き叫ぶ。おとなたちはそんな子どもをかわいいと思い微笑む。だが、子どものほうはあくまで真剣だ。ひたすら全身全霊は欲求することで占められている。[12]

ヴィオレッタにしろ、子どもにしろ、無垢な存在は、願望の烈しさと揺るぎなさにおいて強い。彼らの求めるもの（ヴェネツィア、輝くもの、そして乳やパン）は、肉体的、精神的に彼らが生きる上で必須のものであって、彼らは欲求するその理由に微塵も私心はなく、彼ら自身にまったく後ろめたさや躊躇がない。だから彼らは一歩も引くことなく真剣にひたすら全身全霊で求め続けることができるのである。そして彼らは、自分の願いが必ず満たされること、周囲には期待に応えてくれる善意があることを少しも疑わず、心から信頼している。そのような他者からの援助を必要とする無垢な存在に対して、周囲の人々においては助けたいという気持ちが喚起される。

## 『星の王子さま』の無垢と純粋

　ヴェイユがこれを書いたのとほぼ同時代の作品に、サン゠テグジュペリ『星の王子さま』（一九四三年）がある。作品の冒頭で、砂漠で遭難した語り手パイロットの前に突然現れた小さな王子は、ひたすら、飛行機の修理に余念のないパイロットに「ぼくに羊の絵を描いて」と求める。その小さな王子の姿がここで思い起こされる。ヴェイユにせよ、サン゠テグジュペリにせよ、彼らが戦時下の非人間的状況を目の当たりにしたとき、書きたいと思ったことは次のことだったのだろう。つまり、こうした本来人間ならば誰しも持っている、周囲から温かく包まれたいという願望、根源的な欲求について、それは誰にあっても満たされるべきであるということを、彼らは、ヴィオレッタや王子といった無垢な存在を通じて描き出したかったのではないだろうか。

　このような無垢な存在の欲求に応えねばならないのは周囲の人間である。周囲の人々は彼らを助けることに歓びを感じ、彼らを助けることで幸福になる。無垢な存在は人間の利他本能を満たさせる。

　ところで、『星の王子さま』の小さな王子は、その後さまざまな学びを経て、最終的には、故郷の星に残してきた「花」という無垢な存在を守るため、自ら肉体を地球に捨ておき、魂だけになって空へ帰っていく。物語の最後で、彼は、他者に要求を満たしてもらうだけではない存在になる。無垢なる者の心を理解しつつ、援助する側の人間に、すなわち幼な子から大人になったのである。その点、ヴィオレッタが大人になる契機は戯曲の中では訪れない。ヴィオレッタは無垢のまま、何も知らず、ジャフィエの犠牲により幸福であり続ける。

　このヴィオレッタの幸せについては、ヴェイユは「こわれやすい幸福、偶然の幸福」と述べ、あくまでも偶然のものであることを強調している。

　この点を考える上で、忘れてはならないのが、『救われたヴェネツィア』に出てくる娼婦の存在である。この娼婦は、ギリシアの貴族出身で、ヴィオレッタよりむしろ出自は高貴であるが、若く無垢だったころ一途な愛をささげたヴェネツィア男に裏切られ、家族も零落して無一文になり、娼婦にならざるを得なかった女である。自分をひどい目に合わせたヴェネツィア人たちに心から恨みと憎しみを抱いており、無垢で幸福な処女ヴィオレッタと対比的に、労苦に満ちた人生を歩む不幸な女性として登場する。

　ヴェネツィアを乗っ取ろうと陰謀を企てる側のプロヴァンス士官らが「いったい何が望みだい？」と彼女をからかうと、その娼婦は、

　私を汚したヴェネツィアの男たちの名を、私はひとり残らず覚えてるんだ。そいつらの女房と娘たちを、誰も彼も兵士たちに引き渡してやりたいのよ。この国の政治に関係のある連中みんなの女房と娘たちもさ。(13)

と答え、ヴェネツィアが滅ぶのを心待ちにする。ヴェイユは、ト書で「士官たちはふざけながら、娼婦を連れて立ち去る」とする。

　ヴィオレッタの幸福はジャフィエが自分の身の破滅と引き換えに守ったが、ヴェイユはそれを「ヴィオレッタの幸せははかない、偶然のもの」とし、ヴィオレッタに倫理的卓越などの堅固な理由があるがゆえの幸福なのではなく、彼女の幸運と娼婦の不運は、紙一重の違いであることを強調する。

　娼婦の最も大きな苦しみは、自分が人間として大切に扱われないこと、買春した男らの妻や娘といった女性たちと異なり、自らの存在に関わる肉体的、精神的欲求に、誰ひとりとして敬意を持って応答しないことである。娼婦の悲しみの原因が、そうした人間として最も基本的な欲求が満たされないことであることをヴェイユは理解している。娼婦は、したがって、自分を金で買いもてあそんだ男だけに怒りを向けるのではなく、自分に尊厳を認めず疎外してきたヴェネツィアという社会全体に怨嗟の念を抱いている。

　ヴェイユの戯曲における、この名もなき娼婦という登場人物の創出は、ヴィオレッタの無垢さの特徴を描き出す上でも、また二十世紀前半の虐げられた女性の状況を想起させる上でも、かなりよく考え抜かれたものと言えるのではないか。

## フェミニストではなかったヴェイユ

　ところで、ペトルマンによる伝記には、娼館に行く高等師範の友人男性らについて行こうとするヴェイユが描かれている。その際、シモーヌは自分が女性であることがわからぬようにし、娼館に入って中を知ろうと努めた。ヴェイユはペトルマンによれば、「娼婦に非常に大きな憐憫の情を抱いていた。そこで、いかなる手段によれば、この悲惨な事態を改善することが可能かを理解するため、娼婦たちの生きている境遇を知りたいと

思っていた。それはあらゆる悲惨を知りつくしたいという彼女の念願のひとつのあらわれであった」としている[14]。

ヴェイユは売買春という社会的現象、性的搾取が起きうる現実を知り、受け止めそれを理解したいという意図でこうした行動に出た。娼館に入ろうとする試みには、この世のありのままを知りたいという彼女の願望があらわれている。それは彼女が工場に入っていき、女工らの生活、感じていることを知りたいと願った思いと同一であろうと思われる。

この願望、行動からもわかるように、男性に消費される性としての娼婦に対しては、同じ人間としての共感や温かい眼差しがヴェイユにはある。ただし、その憐憫や温情、女性の経済的貧窮につけ込んだ性行為への嫌悪が、すぐに男性への批判、糾弾にはつながっていない。なぜだろうか。

シモーヌは「自分はフェミニストではない」（一九二七年の発言[15]）と言明していた。それは、娼婦の願いが、周囲からの生命的、精神的な基本的欲求への応答と尊厳を認めてもらうことであることを見抜いていたためではないか。娼婦の思いは、「権利の主張」という形ではなく、本来当然満たしてもらえるはずの本質的な欲求に応えてもらえなかったことへの沈黙の抗議、心の中の叫びになる。それは「人格と聖なるもの」における娼館に入れられる少女の描写に結実している（一九四二年[16]）。ヴェイユが当時のフェミニストをどのように理解していたかについては資料が少ないので推測するしかないのだが、当時の社会的弱者である娼婦らの「権利」を問題化して解決することについては賛同できないと思っていたのだろう。シモーヌが娼館に通う友人らを男女同権、娼婦の権利保護から非難することはなかった。そしてその背後には、上記のように学生時代以来の娼館や娼婦に対するねばり強い執念すらも感じさせる観察と、そしてそれら実際の見聞に基づいた人間の尊厳についての深い考察があった。

おそらく、ヴェイユは赤い聖処女（la vierge rouge）というあだ名にふさわしい一面はあったものの、他方、人間における性をめぐる関係性については、相手に対する尊敬が伴う関係も伴わない関係も、そのすべての諸相について、鈍感でも無関心でもなく、むしろ積極的に興味を抱き続けた。彼女はあらゆる性愛の諸相をまずありのままに知りたいと望み、何も拒否せずに受け止めそして理解した。また当時の女性たちにおいては、その社会的立場、個性によってさまざまな苦悩と希望があることを見抜いていた。

その上で、彼女は売買春などの具体的な社会問題解決については、男女同権などの権利概念を軸に善悪を裁断するやり方をとらなかった。彼女自身が自分を「フェミニスト」ではないと言っていたのは、「権利」概念に基づいて社会問題を解決しようとする方向性からは身を遠ざけたかったからだろうと思われる。だからといって、彼女は男性優位社会をそのままで良いと思っていたわけではない。ヴェイユは、人権の主張とは異なるやり方で、すなわちいかに人間同士が欲求を満たし合い尊厳を認め合えるかという関係を考察するやり方で、解決を模索したのだった。

## 二 「純粋」という強さ——マリア、アンティゴネー

前節では、『救われたヴェネツィア』のヴィオレッタを通して、ヴェイユが「無垢」についてどのような特徴を付していたかを確認した。それは、他者からの援助を必要とする存在であり、周囲の善意を信じ切っている存在であった。ヴィオレッタのようにその善意に包まれる場合もあるが、娼婦のように他者への期待が裏切られる場合もあり、それは偶然に任される、ということだった。また、無垢な人間は、『星の王子さま』の小さな王子のように、自分も善意を与える側に移行する場合があった。

それでは、「無垢」とは異なり「純粋」を具現する存在としてヴェイユが言及する人物を順に三人見ていきたい。それは、聖母マリアとアンティゴネー、そしてクリシュナである。

マリアは、処女であると同時に、原罪のない人間として無垢であって、この点でヴィオレッタと重なる特徴を持っているが、二者が大きく異なるのは、マリアは、求め泣く者に惜しみなく乳を与える存在であることである。

聖母の乳、御父の種子《スペルマ》。それが欲しいと泣き叫ぶなら、わたしにも与えられるであろう。この叫びこそは人間に与えられた最初の技巧なのだ。労働によってはけっして入手できないものを得るために叫ぶのだ。最初の糧は母親からでて子どもの泣き声に応えて与えられる。いかなる労働もそこには介在しない。(17)

ヴェイユが考えるマリアは、自分の子イエスに対してのみならず、私たちの中の誰かが求めて泣き叫んだとき、誰であっても労働という対価なしで惜しみなく糧を与えてくれる存在である。人間は大人になれば、努力して対価を払わない限りいかなる報酬も与えられないのがふつうだが、マリアは大人になった私たちの誰に対しても、それが人間にとっての根源的な欲求の叫びであるならば、どんな叫びでも聞き届け、対価を払わなくても与えてくれる存在として考えられている。

つまり、ヴェイユによれば、マリアにはヴィオレッタには見出せない特質、すなわち、神への従順によって強められた無償の利他行為を行う心の広さがあるということである。それゆえに、ヴェイユはヴィオレッタには「無垢」を、マリアには「無垢」のみならず「純粋」を見出しているようである。

ところで、先ほどの引用には続きがある。

聖母の乳とは世界の美のことだ。美の観点から眺めるならば、世界は完全に純粋である。(18)

ヴェイユが考えるところの聖母マリアは、無垢、かつ豊穣すなわち他の宗教的象徴にも見られる地母神的存在に他ならないが、さらに、肉体的糧のみならず、精神的糧としての「世界の美」を与える存在でもある。マリアは私たちにそれらを贈与する。つまり、聖母マリアの乳は、ヴェイユが十五歳の時に感動し心に刻んだ、アルプスの山々の美しさに代表される世界の美である。それは完全に「純粋」だとシモーヌはいう。

ここまでのところ、前節ではヴィオレッタに「無垢」の特徴を、本節では聖母マリアに「純粋」の特徴を見てきた。ヴェイユがいう無垢は、私心のなさであり、この特質は、幼な子が持つものと同じであった。ところで無垢なヴィオレッタや幼な子は、自分が他者に援助することは知らない。他方、マリアに見られるのは無垢のみならず純粋である。なぜなら、マリアには、私たちから求められれば、生命維持に必要な乳を、そして精神的に必要不可欠な世界の美を私たちに与える、心の大きな存在だからであった。私心のなさとしての無垢に加えて、利他的行為を行う心の大きさ、強さをもつマリア、さらに世界の美と深く関係するマリアをヴェイユは純粋な存在とするのである。

## アンティゴネーの純粋さ、勇気、強さ

さらにヴェイユが、無垢のみならず、勇気、強さを持ち、そして純粋な人物としてもっとも好んで描くのがソポクレス『アンティゴネー』の主人公アンティゴネーである。

この作品は、古今の有名な思想家、作家が取り上げて論じたり翻案したりしていることで知られている（ヘーゲル、デリダ、ラカン、スタイナー、バトラー、コクトー、アヌイ、ブレヒトなど。ストローブ＝ユイレによる映画化もある）。これだけ多くの大思想家、大作家らの興味を引く理由としては、スタイナーによれば、この作品は、「人間の条件の内なる主な永久的葛藤のすべてを表現した〔…〕ただ一つの文学テクスト」で、その永久的葛藤とは、「男と女、老年と青年、社会と個人、生者と死者、人間と神（ないし神々）の間の対立」だからである。(19) 近年では、フランソワ・オストによる『ヴェールを被ったアンティゴネー』（伊達聖伸訳、小鳥遊書房、二〇一九年）があり、イスラームの少女が、教室でヴェールを被る行為に出るという翻案がなされている。まさに二十一世紀的「アンティゴネー」と言えるだろう。このように時代を越えて普遍的な「人間が抱える葛藤」を象徴するアンティゴネーであるが、それではヴェイユはアンティゴネーのどこに「純粋」を見出し惹かれたのだろうか。

ヴェイユは、アンティゴネーは「死に至るまで従順で、完全に純粋な犠牲者[20]」であると言っており、アンティゴネーが、人が定めた法律や、時の政治権力者の意向より、神々の命ずるところに従順で、それを徹底的に優先したことに注目している。

アンティゴネーが神への従順を貫き通すことで、現世の支配勢力とぶつかり、しかしそこで彼女は決して怖気づかずに勇気と強さを示したこと、これこそヴェイユが、自分の昔の生徒に宛てた手紙の中で、教え子たちに推奨していた「純粋、勇気、強さ、孤独」を保って行われる抵抗であった。それら四つの要素を全てヴェイユはアンティゴネーの生き方に見出していたようである。

> アンチゴネーは完全に純粋で、完全に無垢で、完全に勇気ある存在である。あの世での不幸な運命を受けるはずの兄弟を護るため、みずから死に身を委ねる。死が目前に近づいたとき、彼女の気性は衰え、人間たちと神々から見捨てられたと感じている。彼女は愛により分別を失った(insensée)がゆえに、命を落とすのである。[21]

とヴェイユは述べている。

## アンティゴネーとイスメネーの対比

ところでソポクレスは、アンティゴネーと対比的に、イスメネーという妹を描写する。アンティゴネーが、神に、あの世に、死者に従順であったのと比較すると、イスメネーの方は、この世に、社会に、生者のルールに従順である。

> 第一に自分たちが女ってこと、それで男の人と争いあうよう生まれついてはいないというのを。それから、力のもっと強い者に支配されている、ってことも。それゆえ、今のことでも、またはもっと辛いことでも、服従するほかありませんわ。ですから、私としては、あの世にいる方々にも容赦を願って、権力を手に握ってる者の言うまま、やっていくつもりですの。そうするほかないのですもの。よけいな騒ぎをしてみても、何のたしにもなりませんもの。[22]

イスメネーは、姉アンティゴネーのことを「考えが無い、分別を失っている(insensée)」と言う。この世の常識に従うという意味で分別があるのは、確かにイスメネーの方である。さらにイスメネーはアンティゴネーに言う。

> あなたがゆくのは無考え(insensée)でも、愛しておいでの人たちからは、あなたも当然愛を受けられようってこと。[23]

（この箇所のギリシア語をヴェイユはフランス語に次のように訳している。« Tu es insensée, mais pour tes amis une véritable amie »（「あなたは分別を無くしている（insensée）けれど、親しい人たちにとって、あなたは本当に愛しい人です」[24]））

妹のイスメネーはわかっている。アンティゴネーが神、あの世に従順であることで、この世でアンティゴネーのすぐそばにいる婚約者、自分、家族につらい思いをさせることを。それでもアンティゴネーは神への従順を貫く。このようなアンティゴネーにヴェイユは、彼女にとっての最も貴重な価値である「純粋、強さ、勇気」を見出す。ただ、ヴェイユはイスメネーの考え方、生き方も決して否定しない。全員がアンティゴネーによ うに生きる必要はないからである。誰かしら、それはごくわずかでよいのだが、アンティゴネーのような存在が必要なのであり、それはどうしても引き受けざるを得ない召命として自覚された人だけが引き受ければ良いことだからである。

いくつかのギリシア悲劇には、罪に端を発する呪いが世代から世代へと続いていき、ついにはある完全に純粋な人間にまで達し、この人間があらゆる苦悩をこうむるのがみられる。そこで、呪いは止む。〔…〕ギリシア悲劇で運命と言われているものは、はなはだ誤解されている。運命があるのではない、この呪いの概念があるのである。それは、罪がひとたび犯されるとそれにより生じ、人々によって次から次へと伝播され、神に従順で純粋なひとりの人の犠牲の苦しみによってのみ壊されうるのである。[25]

本節で述べてきたことを振り返ってみると、ここまで私たちはヴェイユの「純粋」と「勇気」「強さ」について、特に聖母マリアとアンティゴネーを通して考えてきたが、では中でもヴェイユが最も心惹かれる存在として挙げているのは誰かといえば、それはアンティゴネーということになる。[26]

アンチゴネー〔…〕その敬虔（piété）は純粋である。〔…〕これは不純さに対する純粋さの勝利である……。いつでもこれを読むことは私の慰めになるだろう……。[27]

ただ、さらにもう一人、ヴェイユが憧れや尊敬と共に自己同一化していた（しようとしていた）存在がある。それは『バガヴァッド・ギーター』（略称『ギーター』）に出てくる神クリシュナである。ヴェイユは晩年の『カイエ』の中で、「キリストの諸表象のリスト」を作るが、その中に、アンティゴネーに次いで、クリシュナの名前を書いている。[28] つまり、アンティゴネーと並んでクリシュナのことを重要なキリストの一表象であると見なし

ていたのであった。また、

『バガヴァッド・ギーター』と『アンティゴネー』は表面的には反対の意義を有するように見えるが、じっさいは同一の精神を有している。両者は相補的なのだ(29)。

とも述べる。確かに、ヴェイユの言うとおり、『アンティゴネー』は、神への従順ゆえに、人間社会の掟を破るアンティゴネーを描くが、他方、『ギーター』は、クリシュナ神が戦に身を投じよと命じるのに、なお逡巡するアルジュナを登場させる。この両書は表面的に反対の意義を持っているように見えるが、実は両者は同一の精神を有しているとヴェイユはいうのである。では、ヴェイユのクリシュナという存在への傾倒の理由は何だろうか。

## 三 「純粋」から行為へ、さらに多様性のある環境へ

ヴェイユが日々の思索を記していた雑記帳のうち、一九四二年の秋頃使用していた一三冊目の表紙には、ギリシア語による福音書などの引用のほか、サンスクリット文字で「クリシュナ」と書かれている。一四冊目にもそれはあり、さらに一六冊目になると、表紙一面が「クリシュナ」の文字で埋め尽くされている(30)。それらはドイツによるパリ占領後に避難した先のマルセイユや亡命地のニューヨークで使っていた雑記帳である。

その後シモーヌは、家族と別れてひとり帰欧し、ロンドンでレジスタンスに身を投じるが、その地から兄や両親にあてた手紙には、自分のことをクリシュナと呼び、「クリシュナを忘れないでくださいね」などと書いているのが見える(31)。一九四三年三、四月の頃の手紙である。

まさにその直後（四月半ば）、下宿で昏睡状態となって倒れ、入院後も衰弱が進むばかりだったが、しかしヴェイユが『ギーター』を手放すことは最期の日を迎えるまでなかった。五月末には病床でサンスクリットの学習も再開する。すでに死は三か月後に迫っていた。このように、ヴェイユの最期の日々、いつもそばに置かれていた『ギーター』とはどんな書物だろうか。この書物の何がヴェイユの心をとらえて離さなかったのだろうか。

『バガヴァッド・ギーター』（「崇高なる神の歌」の意）は、一世紀頃成立した小詩篇で、古代インドの叙事詩『マハーバーラタ』の第六巻二三―四〇章を形成している。この部分だけ独立してヒンドゥー教の聖典として読まれることも多い。クリシュナは、ヴィシュヌ神の化身であり、『ギーター』では王子の御者の姿になって登場する(32)。

『マハーバーラタ』は、王位継承をめぐる争いを全編にわた

り描いているが、その中に挿入された『ギーター』は、同族同士が殺し合う大戦がまさに始まろうとする場面である。その大いくさに参戦すべく戦場に赴いた主人公アルジュナ王子は、しかし、同族骨肉相食む残酷さに疑問を抱きはじめ、戦うべきか戦わざるべきか逡巡する。そこでクリシュナは、アルジュナ王子に対し、クシャトリア（王侯・武士）としての本分を私心なく行うよう、たとえ身内との戦いであっても、それは義務であり善行であるとし、参戦を命じるのである。ヴェイユが『ギーター』で最も好きなところは、まさにクリシュナがアルジュナに戦うことを命じるところである。

> クリシュナは、アルジュナに対して、彼が戦わねばならないことを論証することにはほとんど時間を費やさない。なぜなら、対話が始まる前から、アルジュナが戦うであろうことには疑問の余地がないからだ[33]。
>
> 自分がかかわっている社会的な諸関係の枠組内において、もろもろの人間的な義務を実践しなければならない。もっとも、それらから離れているようにという神の特別な命令がないかぎりのことであるが。
>
> アルジュナの過ちは自分は戦わないと言ったことだ[34]。

シモーヌはこのように言う。自らをクリシュナと同一化し、うちなる怯懦なアルジュナ的な部分に対して、ナチス・ドイツへの抵抗という行動の必要性を説いていたのだろうか。他方、行為への留保や、不動もありうるという視点もヴェイユはもつ。

> 命じられた行為の純粋かつ単純な、過不足のない完遂、すなわち従順、これが魂にあることは、不動性（immobilité）が身体にあることと同じであるに等しい。これこそ『バガヴァッド・ギーター』の意味するところである。
>
> どのようにしてある行為が命じられているものかを認識するか[35]？

## 行為するべきか、行為せざるべきか

確かに、私たちにとっては、どの場合に行為すべきであり、どの場合には行為しないか、その判断がもっとも難しい。例えば、ジャンヌ・ダルクのいわゆる救国行為に関しては、通説では神託を受けたことがきっかけとされているが、シモーヌは彼女については終始批判的、否定的であった。他方、ナチス・ドイツがチェコ侵攻を行った際は、絶対平和主義を唱える勢力を批判した。

しかしシモーヌ自身が最終的にどうしたかといえば、死の直前に彼女はレジスタンスから身を引いた。一九四二年秋以来、組織的活動に加わっていたシモーヌだったが、リーダーであるド・ゴールの方針が戦後フランスの大国化であることに気づいたため一九四三年七月に職を辞したのである。この判断にはまさに、行為すべき時と行為すべきでないときのヴェイユ自身の指標が見て取れる。

　対蹠的なもの。今日、われわれは全体主義を渇望すると同時に唾棄している。ほとんどすべての人はある特定の全体主義を愛し、べつの全体主義を憎んでいる。
　このように愛するものと憎むものの類似性はかならず存在するのか[36]。

　ヴェイユにとっては、ナチス・ドイツの全体主義を憎みながらフランスの大国化を望むことも、ソ連の共産党独裁体制を称揚することも、両方とも同じく理解しがたいことだった。それらを望む人々が愛するものは、自分が憎むものの類似物なのである。彼らが望んでいる社会は、今ある抑圧を異なる抑圧で置き換えた社会にすぎない。だからこそ、本稿の冒頭で紹介している通り、かつての教え子がロシア革命に希望を見出し社会改革に参加したいと書いてきた手紙の中で、ヴェイユは、当時の共産党や社会党が拠って立つところのイデオロギーを盲信することの危険や、革命が別の抑圧（共産党独裁など）を生むことに気づくよう、さとしていたのである。
　おそらく、ヴェイユがユダヤ人強制収容所解放計画（パラシュートで収容所の上空から武装した兵士を降下させ、収容所を解放する計画[37]）を立て、実現と参加を熱望しながら、他方ユダヤ人の祖国建設などをめぐっては抑制的な態度だったこと、娼婦に関心を寄せつつ、女性の権利向上の主張をしなかったことにも、同様の理由が見出せるのではないだろうか。なぜなら彼女には、常に次のような強い信念があったからである。

　力を操るにあたって純粋なひとはほとんどいない[38]。

## 犠牲者意識ナショナリズムの危険性

　ヴェイユが社会問題を解決する上で、行為するかもしくはしないかをどのように決めていたかについては、近年、林志弦が「犠牲者意識ナショナリズム」という概念を創出し、批判的に提起した、その考え方の中に共通の基盤ないしはものの見方を見出せるように思われる[39]。
　林は次のように言う。「自己省察を放棄した道徳的正当性ほど危険なものはありません。典型的なのがイスラエルです」「パレスチナ人に対して、イスラエルの一部の若者は極めて攻撃的」だと。林はまた、「被害者も潜在的な加害者になりうるのだと自覚する」ことが必要であると言い、「犠牲者という自己規定が与える歴史的免罪簿を引き裂き、自分を省察しようとする高度の道徳的思惟」があるべきだとする。

　これらはすべて、ヴェイユが、自分の時代の反ナチスの社会主義者、共産主義者、フランス人、そしてユダヤ人や女性に権利の主張をさせようとする人々に感じていたことと繋がっているだろう。自分を絶対的犠牲者、被害者と規定し道徳的な正当性をまったく疑わなくなって他者に力を行使したときに生じる、抑圧を抑圧でおきかえる可能性、被害者が新たな加害者となりうる危険性である。ヴェイユは戦後にすぐそうしたことが起こりうるということを感じていたのではないだろうか。ヴェイユは次のように言っていた。

> 強者はけっして絶対的に強くはなく、弱者も絶対的に弱くはないが、どちらもそれを知らないのだ。両者は自分たちが同類だとは思っていない。弱者は自分を強者と似た者だとは見なしていないし、そのようなものと見なされてもいない。〔…〕思惟がところをもたぬところでは、正義も慎重さもところをもたない。それゆえに、これらの武装せる人々は苛酷にも愚かしくも行動するのである。[40]

　力の巨獣は、弱者、被害者の側にも現れる。欠くべからざるものは、ヴェイユによれば、思惟であり、力の行使における慎重さである。林も「犠牲者意識ナショナリズム」に注意をうながしつつ言っていた。被害者であっても「自己省察」しなければならないと。なぜなら「被害者も潜在的な加害者になりうるのだと自覚する」ことなしには、歴史の中で次の新たな抑圧が生まれるだけだからである。

> 謙遜は、自分の内なる想像上の善を取り除くことによる浄化である。[41]

　ヴェイユは弱者が自分が正義、善と思うことを相対化してみることについて「謙遜」と言った。ヴェイユのいう謙遜は、まさに林がいう「自己省察」であり、さらに言い換えればそれは「自己相対化」であろう。自己相対化がなされなくなった時、想像上の善が唯一の正義としてあらたな暴力を生む、という点でヴェイユ、林の両者は一致している。

> 一般的に美が善の似像であるように、純粋さはへりくだりの似像である。[42]

　ヴェイユが、元の教え子に伝えたかったのは、まさにこの私心のなさとしての純粋さであった。これを持ち続け、社会の中で新たな抑圧を生まない行動をとっていって欲しかったのだと思われる。

林もまた次のように言っている。「必要なのは、相手の考え方を知り、自国中心的な記憶から抜け出すことです。すなわち脱領土化、脱国民化です。共通の記憶空間ができて、問題が何かを話し始めたのであれば希望が持てます」(43)と。ヴェイユが希求していた、新たな抑圧を生まない、力の応酬にならない「純粋な」関係性の創出とは、まさにこのことなのではないだろうか。

## 行為・不行為は召命

われわれにとって、行為・不行為の基準はどこにあるか知ることは難しい。ところで実は、『ギーター』の教えはそれを超えたところにあった。人間は、自分が行為する、しないを決める主体だと思っているが、それは浅い理解にすぎない。私たち人間を含む物質＝物質的原理（プラクリティ）とは異なる、霊我＝神（アートマン）という精神的原理が存在し、その区別を認識するという真理に達すれば、人は行為／不行為を超越した解脱の境地に至ることができるのである。行為の成功・不成功といった結果を度外視して、自己の本分、なすべきことを私心なく遂行することができるようになる。『ギーター』が全編を通じて歌い上げているのは、この「神への信仰」にほかならない。神を純粋に愛するものは、恩寵によって、生まれや行為・不行為に関係なく、解脱できるというのが、『ギーター』の究極の教えである(44)。ヴェイユが『ギーター』と『アンティゴネー』が同一の精神を有していると言ったのはこのことであり、ヴェイユは最終的にこの点にもっとも惹かれていたのだろうと思われる。彼女にとってそれは、別の言い方をすれば、自らの召命を受け入れるということに他ならなかった。

## ヴェイユが目指した環境《ミリュー》とは

ところで、このように召命に従いつつ行為・不行為を通じて、ヴェイユが目指そうとした社会はどのようなものだっただろうか。それは、前述の元教え子への手紙からも読み取れるように、強く純粋で勇気があり心が広い人びとが、抑圧的な力に抗しつつ現出させる社会である。ヴェイユはそれがどのようなものになると考えていたか。

ヴェイユが思い描いていた理想的な社会環境、それはまさにヴェイユ自身が『救われたヴェネツィア』の中で描き出した理想的な美しいまち、ヴェネツィアであった。

> まち（cité《シテ》）はひとの呼吸する空気と同じように意識する必要のない人間的環境（milieu《ミリュー》）なのである。自然、過去、伝統との触れ合い。仲立ち。
> 『救われたヴェネツィア』。スペイン。陰謀はその当事者

にとって社会的なものである。ヴェネツィアは一個のまちである。
まちは社会的なものを想起させはしない。〔…〕根づくことは社会的なものとは別のものである。(45)

これを読むと、ヴェイユは社会的に新たな関係を構築することよりも、自然や歴史を持った共同体を「まち《シテ》」「環境《ミリュー》」とよび、それらへ根づきのほうをむしろ重視していたように見える。彼女がヴェネツィアのほかに、根づくに理想的な「環境」と考えていた例には、オック語が話されていた頃の南仏地方、古代ギリシアなどがある。当然ながら歴史的事実に基づいてというよりは、ヴェイユが理想化した上でのそれらである。

オック語地方、ギリシア、力を讃美しない文明。〔…〕かれらは情感の純粋さを愛するのである。
力の影響を免れているものは純粋である。
かれらにとって愛は純粋な願望であった。そこに征服の意欲はない。(46)

なぜヴェイユは南仏オック語地方を理想的環境の一つと考えていたのだろうか。ヴェイユによれば、そこでは、アルビジョワ十字軍侵略の際、住民のあいだに宗教的な対立が生じなかったから、ということである。十三世紀当時、アルビジョワ派（カタリ派）もカトリックの住民も、トゥールーズ近辺においては、その異なる宗教思想同士は衝突せず、環境《ミリュー》のなかで緩やかに共存していた、とヴェイユは考えていた。ヴェイユは、こうしたまち《シテ》、環境《ミリュー》に、心の広い（généreux）人々が作る、多様性を認め異なる他者と共存する心の広い共同体を見ていたのであった。果たして、これらのまちが他のまちに対してまったく力の影響を及ぼそうとしなかったと考えるのはあまりに楽観的すぎる、という批判は確かにあるだろう。

本稿では、ヴェイユの「理想的な環境への根づき」について詳しい議論をすることは紙幅の関係上行わないが、ただ、これについて次のような指摘があることだけ紹介しておきたい。

たとえば山之内靖によれば、ハンナ・アーレントが『全体主義の起源』で、ポリスにおける政治的言説の空間に模範を求めたのと比較すると、ヴェイユが重きを置いたのは環境《ミリュー》すなわち「地域に根づいた緩やかな共同体的な枠組み」だったとし、アーレントの発想が「コミュニケーション的行為の理論」として提示されるのと対照的に、ヴェイユの発想は、地理的環境を成り立たせている自然条件により深く根ざしたところの、多様な生活スタイルの共存であったと分析する。そして、エスニックな固有性の差異にもかかわらず、それらが地理的な環境のなかで共存できる可能性の模索がヴェイユの課題であり、ポリスという政治的共同体を前提して寛容な公共的言説空間を考えるアーレントの提言も貴重であるが、山之内自身はヴェイユの提言により親近感を覚える、としている[47]。

## 四　世界に融けゆく歓び

ここまで、「純粋」を中心に、「強さ」「勇気」「心の広さ」という、ヴェイユが抑圧に抗して行為するにあたって大事にすべきこととして示した価値について順次確認してきた。ヴェイユのいう純粋さとは、私心のなさであり、また自己相対化であったが、それらを重んじながら、行為や不行為を通じて、力への抵抗をし、そしてより良い社会を目指すとき、それは彼女が環境《ミリュー》と呼ぶ、多様性を認める心の広い共同体への根づきになることがわかった。また、純粋は、究極的には超越的存在への従順であり、それによって召命の確信がもたらされること、すなわち、自分の行為・不行為は自分の意志が決めるのではなく、もたらされた召命を生きれば自ずと行為すべきか否かは決まってくるということであった。

最後に、この自らの意志決定による行為・不行為を超え、神への従順という純粋さを貫いて召命に従って生きたとき、ヴェイユはどのように人は最期を迎えると考えていたかみてみたい。それはどのような死になるのだろうか。

### 苦しみと歓びの中で迎える死

例えばヴェイユが純粋な人間の模範とするアンティゴネーはどのように死を迎えたか。ソポクレスは、彼女が生き埋めにされ、最後は自死を遂げるとし、それはまさに悲劇の終幕にふさわしく、苦しみや悲しみに満ちた死の様相として描かれた。しかしヴェイユによれば、純粋な存在の死とは次のようなものとして考えられるという。

> 交互に訪れる苦しみと歓びが一人の人間を浄める。そのときその人は呪いとなるにふさわしいまでに純粋な存在とされ、ついにその人自身のうちにはまったき苦しみを、その人自身を超えたところにはまったき歓びを、同時に味わいつくすことができるようになる[48]。

つまり、死は苦しみだけではない、本当の最期には苦しみと歓びが共に最大限となる、それこそが、死の瞬間だということである[49]。アンティゴネーは一族の呪いを止める召命を引き受けて生き、世の法に背いたかどで処刑されたが、彼女のような存在の最期こそ、実は上記のような死に方になるとヴェイユは考えている。苦しみと歓びが交互にやってきて、最期は両方を同時に味わう瞬間がくると言うのである。次のようにも言っている。

苦痛にはある段階があって、そこでは世界を失う。しかし、そのあと、世界をふたたび見出すとき、安らぎが訪れる。激痛がふたたび襲ってきたとしても、そのあとにはまた、安らぎが訪れる。

そのことを知るならば、その段階自体が安らぎの期待となり、したがって、世界との接触を断ち切らずにすむ。

世界との接触は歓びである。[50]

私たちは、死の苦しみの中で、世界の美を見失ってしまうが、次の瞬間には安らぎの中で再び気づき、その美しさに触れる歓びに浸ることができる。そのように、死への旅立ちの前には、苦痛と歓び、世界の喪失とそれとの接触が交互に訪れるとヴェイユは考えているのである。

## 世界と融けあう純粋な歓び

そしていよいよ最期の瞬間には、その苦痛と安らぎ、歓びが私たちの中に入り込んでくる。人は存在を失い消滅するが、そこを満たし充溢するのは世界そのものである。

おそらく死の瞬間には聖《きよ》い（sainte）魂のうちに神的な歓びの無限と純粋な（pure）苦痛の無限が入り込み、魂を炸裂させ、存在の充溢のうちに消滅させるのだ。[51]

ここで彼女が言っている充溢する存在とは、私たちが消えたあとを充たしにくる世界そのものである。私自身は世界と一体化し、融合し、そして消滅する中で、そこに最高の歓喜が訪れる。これこそがヴェイユが考える、死への飛翔、世界との一体化への歓びに満ちた旅立ちである。

そうした私たちの死の瞬間を、さらに見てみるとどのようなことが生起するのだろうか。その時私たちの歓びは別の言い方ではどのようになるだろうか。

歓びは実在感である。

歓びとは満ち溢れるばかりの実在感である。

純粋な歓びと実在感は同一[52]

ヴェイユはこのように言う。この実在感とは、すなわち世界が実在しているという感覚であり、ヴェイユによれば、私たちが自己の存在が薄れていく中で、世界に自己が融けこみ消えゆくことを感じること、そしてそれこそが彼女によれば最大の歓びであった。世界に自らを預け、完全一致することこそ人間にとって至高の歓びに他ならない。[53]

シモーヌは十五歳の頃アルプスの山々を見て、世界は純粋であると感じたのだったが、死を迎えるにあたっては、まさにその純粋な世界を客観的に見るのではなく、その美の中に自分が一致していくということ、その瞬間に感じられる世界の実在感こそが、純粋な歓びだとヴェイユは気づいたのであった。

最終的に彼女は、人間と世界との接触、一致を歓びとした。そして、苦痛こそそれに至るにおいて必要な契機であり、そこに導くものであると考えた。結論として、ヴェイユにおいては、歓びも苦痛も同様に世界との一致へ到る道においては重要と見なされており、そこにおいて苦痛と歓びの両者に本質的な違いなどなかったのだった。[54]

世界において、「清濁」や「苦楽」を分けているのは人間に他ならず、そもそも「清濁」も「苦楽」も合わさった状態なのが、ヴェイユによれば世界の美であり純粋さである。

これまで私たちの中には、ヴェイユを「自ら苦しみを好んで引き受ける人」、「自虐的な人」ととらえる傾向があったかもしれないが、それは全く違っていた。彼女が苦しみや自己消滅を願うのは、それが世界の一致や歓びと切り離しがたく結びついているからである。彼女が疑いもしなかったこと、それは私たちの現世の生の終わりは歓びであり、自己消滅は美しい世界との一致だからこそ望ましいということである。それは私たちがこれまで感じ考えてきたところの「歓び」「苦しみ」の概念を、根本からくつがえす思想でもあったのだった。つまり、両者は分かち難く結びついており、すべては世界との一致という純粋な歓びに向かうためなのだった。

このような彼女の死をめぐる思想から、果たして彼女自身の死が自殺であるとする一部の説については、どう考えることができるだろうか。

彼女の学生時代以来の友人で、シモーヌがロンドンでのレジスタンス活動中に交友があり、彼女の埋葬にも立ち会った、作家・ジャーナリスト・政治家（戦後ポンピドゥー政権下で外務大臣）のモーリス・シューマンは、著書『人生の結実としての死――ペギー、シモーヌ・ヴェイユ、ガンディー』の中で、次のように書いている。もしガンディーが社会的不正義に抗議の断食をして万が一亡くなったとしても、誰もそれを「自殺」と報道することなどないだろう、それと全く同様に、ヴェイユの肺結核並びに摂食障害による栄養不良に起因する死を「自殺」と呼ぶことはあり得ない、と。[55] それは通常自殺と呼ばれる死が一人の「意志（volonté）」によるものであるのとは異なり、ガンディーにとってもヴェイユにとっても「召命（vocation）」、つまり「アートマン」が命じるところだったからである。それは積極的な利他行為であり、特にヴェイユにおいては世界と一致する歓びを目指した行為だからである。

そうした生き方をするのは、ヴェイユやガンディーだけではない。サン＝テグジュペリの『星の王子さま』に出てくる小さな王子もそうであった。さらには、たとえば宮沢賢治もその一人であり、彼が描く『銀河鉄道の夜』はじめ多くの作品に出てくる主人公たちもそうである。(56) そうした人々の、現世と死の世界との境界のまたぎ方を、「自殺」と呼ぶのは相応しくないだろう。ここで私たちは倫理的な善悪を問うてそう言うのではなく、「自殺」が意志の問題なのと比較すると、ヴェイユらの死は、召命に従ったゆえに訪れた生の成就としての死だから、である。その背後には現世に生きる他者への思い、世界への肯定と信頼、世界との同一化の歓びがある。

### 家族に残す悲しみ

ところで、このような召命に従ったがゆえの死は、本人にとっては、利他的な生き方の帰結であり、いわば必然なのだが、他方、周囲の親しい者にとっては、大きな悲しみであることは避けられない。シモーヌ・ヴェイユとその家族も例外ではなかった。この点について、見てみたい。

　シモーヌの最期について知るためには、残された手紙、書簡のほか、伝記に頼ることになるが、実はこれまでの伝記が、母セルマの提供する情報にかなりの部分を頼って書かれていたため、セルマに対する批判的視点を欠くきらいがあった。ところが、二〇〇九年に出版された姪シルヴィ・ヴェイユの著作は、その点において画期的であった。祖母セルマと叔母シモーヌとの母娘関係を、はじめて二人をよく知り得る肉親の立場から、かつ両者から距離を置いて客観的に描いてみせたからである。

　シモーヌの母セルマは、シルヴィによれば、一言で言えば過保護かつ過干渉だった。世間に対しては誇り高く、家庭運営においてはあらゆる面で有能だが、家族の各メンバーから片時も目を離さない、心配性の妻であり母だった。たとえば、ヴェイユ家には家族間でやりとりされた手紙が大量に残っているが、これはセルマが夫や子どもたちに、常に手紙を書くよう求めていたためである。

　あまりに支配的かつ完璧な母親であるため、アンドレとシモーヌは息が詰まると思っていたのではないか、とシルヴィはいう。(57) 特にシモーヌは、家族の中では最年少だったため、成人しても妖精（トローレス）ちゃんなどと呼ばれ、いつまでも『救われたヴェネツィア』のヴィオレッタのように大切に扱われていた。他者のために生きたい、それが自分の召命だと考える娘にとって、それはどのような影響を与えただろうか。

　実は、死の直前までシモーヌは、母（と父）には感謝と優しさを忘れなかった。次に引用する手紙は、シモーヌがロンドンの下宿で倒れ入院してから三か月が経った頃のもの、つまり死を迎える一か月半くらい前の手紙である。この手紙を出した二週間後くらいには、レジスタンス組織に辞職願も出している。しかしそのような自分の状況、つまり体調の悪さや仕事の行き詰まりなどについては両親に微塵も感じさせまいとする内容となっている。シモーヌは、まずニューヨークの父母のそばにいる生まれたばかりの姪っ子シルヴィのことをいつも思い出していると言い、それに続けて、

このわたしも、自分が五か月の赤ん坊だったころ、消化しえなかった卵の黄身や野菜や果物がなつかしくてたまらない気持ちになっていますが、それでもこうしたものをむりにも食べさせてもらったおかげで、今こうして、〔…〕だれひとり決して読んでくれそうにない文章を書きつづる作業にも、ますますスピードがあげられるだけの力が出せるのだと思います。お乳の出なんか少しぐらい悪くても、それでもやはり、わたしは、お母さんのような方が自分の母だったことをよかったと思っています（お父さんのことは申すまでもなく）〔…〕お乳よりももっとまさった何ものかがあるからです。(58)

（一九四三年七月十二日付）

同時にアルジェリアの収容所に入れられたあるスペイン人難民のことに言及し、セルマたちからも手紙を書いてやってほしいとか、彼に会いに自らアフリカに行くつもりだなどといい、死の間際までこの難民への気遣いも忘れていない。ただ、こうした手紙を受け取り、娘の無事を確信していた母が、ある日突然、その娘の死を伝えられた時の衝撃とその後訪れる絶望とには、想像に余りあるものがある。

ここで改めてセルマとシモーヌの関係について考えてみると、セルマはあくまでもシモーヌを無垢なままでいさせたいと願い、彼女の面倒を見、自分のすべてを与えることで、自らの存在意義を確認していた過保護・過干渉の母であったのだが、そうした母セルマとの間にシモーヌが葛藤を抱えていたことは、シルヴィ・ヴェイユの指摘通り明らかだろう。ただ過剰で方向違いではあったがそれだけの母の愛の基盤があったからこそ、シモーヌも常に利他的にあり得たのではないだろうか。シモーヌ自身も手紙に書いている通り、彼女が母に対して感謝をこそすれ、母の愛の行きすぎを責めることはなかった。

しかし、シモーヌは、どうしても他者のために純粋に、強く生きたかったし、また純粋な世界と歓びのなかで一致することを求めた。そのためシモーヌは、最終的には母の全く手の届かないロンドンに旅立つことになった。しかし、シモーヌがほぼ初めて母の援助なしでたった一人で行為に踏み出した時、その行為は、母をはじめとする家族全員を深い悲しみに突き落とすことになったのであった。

アンティゴネーの妹イスメネーはアンティゴネーにこう言っていた。「あなたは分別を無くしているけれど、親しい人たち

にとって、あなたは本当に愛しい人です[59]。姪シルヴィも、叔母シモーヌに対して「あなたは私に残しました、二人〔シモーヌの両親〕の崩壊した顔、二人の涙、〔…〕あなたの死は、永遠に、あなたの家族をばらばらにしました[60]」と万感の思いを込めて書く。アンティゴネーと同様にシモーヌは、神と他者への愛により、またそうした「愛により分別を失っ（insensée）[61]」て召命を引き受けたがゆえに、命を落とすことになったが、その死はやはりアンティゴネーの死と同様に、家族や親しい者に決定的な打撃を与える以外なかったのだった。

シルヴィの叔母シモーヌに対する愛憎半ばする著作を読むと、近くにいる者より遠くにいる他者に対して利他的であることや、この世の常識や規範ではなくあの世の神に従順であることが、イスメネーの言葉通り、いかに当人の身近な家族の中に悲しみや寂しさ、絶望を生じさせるか、胸に迫る思いがする[62]。

## おわりに――いまヴェイユを読む意味とは

私たちはここまで、第二次大戦の開戦を数年後に迎えようとする時期（一九三四年）にヴェイユが元教え子へ贈った言葉、「強く、純粋で、勇気があり、心が広い人びとだけが（抑圧的な権力に反抗することに）耐え抜くでしょう」を手がかりにしながら、「抑圧的な力に抵抗し続けていくことを可能にし、新たな抑圧を生まないための、強さ、純粋さ、勇気、心の広さ」について、まさにその約九〇年後、再び混乱の時代を生きようとする私たちにヒントとなることがあるか、という問題意識のもとに、彼女の思想と生き方を追ってきた。また、従来あまり取り上げられてこなかったテーマ、例えばヴェイユとフェミニズムの距離や、母との関係、また彼女の最期などについて取り上げたが、それらについて私たちは新しい理解に至ることができただろうか。

今回の考察によって、「純粋」観念は、十五歳から死に至るまで、シモーヌ・ヴェイユの思想における最も主要な観念の一つだったことが改めて確認できた。彼女は、「純粋」と「無垢」を異なるものと考え、「純粋」こそ「従順」に支えられて人を利他的にするものであると考えていたことも見た。特にヴェイユは、アンティゴネー、クリシュナといった存在に対して「純粋」の性質を見出していた。

実は、ヴェイユにおける「純粋」観念の重要性について指摘した研究者に田辺保がおり、彼は一九七〇年代末の早い段階で、彼女の伝記的事実とテキストとを結びつけながら論じている。本稿はこれに学びつつ、田辺が、無垢と純粋を同じものと考えているところを、両者を分けて論じ、また、田辺は、ヴェイユが「貞潔」を彼女が実際の生においても全面的に重視していたことを強調するが、本稿は『カイエ』などの読解の上に立って、むしろヴェイユが人間の性の多様性を認めていた立場に立つ。また、ヴェイユの最期の理解においても、田辺が自己無化という苦しみをヴェイユが貫いた点を強調したのと比較すると、本稿では、ヴェイユの死への旅立ちは歓びに他ならず、それが純粋概念と結びついている点を指摘した(63)。

さらに私たちは、新たに次のことも見てきた。すなわちヴェイユは、抑圧に抗する行動を起こす時には、決して新しい抑圧を生まないように注意を払っていたことである。ヴェイユは、所有拡大のための権利闘争からは離れるのみならず、弱者が強者になって新たな抑圧を生むことを恐れていたのだった。彼女は女工や売春婦の尊厳に、ユダヤ人収容所解放に常に心を寄せていたが、他方女性やユダヤ人の権利拡大活動に参加しなかった背後にそうした考え方があったのだった。

そして最後に、彼女の死への飛翔は、純粋、勇気、強さを持って、世界と一致することを目指したもので、そうした死の瞬間こそ歓びであると彼女が考えていたことがわかった。その死は、自殺とは呼び難く、利他的に生きることを召命として受け入れた生をまっとうするとき、帰結としてやってくる、歓喜に満ちた死であった。本稿はシルヴィ・ヴェイユによる視点を導入しながら、純粋を目指したヴェイユと無垢なままでいることを望んだ母の関係について考察した上で、最終的に自殺論に終止符を打とうと試みた(64)。

本稿第一節で、「そのような『純粋』さは、果たして彼女の人間としての『生硬さ、未成熟さ』だろうか」と問うたが、結論としては、全く逆であった。清濁とは人間から見た時の分類にすぎず、実は、濁が与える苦しみこそが人間にとっては最大の歓びを得られる契機なのだった。従って、清も濁も、ヴェイユにとっては、神が人に対して愛から贈る贈り物に他ならず、その神に従順であること、すなわちアンティゴネーのようにまたクリシュナが説くように純粋であることこそが、ヴェイユが重んじる生き方であった。これは未熟な思考というよりは、明らかに人が一生をかけて到達すべき成熟した思考の一つに他ならないのではないか。

## 私たちにとっての純粋、今こそ世界を感受する時

実はこのヴェイユの価値観は、晩年のジョン・ロールズにもそれが見出せるようである。ロールズの『正義論』の終局部には、次のような記述がある。

> 心の清さ（purity of heart）とは——もし人がそうした境地に到達しえたならば——こうした〔永遠性の〕観点からものごとをはっきりと見据え、しやなかにかつ自制をもって行為することと変わらなくなるだろう(65)。

これに先立って、ロールズは次のようにも言っている。すなわち、永遠性の視座は現世を超えた場所からの眺望でもなければ、超越的な存在者の観点でもなく、むしろ、人間の状況をあらゆる社会的視点、あらゆる時間的観点から凝視することである、と。つまり永遠性の視座とは、この世界の内部にあって理性的な人びとが採用しうる特定の思考と感情の一形態に他ならない、とロールズは言っていたのである。

ヴェイユのいう「純粋」、シモーヌ十五歳の時の体験が心に植えつけた純粋とは、言い換えればまさにこのことに他ならないのではないだろうか。短期的な力の応酬を離れ永遠性の観点をもつこと、力の行使には自制が必要であることこそ、ヴェイユが純粋観念の下で提示していたことであった。ヴェイユと同様に困難な時代に生きる私たちが見失ってはならない、実は最も成熟した人間の生の見方ではないだろうか。

さらに、ヴェイユの思想の現代的な変奏は、次の指摘にも見出せるだろう。現代詩人ドリアン助川氏は、コロナ禍の下で孤立する若者たちに対して、「積極的感受」という表現を使い、それは「あらゆるものと自分はつながっているのだということを感じ取る」力とのことで、「どんなに苦しい状況にあっても、その人が風のそよぎや太陽の光を感じられたら、それはこの世に祝福されているということだ。私たちは、この世界を感受する命として生まれてきた」と呼びかけている。彼は、苦しかった時期に、「所有」にとらわれている自分に気づき客観化したとき、その瞬間に世界が飛び込んできたという。「全ては最初から、私たちに与えられている」「この世界は命たちの『感じる心』を欲しがったのだ、だから今自分はここにいるのだ、という理解は、生き方の根本に置いておきたい」という。[66] ヴェイユが十五歳の時にアルプスの氷河から見た景色は、まさにヴェイユに祝福をもたらし、世界が飛び込んで来る感じを与え、そして全てははじめから与えられていると感じさせたのだろう。

このように、いま私たちがさまざまな困難と直面する中で、「積極的感受」といった言説が生まれていることは、ヴェイユの生きた時代が苦難に満ちていたからこそ、ヴェイユが「純粋」「世界との一致に感じる歓び」の観念を生み発展させたのとまさに呼応しているのではないだろうか。今こそあらためて、ヴェイユの純粋観念に、利他的生き方に、理想の環境への根づきに、そして世界との一致、生の終わりの歓びに、学びたい。私たちがいまヴェイユを読む意義は大きい。

ヴェイユは、十五歳の時、世界の美、「純粋」に目覚めた。永遠性の観点からものごとをはっきりと見据え、恩寵に包まれ自制をもって振る舞うこと、神から目を逸らさないことを意志する心の清さを貫き、アンティゴネーや賢治のように、家族をこそ悲しませることにはなったが、利他的生を生きるという召命を成就し、歓びを待望しながら、その歓びの中で旅立った。

三十四歳で迎えた死は、純粋の成就以外の何ものでもなく、それは歓びを目指し歓びの中で世界と一致を目ざした生の帰結にほかならなかったのであった。

## 注

（1）Simone Pétrement, *La vie de Simone Weil*, Paris, Fayard, 1973, p. 295（シモーヌ・ペトルマン『詳伝 シモーヌ・ヴェイユⅠ 1909-1934』杉山毅訳、勁草書房、二〇〇二［一九七八］年、三一八頁、一部改訳）.

（2）*Ibid.*, p. 84（同書、八六頁）.

（3）*Attente de Dieu*, Paris, Fayard, 1966, p. 40（「神を待ちのぞむ」『シモーヌ・ヴェーユ著作集4』春秋社、一九九八［一九六八］年、三一頁）, Pétrement, *op. cit.*, p. 45（ペトルマン、前掲書、四三頁）. 鈴木順子『シモーヌ・ヴェイユ「歓び」の思想』藤原書店、二〇一二年ではpuretéを純潔と訳した。三四頁参照。

（4）『アンドレ・ヴェイユ自伝――ある数学者の修行時代』稲葉延子訳、シュプリンガー・フェアラーク東京株式会社、一九九四年、四八頁。

（5）鈴木順子、前掲書、三四―三五頁参照。

（6）ジャック・カボー『シモーヌ・ヴェーユ伝』山崎庸一郎・中條忍訳、みすず書房、一九九〇［一九七四］年、三〇頁、Pétrement, *op. cit.*, p. 131（ペトルマン、前掲書、一三七頁）.

（7）カボー、前掲書、訳注五二四頁。

（8）シルヴィ・ヴェイユは作家で、アンドレ・ヴェイユの娘。シモーヌの姪にあたる。Sylvie Weil, *Chez les Weil : André et Simone*, Paris, Buchet et chastel, 2009, pp. 167-168（シルヴィ・ヴェイユ『アンドレとシモーヌ――ヴェイユ家の物語』稲葉延子訳、春秋社、二〇一一年、一七五頁）.

（9）フランス語のpuretéには、「完璧」や「整っている」という意味もある。

（10）*Œuvres complètes*, Tome VI, Volume 2, *Cahiers*, Paris, Gallimard, 1997（以下、*OC* VI 2と略）, p. 333（『カイエ2』田辺保・川口光治訳、みすず書房、一九九三年、一八八頁）.

（11）『シモーヌ・ヴェイユ詩集 付 戯曲・救われたヴェネチア』、小海永二訳、青土社、一九九二年、一二二頁。『シモーヌ・ヴェーユ著作集3』渡辺一民訳、春秋社、一九九八［一九六八］年、三四六頁、一部改訳。

（12）*OC* VI 4, Paris, Gallimard, 2006, p. 229（『カイエ4』冨原眞弓訳、みすず書房、一九九二年、五一七―五一八頁）.

（13）『シモーヌ・ヴェイユ詩集 付 戯曲・救われたヴェネチア』、前掲書、一一六頁。『シモーヌ・ヴェーユ著作集3』前掲書、三四〇頁、一部改訳。

（14）Pétrement, *op. cit.*, p. 285（ペトルマン、前掲書、三〇六頁）.

（15）*Ibid.*, p. 86（同書、八九頁）.

（16）*Écrits de Londres et les dernières lettres*, Paris, Gallimard, 1957, p. 27（「人格と聖なるもの」『シモーヌ・ヴェイユ選集Ⅲ 後期論集：霊性・文明論』冨原眞弓訳、みすず書房、二〇一三年、一九三頁）.

（17）*OC* VI 4, *op. cit.*, pp. 126-127（『カイエ4』、前掲書、五六頁）.

（18）*Ibid.*, p. 127（同書、五六頁）.

（19）ジョージ・スタイナー『アンティゴネーの変貌』海老根宏・

山本史郎訳、みすず書房、一九八九年、三二三頁。

（20）*OC* VI 3, Paris, Gallimard, 2002, p. 276（『カイエ3』冨原眞弓訳、みすず書房、一九九五年、二八六頁）.

（21）*OC* IV 2, Paris, Gallimard, 1997, p. 159（『シモーヌ・ヴェーユ著作集2』橋本一明・渡辺一民訳、春秋社、一九九八［一九六八］年、二四八頁、一部改訳）.

（22）ソポクレース『アンティゴネー』呉茂一訳、岩波文庫、一九九九［一九六一］年、七四頁。

（23）同書、七四頁。

（24）*OC* IV 2, *op. cit.*, p. 159（『前キリスト教的直観――甦るギリシア』今村純子訳、叢書ウニベルシタス964、法政大学出版局、二〇一二［二〇一一］年、一九頁。改訳）.

（25）*OC* IV 2, *op. cit.*, p. 160（『シモーヌ・ヴェーユ著作集2』、前掲書、二四九頁、一部改訳）.

（26）参照：冨原眞弓『シモーヌ・ヴェイユ』岩波書店、二〇〇二年、一四四頁、岩野卓司「シモーヌ・ヴェイユの贈与の狂気」『シモーヌ・ヴェイユ』岩野卓司編、水声社、二〇一七年、二三一頁。

（27）*OC* VI 1, Paris, Gallimard, 1994, p. 121（『カイエ1』山崎庸一郎・原田佳彦訳、みすず書房、一九九八年、一一五頁）.

（28）*OC* VI 4, *op. cit.*, p. 224（『カイエ4』、前掲書、五一〇―五一一頁、一部改訳）.

（29）*OC* VI 4, *op. cit.*, p. 363（同書、五六〇―五六一頁）.

（30）*OC* VI 2, *op. cit.*, pp. 238-239 の間にある写真頁参照。K13 [Marseille, New York, septembre-octobre, 1942], K14 [N.Y., début-mi-octobre, [1942], K16 [N.Y. octobre, 1942]。また『カイエ4』、前掲書、二一九頁、三一〇頁参照。

（31）*Écrits de Londres et les dernières lettres*, Paris, Gallimard, 1957, p. 231, p. 235（『ロンドン論集とさいごの手紙』田辺保・杉山毅訳、勁草書房、一九八七［一九六九］年、二九三頁、二九八頁）.

（32）参照：島岩「バガヴァッド・ギーター」、『岩波 哲学・思想事典』、岩波書店、一九九八年、一二六四―一二六五頁、赤松明彦『ヒンドゥー教10講』、岩波新書、二〇二一年、二一八―二一九頁、『カイエ3』、前掲書、三六頁の注、『カイエ4』、前掲書、五六〇―五六一頁の注。

（33）*OC* VI 1, *op. cit.*, p. 331（『カイエ1』、前掲書、二六四頁）.

（34）*OC* VI 4, *op. cit.*, p. 363-364（『カイエ4』、前掲書、五六一頁）.

（35）*OC* VI 4, *op. cit.*, p. 363（『カイエ4』、前掲書、五六〇―五六一頁、一部改訳）.

（36）*OC* VI 3, *op. cit.*, p. 196（『カイエ3』、前掲書、一七七頁）.

（37）参考：鈴木順子による「最前線看護婦部隊編成計画」の解説、『シモーヌ・ヴェイユ』岩野卓司編、前掲書、三九―四〇頁。

（38）*OC* VI 1, *op. cit.*, p. 74（『カイエ1』、前掲書、三三八頁）.

（39）林志弦「オンライン・インタビュー　歴史認識紛争引き起こす　新しい民族主義から脱却を――話題の書『犠牲者意識ナショナリズム』の問いかけ」『アジア時報』五二巻一二号五七二、アジア調査会、二〇二一年十二月、三三―四一頁。同「犠牲者意識の民族主義」『立命館言語文化研究』二〇巻三号（通号九五号）、金京媛訳、立命館大学国際言語文化研究所、二〇〇九年二月、五七―六二頁。

（40）*OC* II 3, Paris, Gallimard, 1989, p. 236（『「イーリアス」力の詩篇』『シモーヌ・ヴェーユ著作集2』、橋本一明訳、春秋社、

一九九八［一九六八］年、一〇四頁).

(41) *OC* VI 2, *op. cit.*, p. 462（『カイエ2』、前掲書、三八七頁）.

(42) *OC* VI 2, *op. cit.*, p. 384（『カイエ2』、前掲書、二六八頁）.

(43) 林志弦「オンライン・インタビュー　歴史認識紛争引き起こす　新しい民族主義から脱却を――話題の書『犠牲者意識ナショナリズム』の問いかけ」、前掲書、四一頁。林志弦は『犠牲者意識ナショナリズム――国境を超える「記憶」の戦争』（澤田克己訳、東洋経済新報社、二〇二二年）でさらに上記の内容を詳述している。

(44) 参考：島岩、前掲書、一二六五頁。

(45) *OC* VI 2, *op. cit.*, p. 419（『カイエ2』、前掲書、三一四頁、一部改訳）.

(46) *OC* VI 3, *op. cit.*, p. 146（『カイエ3』、前掲書、一〇七頁）.

(47)『カイエ4』、前掲書、付録「シモーヌ・ヴェーユ　カイエ」月報　第三号一九九五年九月。

(48) *OC* VI 3, *op. cit.*, p. 382（『カイエ4』、前掲書、四頁）.

(49) 参照：鈴木順子『シモーヌ・ヴェイユ「歓び」の思想』藤原書店、二〇二三年、二〇五頁。

(50) *OC* VI 1, *op. cit.*, p. 293（『カイエ1』、前掲書、一九七頁、強調原文）.

(51) *OC* VI 3, *op. cit.*, p. 207（『カイエ3』、前掲書、一九四頁、一部訳語を変更）.

(52) *OC* VI 2, *op. cit.*, p. 485, 319, 432（『カイエ2』、前掲書、四二二、一六五、三三六頁）.

(53) 参照：鈴木順子、前掲書、二〇二―二〇三頁。

(54) 参照：鈴木順子、前掲書、二〇六頁。

(55) Maurice Schumann, *La mort née de leur propre vie : Péguy-Simone Weil-Gandhi*, Paris, Fayard, 1974, pp. 82-83.

(56) 稲賀繁美「銀河鉄道はどこから来たのか――宮沢賢治とヴァン・ゴッホを繋ぐ糸」『図書新聞』二六六四号、二〇〇四年二月七日。

(57) Sylvie Weil, *op. cit.*, p. 165（シルヴィ・ヴェイユ、前掲書、一七二頁）.

(58) *Écrits de Londres et les dernières lettres*, *op. cit.*, p. 248（『ロンドン論集とさいごの手紙』、前掲書、三二一頁）.

(59) 本稿注（16）参照。

(60) Sylvie Weil, *op. cit.*, p. 173（シルヴィ・ヴェイユ、前掲書、一八二―一八三頁）.

(61) 本稿注（14）参照。

(62) ヴェイユの死をめぐっては、鈴木順子、前掲書、第四章第二節も参照のこと。

(63) 田辺保『純粋さのきわみの死――さいごのシモーヌ・ヴェイユ』北洋社、一九七八年、二六六頁、四八―五一頁。また、ジョルジュ・シャロの、ヴェイユの純粋観念について取り上げた論文も必読と言える。シャロは、ストア派やピューリタニズムにおける純潔とヴェイユの純粋観念の違い、さらにプラトンからの影響にも言及しており、本稿も多くを負っている。George Charot « Simone Weil ou la rencontre de la pureté et de l'amour », *Cahiers Simone Weil*, Tome VI - No. 3, septembre 1983, pp. 197-212.

(64) さらに『シモーヌ・ヴェイユ「歓び」の思想』第四章第二節で本稿の考察を一層深めて論じているのでそちらも参照していただきたい。

(65) John Rawls, *A theory of justice*, Oxford University Press, 1973, p.

587『正義論』改訂版、川本隆史・福間聡・神島裕子訳、紀伊國屋書店、二〇一〇年、七七三―七七四頁、一部訳語変更）。川本隆史氏によれば、このジョン・ロールズの『正義論』の終局部には、キルケゴールが「心の純粋さとは、ひとつのものを望むこと」（英訳タイトル：*Purity of Heart Is to Will One Thing*、邦訳タイトル『建徳的講話』）で述べていた内容からの影響が明らかだということである（川本隆史「思想の言葉」『思想』第一一七五号、岩波書店、二〇二二年三月、四―五頁）。

（66）『朝日新聞』文化欄、二〇二二年二月十六日一三版、二六面。

ル・ピュイの生徒たちとともに（1932 年）

# ヴェイユの生涯と作品概観

**フロランス・ド・リュシー**

訳＝西　文子

● Florence de Lussy　フランス国立図書館草稿部名誉学芸員。ポール・ヴァレリーの研究で一九八四年に博士号を取得。二〇一〇年までガリマール社『シモーヌ・ヴェイユ全集』の責任編集者。

姿は暗く陰鬱だが黄金のような輝きを放つ人、どこか変わった人、超人的人物と言われることもある。いずれにせよ、ひとを惹きつけると同時に寄せつけない、これが現代人の目に映るシモーヌ・ヴェイユ像である。たぐいまれなる知性、英雄の名にあたいする精神力、並外れた勇気と抵抗の精神、要するに偉大さを、ひとは彼女に認める。だがその情熱や純粋さにはおそれをなすのだ。極端に向かう傾向が、彼女への評価にも影響をおよぼしてきたかのようだ。しかもその多くは概略的で、吟味なき評価だった。そのうえ今日、この若き女性の著作は故意の沈黙を引き起こしているようでもある。フランスでは特にその傾向が強い。数世紀来二つの感性が対峙し、対立的な二つの社会を築いているからである。一方の人々は、シモーヌ・ヴェイユが恵まれない人々のために見せた情熱の随所に、自分たちのもっとも根源的な関心事と共鳴するものを、正当にも見て取る。だが彼女の後年の思想的発展には関心がない。他方反対側の人々は、ヴェイユの情熱あふれる人格形成期を取り上げない。この時期にこそ、彼女が厳密な分析力で未来を予言するような明晰さを見せたにもかかわらず、である。

ほぼひとりで皆に立ち向かっていたヴェイユは、生前からすでに、ひとの心をかき乱し、いらだたせ、顰蹙を買った。あるいは非常に強い情愛の念をかきたてた。こうしたずれは大部分、事件や情勢をほかの誰よりも鋭くすばやく理解する、彼女の早熟で俊敏な知性からきていた。一九三二年八月の数週間をベルリンで過ごしただけで、ヴェイユはドイツ政治を構成する要素を分析し、ドイツ社会民主主義の麻痺状態を記録し、ヒトラーの大衆扇動《デマゴギー》の進展をみとめ、当時のヨーロッパでもっとも進歩的とされていたドイツ労働者階級の只中で、革命運動が衰退しているのを喝破した。そしてこの滞在のほとんど直後に、人々の幻想を打ち砕く物語を執筆する。一九三三年八月に発表された「展望」と題する長文記事がそれだ。この記事でヴェイユは、雑誌『ラ・レヴォリュション・プロレタリエンヌ（プロレタリア革命）』の仲間たちを落胆させ、ほとんど侮辱したも同然になった。かけぬけるように人生を生き、多くの出会いや経験を重ね、そこから得た教訓をほとんど瞬時に自分のものとし、その結果自らの考えや行動の方向性を修正していった。師アランが見抜いたように、ヴェイユは前のめりに生きた。友人や仲間は失望し、面くらったまま取りのこされた。ヴェイユの教師時代の友人で、熱心な組合活動家だったユルバン・テヴノンは、ヴェイユの伝記を著したシモーヌ・ペトルマンにこう打ち明けている。「ヴェイユは生きいそぎ、あまりにも速くかけぬけていった」と。後年、霊的実在の世界に向き合ったヴェイユは、広大な空間をあまりに大きなスケールでかけめぐったので、一番近しかった人々でさえ彼女について行くことはできなかった。誰も何ものもとどめることのできない果敢さで、ヴェイユは誰よりも速く遠くまで進んだ。一筋の閃光のようなその短い生涯は、ある種の運命により、孤独と無理解という軌跡を描いた。彼女の秘密は、最良の人々や彼女を愛する人々にも気づかれなかったのである。

没後五〇年以上が過ぎた今、その一生と豊富な作品群を一望し、一貫するものを取り出せるかもしれない。それは非常に力強いものとして顕れるはずだ。劇的な一貫性である。彼女が行為を重ねるごとに、運命が彼女を無情にも早すぎる死へと向かわせるさまが見てとれる。それはヴェイユの思想にとっては、世界線〔訳注：四次元の時空間で、ある粒子が描く軌跡〕とも言えるものだ。文字通り超越的なものの磁力を受けた軌跡である。ヴァレリーはこれを「上方への落下」と呼んだ。一つの哲学学説は、その全体を涵養する中心的な直観を会得してはじめて、理解したり正当に評価したりすることができる。絵画全体が意味をなすには、その構成の核となるものに到達しなければならないのと同じである。シモーヌ・ヴェイユ自身、この比喩を「価値の観念をめぐる若干の考察」〔訳注：Simone Weil, *Œuvres*, Quatro, Gallimard, 1999, pp. 121-126。邦訳は『シモーヌ・ヴェイユ選集3』（みすず書房、二〇一三年）所収「価値の観念をめぐる省察」、三―一七頁を参照〕という一九四一年の文章の中で用いている。「このことは、ある種の絵画とおなじく、ひとつの哲学的著作についても妥当する。色彩の雑多な寄せ集めでしかないものが、ある視点に身を置いてはじめて、すべて秩序だって現れる。」

　シモーヌ・ヴェイユにとって、こうした方法は二重の意味で避けられないものだった。一方で、彼女の中ではすべての主題が緊密に結びあい、目の詰まった生地を織りなしている。思考が強力に一点へと向かう思想において、すべては互いに関連しあっている。そして領域や分野といった思考の層は、最後に近づくにつれていっそう浸透しあい、比類のない広々とした平面をいくつも出現させる。他方、以上の点と矛盾しないが、ヴェイユの思想と作品は、不安定などころか明確な区切りのある道筋をたどっており、「進行中の未完成品《ワーク・イン・プログレス》」〔訳注：現場で、現場にあった作品を作り、完成することなく残すこと。もとは現代美術用語〕に見られるあらゆる特徴を含んでいる。生の軌跡にいくつもの段階や閾があり、思想も相次いで修正されながら深化しているのだ。そのため、いくつかの主題を特に取り上げることが可能だ。それにより主な区切りを明らかにでき、理解の鍵も得られることになる。

　以上のように、労働組合活動家、哲学者、神秘家の側面を全体として伝えるという、思弁的な次元での難しさがあるのに加え、文体が大変多様であることによる困難もある。読者層や出版媒体にしたがってシモーヌ・ヴェイユの文体は変化したし、活動家の論争的な文体と理論的な目的で書かれた文章とは対照的である。私的性格の濃い文章では、探求的な文体も注意して見分けねばならない。特に、覚書ノートである『カイエ』では、命題を立てては反駁や反論を行い、「吟味」を重ねており、そこにはいわば思想の健全性といったものが認められる。さらには強い波に乗った「霊感的な」文体というのもある。この女性哲学者の珠玉の文章に大変特徴的な文体である。

## 「『天才』とは、ある種の人々が身につける習慣のことである」――ヴァレリー

一九九八年八月五日に死去した著名な数学者の兄アンドレより三歳年少だったシモーヌ・ヴェイユは、「パスカルにくらべられるような幼少青年期」を過ごした兄の並外れた才能に魅了され、また苦しんだ。思春期を迎えたシモーヌは、凡庸な（と信じていた）自らの才能を思って絶望の淵におちいり、ある種の知的転回を経てはじめてそこから抜け出る。真理の一途な追求を天才と同一視するようになるのだ。かくて彼女の中に、次のような確信が永遠に刻まれる。「どんな人でも、たとえ生まれつきの能力がほとんどなくても、ただ真理を望んで真理に達するためにたえず努力し注意を払いさえすれば、天才だけがはいるあの真理の国にはいることができる」[1]。シモーヌ・ヴェイユはこの確信をもとに生きていくことになる。それはほとんど無傷のまま霊性の次元に移しかえられ、人生の最期には「パン

を求める時に石を受けとることはない」〔訳注：cf.マタイによる福音書七章九節〕という確信となって再び現れる。

まもなくして早くも複数の哲学者を研究するようになると、ヴェイユはこの確信に根拠を与え、裏づけることができるようになる。古典的な大哲学者の中からデカルトを選び、その『精神指導の規則』を自分のものにした彼女は、デカルトの学説から、「天才になることはできなくても、誰でも真理を識《し》ることができる」という考えを汲みとった。デカルトの「お墨付き」を得たこの考えを、自分の思想の第一中心定理とし、デカルトを主題とする学士論文の出発点としたが、その表現たるや（すでに！）十八番の域に達していた。「……どんな人間も、その知性や才能がどんなに凡庸であっても、専心して取り組めば、人間に手の届くものはすべて識ることができる。」〔訳注：この学士論文については、『科学について』（みすず書房、一九七六年）所収「デカルトにおける科学と知覚」、三―一〇六頁を参照〕

## 夢から現実へ

あらゆる人間精神に対する上述のような絶対的な信頼は、彼女の中に「人間の第一の義務は、自分の自由検討《リーブル・エグザマン》の能力を少しも失わないようにすることだ」という確信を生じずにはいなかったが、その一方で倫理的で実践的な結果も生まれる。あらゆる人間に真理を識る能力がそなわっているということから、二重の義務が生じるのだ。一つはすべての人間を権利において等しいものと考える義務、そしてもう一つがすべての人間に教育を授ける義務である。師アランに励まされたシモーヌ・ヴェイユと高等師範の友人たちは、鉄道員組合の書記だったルシアン・カンクエに協力して、自分の下僕を数学者に育てたデカルトにならい、若い鉄道員たちが技術や文学を習得するのを手伝った[2]。自分の知識を分かち合いたい、最良の普遍的文学作品の豊かさを伝えたいという思いは、片時も彼女を離れなかった。根っからの教師だったヴェイユは、倦むことなく惜しみなく、あらゆる機会に自分の知識を与えた。そうすることがいい時も悪い時もあった。皆がみな多くの知識を求めていたわけではなかったからである。

ヴェイユはさらに一歩進んで、民衆的思考の中に人間精神を再発見する必要があった。彼女にとってみればとんでもないこと――すなわち学者による知識の占有――を打破するためである。知識の鍵を握っている学者は、科学信仰という新たな宗教《カルト》の新たな祭司になりうる。この点についてはアランの教えにしたがうばかりか、その「学説」を極限まで押しすすめながら、ヴェイユは知覚の観念を決定的に重要なものとみなした。ここでもデカルト同様、悟性の直観的だが十全な働きを知覚に見たのである。「自然幾何学」は知覚において生じたとして、デカルトは測量士を知覚のモデルとして取り上げたが、ヴェイユにとっては船の使い手であり海をよく知る水夫こそ、測量士同様、知覚の模範的存在だった(3)。

ヴェイユにとってもう一つ重要な観念は「労働」である。それを彼女は自分の認識論の軸とした。「実在的《レアル》なものには迂回と努力によってしか、つまり労働によってしか到達できない。実在的《レアル》なものは、人の意のままにならない。」そしてこの若き女性は、肉体労働を称賛することにこの上もなく心を砕いた。肉体労働によってこそ、人は世界の実在と世界における自分の存在を実感するからである。「労働者はすべてを知っている。だが労働から離れれば、自分が知恵のすべてを有していたことなど知らないのだ」と彼女は学士論文の結論に書いている。ヴェイユ二十一歳、この論文には、彼女の思想と行動のその後の展開がすべて含まれており、全体を結ぶ強力な一貫性を予感させる。

労働者の名誉を求めて闘い、労働の観念（「ギリシャの奇跡以来、人間の思考がなしとげた唯一とおぼしき精神的成果(4)」）を人間活動全体の中核にすえながら、シモーヌ・ヴェイユは、その目に耐えがたく映る知的労働と肉体労働の分離を、廃棄とまではいかなくても、少なくともやわらげようと努力した。「人間を堕落させる、知的労働と肉体労働への労働の分化」という文句でマルクスが告発した問題(5)を、この女性哲学者も組合活動時代、執筆の中心テーマとした。自らの労働に対する労働者自身の見方を変え、明快な分析をおこなうことで労働者の状況を改善する。これがこの若い教師が自分に与えた課題だった。彼女は当時のフランスの労働者が置かれていた物質的・精神的惨状に大きな衝撃を受けていたのである。「われわれすべてを損なうこの労働の専業化をなくすことで、人間をまったき存在としたい。労働者に単純な組立て作業の代わりに技術の十全な知識を与えることで、肉体労働に当然認められるべき尊厳を与えたい。そして知性には、労働を介して世界と接触できるようにすることで、それにふさわしい対象を与えたい(6)。」

農業労働も、シモーヌ・ヴェイユが強く関心を向けた対象だった。パリ脱出後のマルセイユでの避難生活のあいだも、彼女はたえず農業労働者として働いた。「（畑の現実と触れながら苦労している）人々は、毎日をまさに生きています。夢見るように生きてはいません」と彼女は、一九四一年十月十八日付のグザヴィエ・ヴァラー宛書簡で述べている(7)。ユダヤ人問題担当官だったヴァラーに対し、ヴェイユは「知識人という社会的身分が自分から取り上げられ、代わりに大地が、そして大地とともに自然全体が与えられた」と皮肉まじりに感謝の意を表したのだった。

一九三四年にはボリス・スヴァリーヌに勧められて、『自由と社会的抑圧の原因に関する考察』という自身の「大作」を執筆筆する。スヴァリーヌが『クリティック・ソシアル（社会批評）』誌の論説として、マルクス主義の根本思想についての考察を書くよう誘ったのだ。だがこのときヴェイユは、もはや幸せな未来を信じてはいなかった。もっとも弱い人々のため、つまりプロレタリアートのために強者をたおす奇跡は、暴力革命では決して成し遂げられないことを知っていたのである。先述のように、教師生活の狭間の、夏の数週間のベルリン滞在で、彼女はいっさいの幻想を打ち砕かれていた。

ボリス・スヴァリーヌと知的に似通い、スヴァリーヌ同様、分析と理論的な考察を好んだシモーヌ・ヴェイユは、直接的な闘争を行わなくなる。(8)ベルリン旅行で幻想を打ち砕かれ、哲学的な手段に頼る必要が生まれたのだ。抑圧の分析は、革命的マルクス主義の希望を打ち砕く考察で結ばれている。社会的抑圧は最初から歴史的状況に依拠しているのではないし、具体的な政治体制の本質に結びついているわけでもない。「社会とは自然の力である。ほかの自然的力と同じくらい盲目的だ。」ひとはその重圧を軽減することぐらいしか期待できない。かくてシモーヌ・ヴェイユが『自由と社会的抑圧』の結論近くになって、自身よく引用する「人間は自然に服しつつ自然に命じる」というベーコンの公式をもってきたわけがわかる。そこに「天才の閃き」や「人間と世界の関係性についての真の憲章《カルタ》」を見たのである。さらに「この簡明なる公式は、それだけでわれらの時代の聖書たりえよう」とも述べている。荘厳な宣言である。誇張しすぎと言ってもいいくらいだ。だがこの言葉から、シモーヌ・ヴェイユがいかに重大な岐路にさしかかっていたかがわかる。同時期の手帳(9)に記されたゲーテの『ファウスト』に関する分析から、それは明らかである。ファウストが次から次へと段階を越えていくさまを要約してから、ヴェイユは「人間の魂の象徴」であるファウストを、次のような存在として想起する。ファウストは過酷で危険な身体的労役、だが「必然に意識的に従」いつつ「友愛にみちた協力の只中でなしとげられる」身体的労役にささげられた生の至福を、死の瞬間になって予感するにいたったのだ、と。結論は簡潔にも、次のような格言形式で言い表されている。

## 『ファウスト』：夢から現実への人間の歩み

ヴェイユ二十五歳、この数語で、その後もたゆみなく実行に移していくことになる思考と行動の計画を、自分の指針として定義したのだ。政治的・社会的参加《アンガージュマン》は決定的である。ヴェイユのこうした使命、もっと言えば召命について論じることができるだろう。

## 「戦いは万物の母である……」――ヘラクレイトス

ロシア革命の示すモデルが西洋知識人の共感をかちえ、情熱をかきたてつつあった頃、シモーヌ・ヴェイユはもっとも活気に満ちた年齢に、つまりは学生らしい異議申し立ての年齢にさしかかっていた。彼女とてこうした革命の幻影に惑わされずにはすまなかったし、多くの仲間同様、新世界を産み落とした革命の成果をこの目で確かめるため、ロシア行きを熱望していた。思春期の頃から『資本論』を読んでいたヴェイユは、マルクスのテーゼの信奉者で、その後もマルクスの分析方法をたびたび参照していくことになる。マルクスの方法を使うと、資本主義的抑圧のメカニズムを驚くほどみごとに分解できるのだった。マルクスが「社会的物質、社会的必然の実在性を措定することから始めたのは正解だった。人間という種属の運命を考えようとする前に、少なくとも社会的必然の法則を垣間見るくらいの必要はあるからだ」[10]。また、マルクスは労働者が自分の労働の物質的な条件に隷従する仕組みや「主体と客体の関係の転倒」について、みごとに示してみせたともヴェイユは語っている。にもかかわらず彼女は、当時としては大胆過激なことに、いわゆる「科学的社会主義」の学説は明確に根拠づけられたものなのかという問いをあえて発したのだった。しかも一九三四年からである。しかしながら次の点も指摘できる。ヴェイユがボリス・スヴァリーヌと知り合った頃、スヴァリーヌがソビエト・ロシアとその指導者に距離を置いていなかったら、彼女は共産党に入党していただろうという点だ。雑誌『ラ・レヴォリュション・プロレタリエンヌ』関連の新しい友人や『クリティック・ソシアル』誌の編集仲間とともに、ヴェイユは、国家権力や国家共産主義に反対する共産主義勢力の方へとごく自然に流れていた。彼女の「知的共犯者」だったスヴァリーヌは、マルクス主義の「臆見《ドクサ》」から急速に自由になっていく彼女の分析力や知的勇気に驚嘆した。ヴェイユは、マルクス主義と弁証法的唯物論についての省察を最後にロンドンで行ったときも[11]、「共産党の限られた人々だけが知るかなしい秘密」をその論評で明らかにした。すなわち、弁証法的唯物論など存在しない、「なぜなら弁証法的要素と唯物論的要素が一緒になると、その用語を破綻させてしまうから」というのである。忌まわしい体制の暴政と虚偽をその内側から体験した、『囚われの魂』の作者のチェスワフ・ミウォシュが、まさに同様のことを述べている[12]。

シモーヌ・ヴェイユはさらに論を深めていく。マルクス主義者の思想の基本原理に異議を唱えたのである。マルクス主義者は社会の謎を解く鍵を経済に見たが、ヴェイユにとっては「欲求という観念ではなく、力という観念こそが、社会的現象を読み解くための鍵」だった[13]。戦争は生産ではなく破壊であり、それゆえ厳密に経済的なメカニズムだけに関わるのではないからである。シモーヌ・ヴェイユがこれを書いたのは一九三八年のことだが、その前年のイタリア旅行中にはローマでガリレオ全集を購入しており、以来ヴェイユの手にはガリレオがあった。ガリレオを力の観念の生みの親とするのは誤った解釈である[14]。ガリレオが語ったのは「重さ《グラーヴェ》」だけだ。ガリレオの物理学は、重力にしたがう空間における重さのある物体の物理学である。〈引力の観念〉については、ニュートンの登場を待たなければならない。ヴェイユの力の観念には、以上のごとく物理学から借用した観念への参照に加えて[15]、戦いの残忍性がこだましている。つまり、ヘラクレイトスを参照しつつ、人間的事象に不可避的に存在する暴力を想起しているのである。

「熟考する際は、単語の意味を変えるような形でしか言語を用いることができない――ただしその新しい意味自体は、言葉で定義できない」と、シモーヌ・ヴェイユは価値の観念に関する先述の文章の中で、読者に注意をうながしている。哲学者が用いる単語の意味、ましてや概念の意味は、その哲学者が使う語彙全体と響き合う中ではじめて理解できる。いかなる哲学的な構築物においても、概念は互いに密接に連関している。その哲学的構築物の中核をなす直観が光を放ち、そうして文面の上に意味という効果をおよぼすのだ。

シモーヌ・ヴェイユが特殊な意味を与えてやき直したこの力という概念は、ほとんどすぐほぼ完全なかたちで、彼女による新たな『イリアス』論に応用されている（あるいは、『イリアス』のことを考えていたときに、力の概念を作り直そうと思ったのかもしれない）。「『イリアス』、または力の詩篇」はヴェイユの主著の一つだ。ある時は勝者、ある時は敗者にすぎない勝者と敗者は、頑なな運命がくだすさまざまな命令にどちらも区別なく従っているが、『イリアス』では（力の真反対である）恩寵と共苦の光のもとに示されている――シモーヌ・ヴェイユは大胆にもこれを福音書的な光と同一視した。

こうして、この有名な文章は、ガリレオの発見とされた物理的な「力」の発見に匹敵するほどの発見ではないかという興奮の中で書かれた。社会科学が一つの科学たらんことを。まあそうなのだ。だが社会科学は「物質界における『ガリレオ』のような存在が登場しないうちは、それを巧みに生み出す者は現れようがない[16]」。シモーヌ・ヴェイユ自身がこの「ガリレオ」になる。まさにうってつけだ。このあからさまな「言外の意」に、若さゆえの大胆さを見る向きもあろう。工場労働で経験した苦痛や屈辱という傷跡がなかったら、シオランが見てとったように[17]、あまりにも奔放な野望と思われただろう。

シモーヌ・ヴェイユにおいて、「力」は大体いつも「野蛮な」とか「粗暴な」といった言葉で形容される。いつの時代の独裁制も戦争も、そうした荒々しい力の絶えざる発現である。住民に被植民者という地位を押しつける征服戦争は、力がもっとも純粋に行使された姿だ。[18] ソヴィエト体制から生まれた全体主義も、ヒトラーのおそるべき頭脳から生まれた全体主義も、創世記のアベル殺し以来、きょうだい殺しの戦いに刻みつけられてきた「死への欲動」を、未曾有の地点にまでいたらしめた。ヴェイユが『わが闘争』を読んだ（というより再読した[19]）のは一九三八年初頭のことだったと思われるが、このとき彼女の目には、野蛮な力が悪しき歯車を回しているのがまざまざと見えた。「人間は、自分がまぎれもなく自然の支配者かつ主人という高い地位にいたったと決して信じこんではならない……したがって人間は、次のように感じるようになるだろう。惑星や太陽のような恒星が円環状の軌跡を描き、月のような小惑星が惑星の周りをまわり、力だけがいたるところで弱さを司って、おのれに従順に従うよう強いたり粉砕したりする世界で、人間だけが特別な法則に従うわけがないと。」

以上の箇所を読んだシモーヌ・ヴェイユが思わず飛び上がったとしても無理はない。ヴェイユの哲学的教養の頂点と言えば古代ギリシャ哲学の研究であり、その研究をつうじてストア派的な精神をつちかっていた。彼女にとって星が描く円環状の軌跡は、まさに聖なるものとしての世界の秩序の表れそのものだったのである。

ヴェイユは、先に挙げた『わが闘争』の箇所を書き写したページの下方に、自分の注釈を書き記している。「宇宙的な秩序の模倣。古代と同じである。だが古代人は、宇宙が力だけに従っているのではないことを知っていた。」このように、ヴェイユはヒトラーの間違った解釈、その思考の核心にある倒錯性を明らかにしたのだが、彼女の魂と思考の結節点は傷ついたのである。プラトンの言葉どおり、「必然」は不可避的に「善」とは別のものなのか？「必然の本質と善の本質とはいったいどれほど離れているのか」（『国家』、493c）というプラトンの言葉を、ヴェイユは覚え書きとして『カイエ』のあちこちに書き込むことになる。その一方で、この問いに対する答えとしてヴェイユが喚起していくのが、「神の摂理は賢明な説得により、必然に対し、おおかたの事物を善へと向かわせるようにする[20]」ということだった。シモーヌ・ヴェイユが、福音書と同じくらいプラトンに、なかでもプラトンの宇宙論的対話篇である『ティマイオス』に信頼を寄せているのがここから分かる。

上述の『わが闘争』の抜粋を起点に、ヴェイユは力の概念の形成・調整に取り組んでいった。力の概念を必然の概念と比較するとすれば、それは二つをより明確に区別するためにほかならない。こうして彼女の「学説」全体に神経を通わせることになる概念階層を打ち立てたのである。必然が支配する世界は、物質を支配する盲目な力の世界だが、暴君がふるう力の世界ではない。他方、力以上に強い力は愛である。それは「非物質的で力をともなわない力」である。以上の観念の区別は、『根をもつこと』の最後のほうに、もっとも完全かつ決定的なかたちで述べられている。星霜が描く円環状の軌跡に触れた『わが闘争』の抜粋をあらためて引用しながら、シモーヌ・ヴェイユは次のような注釈をつけている。「いったいどうして盲目的な力が円環を生ぜしめるだろうか？　弱さが力に従順に仕えるのではない。永遠の叡智に従順なのは力なのだ。」

　シモーヌ・ヴェイユはすでに一九三二年から、恐怖と残虐の嵐の到来を予感していた。事後に生きる現代人は、それでもなお何らかの人間主義《ユマニスム》を信じることは可能なのかという疑義を抱いている。ヴェイユはと言えば、預言者的な先見性から、またその固有の軌跡から生まれた教訓をつうじて、徹底的な悲観論にいたる。「社会秩序というものは、いかに必要であっても（強調は引用者による）、どんなものでも、本質的に悪である」と、「服従と自由についての省察」に書いている。この文章は疑いもなく、ヴェイユの作品全体において転換点をなすものだ。近い将来完全な正義が地上を支配するというマルクス的な期待からはほど遠い……空虚な期待などどうでもよいのだ[21]。弱者は決して強者には勝たない。そして組織されていない大衆は、数では他を圧倒するものの、誰かの手に握られるのでなければ無力である。ところが「歴史のある瞬間において、大きな風が大衆の上を通りすぎることがある。彼らの息吹、言葉、運動は混じり合ってひとつになるのだ。そうなればそれに抗えるものなどなにもない。［…］［だが］強烈な勢いをもって広がる熱情の火の中で生まれるこの一致団結は、合理的な方法を備えたいかなる行動とも両立しえない[22]」。シモーヌ・ヴェイユは、工場労働者による工場占拠を頂点とする一九三六年六月のストライキに、こうした奇跡的な、だが未来の奪われた瞬間を見ていた。労働者によるこの勝利は、彼女のものでもあった。この時の喜びがいかほどのものだったかは、ロジエール〔訳注：フランスのキッチン機器メーカー〕の工場の技術長だった技師ベルナールとの往復書簡にあらわれている。ベルナールは、ヴェイユとのやり取りの間、理解ある態度を示し続けたが、彼女が示す大きな喜びの感情には不快感を示したのだった〔訳注：この書簡については、邦訳『シモーヌ・ヴェーユ著作集1』（春秋社、一九九八年）参照〕。

　抑圧的な力は決して打ち負かされないだろう。これがシモーヌ・ヴェイユの確認したことだった。ひとが望めるのは、抑圧的なメカニズムをほんの少し狂わせることぐらいだ。プラトンが「巨獣[23]」の神話で描いたように、社会そのものは盲目的で野蛮であり、頑なな循環に従っている。ではシモーヌ・ヴェイユは、自身最後まで支持していた敗者の大義を打ち捨てるのだろうか？　むろん違う。では、彼女に不満をもつ者が言うように、ヴェイユは改良主義的な妥協の道に進むのだろうか？　ある意味ではそうだ。だが正当な抗議という考えを捨てることはなかった。[24]以上のような災厄の只中で、古代人の知恵がふたたび立ち現れる。「同胞どうしの戦いは[…]事物の本性に由来する」というヘラクレイトスの指摘に、立ち戻らなければならない。

## 死の思想――流浪の思想

一九三四年十二月から一九三五年八月までの数ヶ月間にわたる工場労働[25]は、シモーヌ・ヴェイユの生と思想において決定的に重要だった。彼女は労働者の生活を体験しようと決意していた。なるほどそれは自身の政治哲学的「大作」(『自由と社会的抑圧の原因に関する考察』)の結論を現実において確かめるためだったが、何よりも物事の源泉に赴くことで他にいろいろと理論を並べるのを避けるためだった。知識人であったためこの種の経験には不慣れだったが、それでも、単調に流れる時間の重み、存在しないかのごとく生きる人々における希望の不在、一言で言えば社会的地位の剝奪された不幸の苦渋を、あますところなく感じ取ったのだった。この経験を中断した時、ヴェイユは疲労困憊の状態にあり、精神的にも打ちひしがれていた。工場労働の経験は、彼女の青春にとどめを刺したのである。翌年、スペイン市民戦争の舞台につかの間赴くが、共和国兵士にもフランコ側の兵士にも残酷さの本能がたけり狂っていることに気づく。一九三七年の春にはイタリアにて、識ることや生きることの幸せを急に味わえるようになるが、そうしたすばらしい小休暇もつかの間、持病の頭痛が耐えがたいまでに激しさを増し、ヴェイユはまいってしまう。自分の知性が失われつつあると思った彼女は、一種の精神的な死をくぐり抜けるのだった。

ジョー・ブスケへの告白に、それは明らかである。「……自分が極度の疲労と頭痛の悪化に脅かされていると思った時がありました。魂全体がひどい衰弱に見舞われたため、何週間もの間、私は恐れおののきながら、死ぬことが自分にとってもっとも差し迫った義務なのではないかと自問しました。自分の生が恐怖の中で終わらなければならないなんておぞましく思われたのですけれども。[26]」

活力あふれる時期に衝撃を受け、人間の悲惨な状況に残酷にも直面し、徹底した悲観論に追い詰められたシモーヌ・ヴェイユは(時あたかも死の軍隊が奔流となって砕け散ろうとしていた頃)、人間とその意志の力を中心とした哲学、その師アランの哲学、青少年の鍛錬にぴったりな哲学の価値秩序を転倒するようになる。英雄的な声を沈黙させ、いつの時代も賢者が唱えてきた離脱の教えを受け入れるのだ。

「離脱とは放棄である[…]死が目前に迫ったときのごとく、未来の代わりに真空をすえるのだ。だからこそ、古代の秘儀やプラトン哲学、サンスクリット書やキリスト教において、そしておそらくはいついかなるところでも、離脱はつねに死にたとえられてきたし、叡智への参入儀式はある種死を経ることと見なされてきた。[27]」

服従と自由に関する一九三八年の省察では、世界の六分の一を占める国で、スターリンというたった一人の人間がまるまる一世代から搾取しているのをみとめ憤慨しているが、一九四一年の省察は死をくぐり抜けた生についてのそれへと変化している。この転換はある種の実力行使、上方への脱出なのだ。この世の現実《レアル》、現世の現実《レアル》は、これ以後彼女にとって、より実在的な実在《レアル》、絶対善の実在、プラトンの言うイデアを照らす太陽に支えられるものとなる。「それは『神』と呼ぶことができる」とヴェイユはかつてロアンヌの生徒たちに教え[28]、さらに「プラトンの神は、デカルトの神、『隠れたる神』と同じものである」と述べていた。この後、このような完全性による神の証明（神の存在を証拠立てるのは、私が神ではないという事実である）は、恩寵と恩恵によって確信に変化していった。

　それだからシモーヌ・ヴェイユにおいては、視野は徐々に変化し、用語もそれに合わせて変化していく。両立しがたい二つの考え方が重なり合って生じる弁証法的な緊張感については、矛盾する概念を逆説的に結び合わせて使うことで解決を見ることになる。たとえば「祖国（patrie）」という語の用法の中に直に見てとれる意味の段階的な変化は、その驚くような例だ。ヴェイユにとってまずはこの世が唯一の祖国である。ジョー・ブスケに打ち明けているとおりだ。「その時点までの私の信念は、ただ一つストア派的な運命愛でした。[…] この世の国《シテ》への愛、故郷への愛、全霊をもって愛し、その美ゆえにいとおしく思う祖国への愛です。祖国を、その中身である秩序と必然は完全にそのままに、そこで生じるすべての出来事をもっていとおしむ、そのような愛です[29]。」それにこの祖国こそ唯一実在的なものだ。ある種英雄的にこの世から身を引き離し、ほとんど自己無化とも言える経験を通して、人間の条件が修復不可能なほど悲惨であるのを見て取ったシモーヌ・ヴェイユは、この世の現実《レアリテ》に超越的な実在《レアリテ》を重ね合わせる。それ自体で存在し、何ものにもよらない真理の源、この世とは別の完全性の源としての実在である。

　優勢なのは流浪の感情である。「私たちはこの世ではよそ者、根をうばわれた者、流浪の身であることを感じている。ちょうど、眠っている間に水夫たちにつれて行かれたオデュッセウスが、見知らぬ国で目を覚まして、魂が引き裂かれる思いでイタケーを想ったのに似ている[30]。」

　シモーヌ・ヴェイユの兄アンドレは、権力への不服従のかどで、一九四〇年の二月から四月まで、ルアーヴル、ついでルーアンで投獄されていた。その間にヴェイユが兄と交わした書簡があるが、そのもっとも美しい箇所は、この世における流浪の感情の分析に割かれている。とりわけ流浪と祖国という二つの観念を逆説的に結びつけた表現が秀逸である。「人間の魂は時間と空間の中で流浪し、一体性を奪われています。浄化作用というのはすべて、魂を時間の影響から解き放ち、魂が流浪のただ中で我が家にいるかのごとく感じられるようにするものなのです」（強調は引用者による）。この世とあの世に同時に愛着をもつこと、祖国の観念の二重化、実在的なものの重心の移動は、焦点が二つある楕円のようなあり方を思い起こさせる。シモーヌ・ヴェイユにとって矛盾は表面的なものでしかない。表現を変えることで、つまり宇宙を「地上で唯一の祖国[31]」と見なすことで、問題を解決するのだ。ヴェイユは世界について何ら不信感を表すことなく、ストア派的な考え方への愛着はそのままに持ち続けた。「地上の祖国を愛そう。これは現実のものだ。これは愛に抵抗するものだ[32]。」祖国であるイタケーに帰りたいと強く思っていたオデュッセウスは、ある日突然アテナに眼を開かれ、自分がまさに祖国にいることに気づく。美しいがゆえに愛すべき宇宙、その法則に従う姿に私たちもならうべき宇宙、この世における私たちの祖国――宇宙へのこうしたストア派的な愛は、シモーヌ・ヴェイユをグノーシス主義者から分かつ。たとえ多くの点でグノーシス主義に近い部分があるとしても[33]。それでもやはり、シモーヌ・ヴェイユが、超越性によって不意に捕えられたかのようであることには変わりない。もう一つの王国、「この世のものではない王国」、イエスが福音書の中で語り、ヴェイユがその頃再発見した王国とは、超自然的なものの領域である。超自然的なものは、この世を構成する必然的な関係の網の目の中で、ごくわずかに存在している。こうした転移の操作は、用語を弄ばずにはいない。シモーヌ・ヴェイユはしたがって、この世の物質である条件的な必然の中に（なぜ「条件的」なのかと言えば、「もし」の存在する余地を残しているからである）、彼女の言う「半現実[34]」を見てとり、これを「純粋な国、呼吸できる国、実在的《レアル》なものの国」に対置させる。こうした国についてヴェイユは、フランス出立二日前にジョー・ブスケ宛てに書き送った手紙で触れている。

## あまねく広がる〈仲介〉の概念

新たな岐路にさしかかる。両親とともにマルセイユに向かうことになるパリ脱出の数週間前、シモーヌ・ヴェイユは投獄されていた兄に手紙を書き送っている。野蛮の台頭といった外面的な運命においても、神に出会った彼女にとっては魂の運命においても、賽は投げられていた。宙吊りになった時の中で、激しい緊張を強いられた思考は、困難な均衡を得ようと探し求め、ついに見出す。省察が繰り広げられる兄宛の書簡には、のちに展開する思想の萌芽が見える。だがその萌芽の新しさたるや、それ以前の作品に予感という形で見られうるものとは違う。萌芽はその後一気に閃光のごとく数々の直観となって開花し、ヴェイユも死にいたるまで不断に省察を続けながら、その豊かな世界を限りなく発展させようと尽力する。必要だったのは、思考の重心の移動、概念の新たな階層化、プラトンの学説で言う、輝くばかりの想起《レミニッサンス》だった。プラトンの学説は、この女性哲学者の概念的領域を突然また席巻するようになるのだ。

　プラトンへの回帰、それも神秘家としてのプラトンへの回帰はめざましく、哲学と霊性、ギリシャ思想とキリスト教の一体性が確固として再興されていく（この一体化はすでに『イリアス』論の結論にも見られたが、当時それを知った人々は大変驚いた）。ギリシャ哲学の宗教的基盤、あるいは霊的基盤を再発見する中で、プラトンにプラトン以前の伝統の継承者を見ていたシモーヌ・ヴェイユは、とりわけピタゴラスの学説を、プラトンのそれを通して検討していく。だから以後ヴェイユがもっとも力を入れて考察するのは、数の科学、すなわち数学である。数学を至高の学問、自然認識の鍵と考えたのである。

　ヴェイユが兄宛の書簡で延々と熱を入れて論じた「無理数のドラマ」は、数の中に隠れている次のような神秘に関わる。すなわちその数を求める同じように真なる二つの命題が相矛盾するという神秘だ。このドラマは、一方の人々にとっては物議をかもす問題だったし、もう一方の人々にとっては賛嘆の対象だった。このようにある証明が、明快であるにもかかわらず解決しがたい矛盾にぶつかることがある。だがその矛盾は、概念的に把捉できたものと同じくらい実在的なのだ。神秘のこうした部分は、秩序だった世界における調和を表す最高のしるしである。数学のうちに残存しているこうした神秘の部分を表そうとして、シモーヌ・ヴェイユはありふれた語彙を用いながら、それに新たな意味合いをもたせていく。たとえば、「必然」を「互いに結び合わされた諸条件の網の目」のようなものとして論じつつ、そこに古代的な「運命」のような意味を加える。そしてこのように見直した必然の観念に、世界の摂理的な配置をさす「適合性」という観念を、補足的に対置する。それは比例と調和の源泉である一方、第二原因の働くメカニズムをいささかも覆さない。いわば創造が美の署名によって完成されているようなものなのだ。

　プラトンの学説はさまざまな象徴の網の目に基づいている。シモーヌ・ヴェイユもプラトンにならい、自身の思想を類比《アナロジー》の方へと大きく展開するが、なかでも数学は最高かつ完全な類比的方法であった。この類比という思考形式は、人間精神と宇宙の構造的な同一性を措定する原理に基づくものだ。この原理により象徴の大きな樹形図を広げることが可能となり、普遍的な啓示が神話の中で変形し、民話や童話の中にまで見られるという考えが生まれた。シモーヌ・ヴェイユは最後の最後まで神話や民話の豊かな霊的世界を解読しようと試み、誤った伝承による逸脱は必要に応じて訂正した。だが宇宙を「神的な諸真理の隠喩」[35]として語るときには、中心に仲介の観念を擁する数学を特に重視した。『前キリスト教的直観』が頂点に達するのは、ピタゴラス派の学説に割かれた霊感あふれる長い省察においてである。ピタゴラス派の学説は、「関係」そして「仲介」を意味するロゴスの観念をめぐって構成されているが、ピタゴラス派が「すべては数である」という言葉で表現したのはまさにこのことだった[36]。仲介は、数学では比例中項で表される。分かりやすいのは半円に直角三角形が内接する例だ。霊的実在の領域では、神的な仲介、すなわち神と人間の仲介者であるキリストがその関係を表している。聖ヨハネが福音書の「プロローグ」で〈ロゴス〉、すなわち〈言《ことば》〉と呼ぶキリストこそ、関係を表す存在なのである。比例の観念をめぐる以上のような幾何学的―神学的思弁を展開する中で、シモーヌ・ヴェイユは一つの神学の輪郭をおおまかに描いてみせる。「雷に打たれたかのように不思議な素描だ」とは、かつてなく明敏なヴェイユ論を展開したピエール・ブータンの評だ[37]。範例として「世界魂」の姿を取るのであれ、啓示宗教ではキリストによって担保されるのであれ、この仲介という観念を考察することで、シモーヌ・ヴェイユは苦しみと十字架の神秘をくまなく理解しようとつとめた。

人間は肉体と霊魂という二重の本性をもっているがゆえに、自然的なものと超自然的なもの、有限と無限の交点に存在する。思考する者、「永遠の中に住まう」よう造られた者にとっては、有限なる存在に結びつけられ、必然、すなわち時間と空間に従わせられることは、十字架刑を受けているようなものである。「マニ教徒に見られるすばらしいイメージ」、すなわち「空間の中で引き裂かれ、断片化し、散り散りになっている」精神というイメージが、有限と無限の不調和の神秘へと通ずる扉をもたらす。シモーヌ・ヴェイユにとり、これは悪の問題の核心に足を踏み入れることにほかならなかった。この直観は、一九四一年初頭、「科学とわれわれ」という彼女の科学論としては初期の論考の中で発展をみる。

「マニ教徒に見られるある見事なイメージによると――その起源はさらに古い時代にまでさかのぼることは確かだが――精神は引き裂かれ、こま切れにされ、空間を通して、すなわち物質の拡がりを通して散り散りになっているという。精神は拡がりの上で磔刑に処せられているのだ。そもそも十字架は、物質の拡がりを定義する二つの垂直方向からなるのだから、物質の拡がりの象徴ではないだろうか？　精神はまた、時間の上でも十字架にかけられ、時間を通してこま切れになって散り散りにされている。同じ四つ裂きの刑を受けているのだ[38]。」〔訳注：邦訳『科学について』（みすず書房、一九七六年）所収「科学とわれわれ」、

〔一四六頁〕

デオダ・ロシェ[39]が「オック語文明の精髄」に、プラトンの『ティマイオス』（36b-37a）における世界創造神話とマニ教教義との比較論を寄稿するが、この論考はシモーヌ・ヴェイユに鋭い光を投げかけずにはいなかった。吸い込まれるように思弁的な道に没入していたヴェイユは、創造のドラマを空間における精神の十字架刑と考え、受難のドラマと比較対照していたからである。そこにヴェイユの思想の新たな飛躍を見てとらねばならない。彼女にとっては同じ一つの神秘が創造と受肉と受難を結びつけていたし、これらが「一体となって神に固有の狂気をなしている[40]」のだった。「創造の行為にすでにすっかり含まれている」神の狂気。「なぜなら、神は創造にあたりすべてであることを放棄し、存在の一部分を神以外のものに委ねたからである。」霊感的な省察の極みにいたっていたシモーヌ・ヴェイユは、以上の内容を次のような言葉で要約している。「空間と時間の総体の中にある全宇宙がキリストの十字架として創造された[41]。」

『前キリスト教的直観』の最後をしめくくるこの「ピタゴラス派」についての注釈は、一九四二年五月末にカサブランカの難民一時収容所で執筆された。別天地をめざして出発間際の難民たちの中で、シモーヌ・ヴェイユとその両親はニューヨークをめざしていた。ヴェイユの「ピタゴラス」論に、一つの学説、一つの「神学」の核心を見てとらねばならない。時間と空間の埒外にあるこのある種の「非 - 場所」において、根こぎすべく定められた運命についてのすぐれた表現が生まれたのだ。祖国、すなわち自分の住まう国《シテ》から引き離され、未知の未来に直面しながらも、すでにおのれの最期も予感していたと見られる精神にとって、ただ一つの出口は思考力を行使することだった。ヴェイユの「ピタゴラス」論には、たしかに思弁的な陶酔感のような、「創意と天才にみちた何か」がある。未曾有の現代は、創意と天才による新たな聖性を必要としている。これはヴェイユがドミニコ会のペラン神父に返した最後の返答だった。ペラン神父とは愛情と感謝にみちた友情で結ばれていた。神父はヴェイユに受洗するよう迫るが、まさにカサブランカで、ヴェイユの決意は決定的なものとなる。自分は教会の一員とはならないと決意するのだ。「私に固有の召命ゆえに、知的に誠実であることが私には課せられており、例外なくすべての思想に対し、私の思考は差別なく対さなければなりません。唯物論や無神論に対してもです。すべての思想に対しひとしく受容的でひとしく慎重であれ、という要請があるのです[42]。」「神への奉仕」という表現があるように、この宣言をいわば「知性への奉仕」を定めたものと解釈しなければならない。シモーヌ・ヴェイユは、あらゆる思潮が交差する中にあって、「不安定な均衡という立場」を、自由にまた十二分に引き受ける。こうして彼女は「同一の思想」の「案内人」、仲介者となるのだ。ヴェイユによれば、その「同一の思想」はあらゆる文明の中に流れている。「古代のさまざまな神話伝説の中に、フェレキデス、タレス、アナクシマンドロス、ヘラクレイトス、ピタゴラス、プラトン、それから古代ギリシャのストア派の哲学の中に、偉大なる古代ギリシャの詩篇、世界の民間伝承、『ウパニシャッド哲学』や『バガヴァッド・ギーター』の中に、中国の道学書やいくつかの仏教各派の中に、残存するエジプトの聖文書の中に、キリスト教信仰の教義や、キリスト教の偉大な神秘家、とりわけ十字架の聖ヨハネの文書の中に、そしていくつかの異教的伝統、なかでもカタリ派やマニ教の中に[43]」表されているのだ。だが真理のるつぼであるこの「唯一無二の思想」は、「今日、現代的かつ西洋的な表現を必要としている。つまり、現代の私たちが手にしている中でまあ良いと言える唯一のもの、すなわち科学を通して表現される必要があるのだ[44]」。

かくて、普遍的類比の世界観に「宇宙と人間の運命に関する新たな啓示にほぼ等しいもの[45]」を見てとったシモーヌ・ヴェイユは、その世界観の中で科学を特に重視した。それはちょうど十五世紀に（ヴェイユも読んだことのある）ニコラウス・クザーヌスが『知ある無知』のある章の中で科学を重視したのと同様である。その中でクザーヌスは幾何学を頂点とし（「神は永遠なる幾何学者である」）、その中心に仲介の観念をすえたのだった。

## 普遍的な宗教

カトリック教会に入信できない理由としてシモーヌ・ヴェイユが挙げた主な障碍は、知的次元のものだった。宗教的事実が歴史に書きこまれることに嫌悪感を抱いたのである。ヴェイユは年表の彼方にあるものを求めていた。ニューヨーク滞在末期に書いた「ある修道者への手紙」（『シモーヌ・ヴェーユ著作集4』、二二一—二七四頁）では次のように述べている。「年表は、神と人間の関係において、つまり一方が永遠の存在であるような関係において、決定的な役割をもちえません。」それに、カトリック教会の存在した時代や国だけが、最上の徳の数々を独占しているなどとどうして言えよう。ペラン神父への長文の手紙（「霊的自叙伝」）でも、ためらうことなく教会を告発している。「キリスト教は権利上は普遍的《カトリック》ですが、事実上はそうではありません。多くのものがキリスト教の外にあるのです。私が愛し見捨てたくない多くのもの、神の愛するものがキリスト教の外にあります。神が愛するのでなければ、そうしたものは存在さえしていないでしょう。」（『シモーヌ・ヴェーユ著作集4』、四〇頁）

ヴェイユの第一原理は次のとおりだ。「各宗教は、明白な真理と暗黙の真理が独自に組み合わさったものである。ある宗教で明白なものが、別の宗教では暗黙に示されていたりする。」

自分の直観を基礎づけるため、彼女は非常に広範にわたる調査研究に没頭し、諸伝統の表現言語の精髄をできる限り吸収しようとつとめた。彼女によるサンスクリット語の習得は、研究におけるそうした好み、誠実さによるものだ。ヴェイユは特別な注意をはらって、神話や民間伝承が伝えていると自身信ずる豊かな霊的世界に関心を抱いた。特にポリネシア人やエスキモーなど、大文明からもっとも離れた部族の神話を丹念に調べた。この点、ヴェイユは当時起きていた、多くの神話の豊かな世界や、神話で用いられている普遍的範疇の再発見の動きに加わっていた。普遍的範疇とは、ある種の第一自然言語の語彙と文法をなすはずのものだ。この点に関して、貧しき者の神話は、神殿や神統記で繰り広げられる神話よりずっと興味深い。

諸宗教を「大いなる一つの啓示が諸言語に翻訳されたもの[46]」と考えたシモーヌ・ヴェイユは、人文主義者《ユマニスト》の偉大なる伝統に連なり、「昔」、それもキリスト教以前の古代を好んで取り上げた。キリストの到来に先立つ数世紀間古代は光り輝き、数多の碩学がこの時代に郷愁を示した。ヴェイユはこうした「非‐時代的な」論理に立って、動じることなく、他のキリスト像にも向き合い、他の受肉についても真実らしいという以上のものとして想起した。まるで、聖なる歴史のレプリカであり相同物である異教的メシア信仰をたたえたシェリングにならったかのようである。こうした観点において、ヘラクレス、オシリス、ディオニュソスは「キリストの転移[47]」した姿となった。類比、寓意、象徴、比較は、どれも多かれ少なかれ危なっかしい方法だが、古代や原始時代のさまざまな源泉を縦横に探求する手段となり、ついにはエノク、ノア、メルキセデクといった太古の時代の人物（というより擬人化された存在）を引き合いに出すこととなる。ヴェイユの取った方法は、永遠なるものの中に投影するという方法だった。「プロメテウスの物語は、永遠なるものの中に投影されたキリストの物語なのです」と、彼女は『ある修道者への手紙』で述べている。

そこからシモーヌ・ヴェイユの軌跡が明らかになる。古代より伝えられる偉大なる神話の数々を経由したヴェイユは、諸宗教の霊性の宝庫を、苦しみの後に死して甦るオルフェウス像の中に総合された秘儀（と少なくとも考えられるのだが）と同等のものとみなすのだ[48]。こうした系譜の中、キリスト教への移行は、神秘家としてのプラトンの再発見という解釈を通してなされる。プラトンの学説と神話の崇高さは、十字架刑にいたるほどのキリストの愛の福音に非常に近いものとして、ほとんどその双子のようなものとして再び見出される。キリスト教への移行はだから、「必然の本質と善の本質の間にある距離[49]」を唯一埋め合わせられる、超越的なものへの飛躍を通して行われたのだった。

シモーヌ・ヴェイユは、カトリック教会の教父たちが伝えてきた伝統の台座に依拠することなく、あらゆる歴史的考察から離れ、教義上何か貢献することもなく、キリスト教の広大な領野に取り組んだ。孤独に、反逆的に、自由に取り組んだ。モーリス・ブランショは、ヴェイユには何か根本的に規則にのっとらないところがあることを浮き彫りにした(50)。この不規則性は、本質的に神秘思想からくるものだという。

## 「全霊をあげて」――プラトン

なにしろ神との人格的な邂逅と接触があった。誰もそのことを知らず、また見抜けなかった。ただしシモーヌ・ヴェイユが秘密を打ち明けた二人の人物は別である。ひとりは宗教的な事柄についてヴェイユの話し相手となったペラン神父、もうひとりは戦傷で半身不随となり、それがゆえにヴェイユの打ち明け話を引き出すことになったジョー・ブスケである。友人であり同窓でもあり、ヴェイユの伝記作者にもなったシモーヌ・ペトルマンは何も気づかなかった。ペトルマンが気づいていたのは、ヴェイユが宗教史に関心を抱いていたことぐらいだった。兄アンドレも、神秘的状態に関わる事柄の秘密は「魂が自分自身とおこなう対話にまで」広げることが望ましいというシモーヌからの手紙を受け取っていたにもかかわらず、こうしたことには気づかなかった。ただし彼女は特に自分のことを言っているようには書かなかった。

この並外れた経験をほのめかす言葉は、『神を待ちのぞむ』所収の文章の随所に見られるが、まさにこれらの文章こそ、全面的な信頼を寄せる相手のために書かれたものだった。問題となっているのは「神の人格そのものとの直接的な接触」である。ヴェイユは神が「人格の中に顕現する」可能性を示し、さらに次のように詳しく述べている。「神が人格として来られた時、それは魂をおとのうたばかりか〔…〕、魂をとらえ、魂の中心をご自身のそばに移された〔…〕」。さらに、オルフェウス教のイメージを用いながら「雛鳥は殻をつき破ると、世界卵の外に出た」と述べている。最後には驚くほど自然に、アンティゴネーの時と同じように、エレクトラという人物を用いて、エレクトラとその兄の再会物語に、自身の身に起きた啓示の経験を重ね合わせて語っている。「エレクトラの冒険がその身に起きた者、それを魂そのもので見聞きし、触った者は……」というふうに。

以後シモーヌ・ヴェイユは、キリストの形象に専念し、信仰の中身を果てしなく問いかける中で、思弁や象徴を用いた知性を発揮していく。だがキリスト論的主題の中からヴェイユが保持するのは十字架だけである。先述のとおり、十字架という主題については、まず物質の中で散り散りになっている精神というマニ教のイメージから考察し、『ティマイオス』の一節と比較対照した。不幸の頂点である十字架は、ヴェイユには啓示の頂点として、すなわち新たなる知恵の樹として立ち現れる。ヴェイユは聖金曜日の典礼歌「パンジェ・リングァ（舌よ、ほめたたえよ）[51]」の中で行われている関連づけについて、すなわち、十字架の木が隠喩的に、すべての木の中でもっとも貴いものになるとされていることについて、長い間考察を続けた。その聖歌を彼女は、以下のように、いつものように逐語的に訳している。「どのような森にもこうした木はない、こんな花ぶりや葉っぱ、芽をもった木は。」

このうえなく不名誉な苦しみの象徴である十字架についての省察は、理解への手がかりを開こうとする無数のイメージを呼び覚ますが、そのイメージはまた、キリストの苦しみを想像し共感して、それと同一化しようとすることからも生じている。言葉は論証的であろうとするが、神をあがめ愛する観照の果実として次々に生まれる直観により、むしろ断続的に進む。「上方で至高の愛が至高の一致というきずなを結んでいるこの分裂は、たえず宇宙を通じて、沈黙の底で、はなれて溶け合う二つの調べのように、純粋だが悲痛な調和音のように鳴りひびいている。」（『シモーヌ・ヴェーユ著作集4』所収「神への愛と不幸」、八六頁）。

「神への愛と不幸」と題されたシモーヌ・ヴェイユの省察は、哲学的表現をめざすキリスト論としては、かつてなく人の心をつかむ詩篇である。真理へといたるには、不幸の真理を経なければならない。このことは、いつの時代においてもどこでても、これまでもずっと知られてきた。「それは神が貧しき者たちに残しておいた大きなおおきな恩恵である。だが彼らがそのことを知ることはほとんどない[52]。」

その一方で、実際の経験（キリストの人格との直接的な邂逅という経験）と、神の存在に関する倦むことのない問いとの間に、解決されない矛盾が残る。超越的なもの、それゆえ不可知のものとして立てられた神の存在について、おびただしい量の『カイエ』の全編を通じて問いかけが続く。そしてその問いかけのため、シモーヌ・ヴェイユはまさに模範的な粘り強さで、知と諸文化の全領域を渉猟し掘り起こすのだ。同じ一つの神が問題となっているのだろうか？　シモーヌ・ヴェイユは、二つのタイプのアプローチを結びつけてはいない。一方には経験した事実がある。だがこれはほとんど言葉にならない。他方では包括的なアプローチが試みられる。つまり、あらゆる文明の霊性の宝庫を洗い出し、その調査目録を作成するというものだ。一方にはまばゆいほど明白な事実がある。確信がある。だが他方では、知性はどんな教義や拘束にも束縛されずにすべてを考えたいと望み、極限にいたるまで数々の実験をおこなう。飽くことを知らぬシモーヌ・ヴェイユは、その読者をも貪欲にする。滋養豊富な『カイエ』は、汲めども尽きぬ泉である。それに一読しただけでは間違いと思える道筋でも、実際には、インド哲学の方法に支えられていたりする。マルセイユ滞在の初期にルネ・ドーマルのもとで学んだ[53]インド哲学から、ヴェイユは大きな指針を得たのである。こうして彼女は、なかでも読みの諸段階という観念をインド哲学から借用することになる。この観念により、人格的であると同時に非人格的な神の諸観念を段階的に結び直すことが可能になるのだ。

「インド。重層的な読解。スピノザに時折見られるように、人格神を一つの事物として概念化してしまうことのないよう、人格的な神を通して非人格的な神を愛さねばならない（すなわち神の後ろにどちらの神もおり、また神の後ろにどちらの神もいないものとして）[54]。」

相互に矛盾するものの結合、中央の位置、すなわち〈仲介〉であると同時に四つ裂きの刑、二直線の交点でもある位置（つまり、ヴェイユにおいては十字架を概念化しようとするすべてのイメージ）を見いだすことにより、この世における合目的性の不在に照応する人間の不幸と、「天」すなわちこの世の彼方にいる超越的な神の愛とをともに、少なくとも考えようと努力することが可能になる。この世の彼方から見ると「この可視的世界は実在的なものと見え、遠近法的視野はもはや存在しない[55]」のだ。

弁証法的でもあるこの神秘思想は、悲劇的ではないだろうか？　シモーヌ・ヴェイユが、次のようにまばゆいほどの光を放つ言葉を、その秘密を得た上で述べるとき、彼女のことを信じられるだろうか？「神は歓びであり創造は不幸である。だがそれは、歓びの光に輝く不幸なのだ。」

## 「我を探そうと出立して、汝は疲れ、座った[56]」

シモーヌ・ヴェイユは二元論者としての立場をさらに鮮明にする。この世は冷たく残酷な必然に委ねられている。善はこの世に不在である。さらに悪いことに、この世はヨハネの黙示録にあるような獣に委ねられている。ヴェイユが生きた時代からすれば、マニ教から借りたこうした世界観を強調するのはあまりにも当然のことである。十字架上に見捨てられた神の子の叫びに対する応えは、父なる神の沈黙でしかない。だがそれならばなぜ、恐怖とホロコーストの時代にあって、同胞の運命に目をつぶったのか？　ホロコーストは不幸の中でも最大級の不幸ではないか？　十字架をめぐる省察では、彼女は不幸について人の心をとらえて離さない読解を行っていたのに。

「ギリシャ的な明晰さにあれほど忠実な彼女が、根本的な不正について考察しようとすれば、何千年もの間ユダヤ人が置かれてきた状況について考えずにはいられないということを、どうして忘れるなどということがあるのだろう？」とモーリス・ブランショは問い、次のように付け加えている。いったいどのような「思考の苦しみ」[57]によってか、と。確かにヴェイユの中には、知性におけるある種の「十字架」が存在する。つまりユダヤ的伝統の拒絶という「十字架」だ。だがヴェイユは、預言者的な熱情の中で抱く根源的な直観をそのユダヤ的伝統に負っている。預言者的な熱情とはつまり、貧しき者たちの苦境に打ちのめされ、不正に苦しむ神、ひと言で言えば、世界を気遣い被造物への愛を追求するような神への熱情である。全能と結びついた完全なる放棄という観念こそ、聖書の中核をなすものである[58]。

神自身を被造物へと向かわせる神の人間への愛について、シモーヌ・ヴェイユは素晴らしい注釈をつけた。彼女はその内容を、典礼歌から取ったラテン語の格言で要約した。「Quarens me sedisti lassus（我を探そうと出立して、汝は疲れ、座った）」というこの言葉をヴェイユはしばしば引用し、他の覚書とともに『カイエ』の表紙に書き込んだのだった。

「必然と善の間にある距離」を理解し、その溝を埋めたいという狂おしいまでの願いの中で、シモーヌ・ヴェイユはいわば自身を「括弧に入れた」。それは、人間の人間に対する全面戦争、彼女をしてこの世は居住不可能だと書かしめた全面戦争から生まれた恐ろしい不安への、彼女なりの対し方だった。回避しがたい矛盾に直面したヴェイユは幾度も扉をたたく。それは開くと「深い沈黙で［…］満たされた」空間にひとを招き入れるはずの扉である。その沈黙は「音の不在なのではなく、感覚にとっては明確な対象、音以上に明確な対象であり、秘密の言葉、原始から私たちをその腕に抱く愛なる神の言葉[59]」であった。

『超自然的認識』の冒頭にある「プロローグ」は、彼女の内面のドラマを神話的形相のもとに描いたものだが、その末尾になって、悪戦苦闘していた彼女の暗闇に一条の光が射し込む。「……すべてのことにもかかわらず、もしかしたら彼は私を愛してくれているのかもしれないと、私の中のある一点は畏れふるえながらも考えずにいられない。」純粋な恩寵が、絶望に傾く心性にバランスを取り戻させたのだろうと思われる。この世の真理は、沈黙を余儀なくされているのだ。

死ぬ直前の数週間で、シモーヌ・ヴェイユは第二の「遺言」、第二の「大作」（『根をもつこと』）を執筆する。そこに提示されているのは、真の霊性に貫かれ、それによって再生する新たな文明の基盤である。だが彼女はロンドンのフランス人からは孤立して生活していたため、その著作には誰も注目することがなかった。ヴェイユは部分的にはこうした無関心のために死んだのである。

人生最後の小さな手帳に鉛筆で書き込まれた最後の言葉、すなわち『超自然的認識』のカイエ全体をつつましやかに締めくくっている言葉は次のようなものだ。ヴェイユが亡くなったのは弱冠三十四歳の時だった。

「（科学的な意味において）認識するとはどういうことかを教えること。看護婦《ナース》たち。」

「認識する」とは、知的注意力によって（すなわち知性を実際に働かせることによって）、この世の実質をなす必然的関係を取り出すことである。そうすることで認識する者は実在性を生ぜしめ、世界の美の幾ばくかを顕わにする。

教えるとは見いだされた宝を分かち合うことである。そして「看護婦」という言葉は、やさしさや共苦を含んでいる。それこそ彼女が生涯にわたり惜しみなく示したものだった。

このように、シモーヌ・ヴェイユの思想と生がめざした方向は、その若き日から最期の時までまったく同じであった。プラトンの娘、現代のディオティマ[60]は、同じ光を見つめつづけた。哲学者としてはイデアを照らす太陽に、キリスト者としてはキリストの姿に、預言者としては被造物に心を砕く神に、その眼差しを一心に向けつづけたのである。ゆえに、その透き通るほどに純粋な生は、まったくもって〈唯一不可分〉であり、始めから終わりまで同じ一つの預言者的な熱情に貫かれた生である。

## 注

（1）一九四二年五月一五日付ペラン神父宛書簡、「霊的自叙伝」、*Œuvres*, p. 769（『シモーヌ・ヴェーユ著作集4』（春秋社、新装版一九九八年）、三〇頁）。

（2）「プロレタリアート教育の試みについて」、*Œuvres*, pp. 135-138。

（3）ヴェイユはここでアランそっくりの考え方を取っている。

（4）『自由と社会的抑圧の原因に関する考察』、*Œuvres*, p. 332（『自由と社会的抑圧』（岩波文庫、二〇〇五年）、一一六頁）。

（5）だが「人間を堕落させる」という形容詞は、マルクスの表現には見られないことに留意されたい。この加筆はヴェイユによる。

（6）「展望――われわれはプロレタリア革命に向かっているのか」、*Œuvres*, pp. 267-268（『シモーヌ・ヴェイユ選集2』（みすず書房、二〇一二年）、四九―七七頁）。

（7）*Œuvres*, p. 974を参照。

（8）スペイン市民戦争の勃発時、確かにシモーヌ・ヴェイユは共和国側に身を置き、兵士集団にくわわった。だがこのときは心理的次元での自分の反応に従ったのだった。戦線の後方にいるというのは、彼女にとっては考えただけでも耐えがたいことだった。いつでも、最大の危険があるところに身を置きたかったのである。以上の点をヴェイユは一九三八年のベルナノス宛書簡で説明している。*Œuvres*, pp. 403-409（『シモーヌ・ヴェーユ著作集1』（春秋社、新装版一九九八年）所収「G・ベルナノスへの手紙」、四七〇―四七七頁）。

（9）以下の議論を凝縮した形で、『自由と社会的抑圧』のなかで再度取りあげている。この手帳は実のところシモーヌ・ヴェイユが残した最初の『カイエ』で、戦前のカイエとしては唯一のものである。一九三三年から一九三四年にかけて書かれたこのカイエ（*Œuvres complètes*, t.VI, vol.1, Gallimard, 1994 所収）には、主に『自由と社会的抑圧』を準備するためのメモが含まれている（邦訳は前掲『自由と社会的抑圧』）。

（10）「マルクス主義学説は存在するか？」（一九四三年にロンドンで書かれた文章）より。『抑圧と自由』、Gallimard, coll. « Espoir », 1955（『抑圧と自由』（東京創元社、一九六五年）、二三一頁）。

（11）同上。

（12）ミウォシュの著書『地球の帝王（*Empereur de la terre*）』（Fayard, 1987. 英語とポーランド語からの訳はローランス・ディエーヴル）所収の「シモーヌ・ヴェイユの重要性」（pp. 114-130）を参照。

（13）「服従と自由についての省察」、一九三七年末か一九三八年初頭に書かれた文章、*Œuvres*, p. 490（邦訳としては、エティエンヌ・ド・ラ・ボエシ『自発的隷従論』（ちくま学芸文庫、二〇一三年）に付論として収められている「服従と自由についての省察」、一八一頁）。

（14）一九三七年から一九三八年にかけて、シモーヌ・ヴェイユはオイラーの原理（訳注：最小作用の原理と呼ばれる力学原理）をニュートンではなくガリレオにさかのぼるとするモーペルテュイの解釈に従った。一九四一年になって、ヴェイユが力の観念を重力の観念に置きかえたことは注目すべきである。「重力はすぐれて一つの力である——それに厳密に言って、これ以外の力があるだろうか？」、『カイエ』（*Œuvres complètes*, t.VI, vol.1, Gallimard, 1994, p. 352（『カイエ1』（みすず書房、一九九八年）、三〇〇頁））。

（15）シモーヌ・ヴェイユにはよくあることである。さまざまなイメージの網の目や科学的概念の中に、現実を新たにとらえ直すのにもっとも適切で十全な手段を見るのだ。

（16）「服従と自由についての省察」、*Œuvres*, p. 490（前掲『自発的隷従論』、一八〇頁）。

（17）エミール・シオラン『カイエ 1957-1972』（Gallimard, 1997）、*Œuvres* 所収の「注釈」欄 p. 1265 を参照のこと。

（18）知られているように、植民地問題はこの女性哲学者の脳裏を離れることがなかった。

（19）ヴェイユが読んだのは、一九三四年のフランス語初訳版だった。以下に続く引用は第五章からのものである。

（20）『抑圧と自由』（Gallimard, 1955）、p. 217、および『根をもつこと』、*Œuvres*, pp. 1025-1218（前掲『抑圧と自由』、二二五頁、『根をもつこと』（上・下）（岩波文庫、二〇一〇年））。

（21）シモーヌ・ヴェイユは「展望——われわれはプロレタリア革命に向かっているのか」という記事のエピグラフに、ソフォクレスの『アイアス』からの抜粋を記している。「うつろな期待でわが身を温める死すべき者に、私は軽蔑しか感じない」（前掲『シモーヌ・ヴェイユ選集2』、四九—七七頁）。

（22）「服従と自由についての省察」、*Œuvres*, pp. 491-492（前掲『自発的隷従論』、一八三—一八四頁）。

（23）『国家』、第六巻、493a-d。

（24）一九三八年、雑誌『ヌーヴォ・カイエ（新手帖）』主催の会議でオーギュスト・ドゥトゥーフが夢見た、抗争のない「単一の、非政治的で義務的な」労働組合運動《サンディカリスム》の構築に対して、ヴェイユは熱心に反対した。ヴェイユが「正当な抗議」という考え方を打ち捨てていなかったことが、その熱意によく表れている（*Œuvres*, pp. 183-191）。

（25）解雇期間と病欠をのぞけば、数週間と言わねばならない。

(26) 一九四二年五月十二日付ジョー・ブスケ宛書簡、*Œuvres*, p. 797。

(27)「価値の観念をめぐる若干の考察」、*Œuvres*, p. 124（『シモーヌ・ヴェイユ選集3』（みすず書房、二〇一三年）、七—八頁）。

(28) アンヌ・レイノー＝ゲリトー、『シモーヌ・ヴェイユの哲学講義（ロアンヌ、1933-1934）』(Plon, 1989)、p. 235（『ヴェーユの哲学講義』（ちくま学芸文庫、一九九六年）、三五九頁）。

(29) 一九四二年五月一二日付ジョー・ブスケ宛書簡、*Œuvres*, p. 797を参照。

(30)「はっきり意識されない神への愛の諸形態」、*Œuvres*, p. 742（前掲『シモーヌ・ヴェーユ著作集4』、一三一頁）。

(31) 同上。

(32) 同上。

(33) グノーシス派同様、とりわけ旧約聖書の所々に出てくる復讐者としての万軍の主は、福音書の神と同じ神ではありえないとヴェイユは考えた。彼女の反ユダヤ主義は、一部こうした理屈に基づいている。彼女の「反宇宙的二元論」もグノーシス主義の立場に近い。どちらも、自然は重く下方に向かうが、神は本質的に不在で、あらゆる被造物は見捨てられており、神はこの世では無力である等々の考え方をとるからだ。参照しているのは、シモーヌ・ヴェイユの伝記作者であり、グノーシス主義のすぐれた専門家だったシモーヌ・ペトルマンの論である。

(34)「ピタゴラス派のテキストについての注釈」、*Œuvres*, p. 618（『シモーヌ・ヴェーユ著作集2』（春秋社、新装版一九九八年）所収「神の降臨」、三九四頁）。

(35)『超自然的認識』(Gallimard, coll. « Espoir », 1950)、p. 145（『超自然的認識』（勁草書房、新装版一九九二年）、一六五頁、または『カイエ4』（みすず書房、一九九二年）、二五二頁）。

(36) シモーヌ・ヴェイユは古代ギリシャ・ローマの思想を再構成し、独自に解釈し体系化している。ここでの論はヴェイユ自身の読解である。

(37)『秘密の存在論』(PUF, 1998, coll. « Quadrige »)、p. 252。

(38) 雑誌『イグドラジル（Yggdrasil）』は、マルセイユの『カイエ・ド・シュッド（南方手帖）』誌周辺に参集していた知識人に読まれていたが、その雑誌により、中国領トルキスタンで発見されたマニ教文書の存在が明らかになっていた。デオダ・ロシェはこの文書に着想を得て「カタリ派と霊的な愛」に関する研究を行い、『カイエ・ド・シュッド』誌が一九四三年に発行した特集号「オック語文明の精髄と地中海人」に寄稿した。「闇に対して戦った最初の光の人間は、それ以前は闇にうずもれ、闇と混じり合っていた。その霊的な身体の各部分は、宇宙の中で引き裂かれ、散り散りになりながら宇宙を照らし出し、あまねく広がるその魂は、プラトンが『ティマイオス』で語ったように、世界の十字架にかけられている。」

(39) デオダ・ロシェ（一八九七年頃—一九七六年）。ごく若い頃から秘教に夢中だったロシェは、一九四九年に『カイエ・デテュッド・カタール（カタリ派研究手帖）』という雑誌を創刊した。

(40)「ピタゴラス派のテキストについての注釈」、*Œuvres*, p. 613（前掲『シモーヌ・ヴェーユ著作集2』、三八七頁）。

(41) 同 p. 625（同四〇四頁）。

(42) ペラン神父の秘書ソランジュ・ボーミエ宛書簡、『神を待ちのぞむ』(Fayard, 1966)、pp. 63-67（前掲『シモーヌ・ヴェーユ著作集4』、五一頁）。

(43) 一九四一年十月付の哲学者ジャン・ヴァール宛書簡、

*Œuvres*, p. 979を参照。

（44）同上。

（45）一九四二年五月一六日付ペラン神父宛書簡、*Œuvres*, p. 787（『シモーヌ・ヴェーユ著作集4』、六三頁）を参照。

（46）Cf.「はっきり意識されない神への愛の諸形態」、*Œuvres*, p. 742（『シモーヌ・ヴェーユ著作集4』、一〇六頁）。

（47）この表現は、グザヴィエ・ティリエットの『哲学の中のキリスト』(Editions du Cerf, 1990)から借用した。シモーヌ・ヴェイユのキリスト論関連全般において、大変参考になった。

（48）シモーヌ・ヴェイユ個人の蔵書の中に、アンドレ・ブーランジェ著『オルフェウス――オルフェウス教とキリスト教の関係』（F. Rieder et Cie, 1925）があった。

（49）プラトン『国家』、493c。

（50）ブランショの著書『終わりなき対話』（Gallimard, 1969）、pp. 153-179を参照。

（51）シモーヌ・ヴェイユは一九三八年の復活祭でソレムの修道院に滞在した折にこの聖歌を知った。滞在中、聖週間のすべての典礼に出席したのだった。

（52）「はっきり意識されない神への愛の諸形態」、*Œuvres*, p. 738（『シモーヌ・ヴェーユ著作集4』、一二五頁）。

（53）シモーヌ・ヴェイユと両親は、一九四〇年九月十五日からアメリカに出立する一九四二年五月十四日まで、マルセイユで生活した。

ルネ・ドーマル（1908-1944）は「大いなる賭け」グループを創始した一人で、『大いなる酒宴』（一九三九年）という実験小説の著者。サンスクリット語に造詣が深く、その初歩をマルセイユで再会したシモーヌ・ヴェイユに教えた。

（54）「カイエVI」、*Œuvres*, p. 899（『カイエ2』（みすず書房、一九九三年）、二六九頁）。

（55）一九四二年五月十二日付ジョー・ブスケ宛書簡、*Œuvres*, p. 794を参照。

（56）「ディエス・イラエ（怒りの日）」という聖歌からの引用。シモーヌ・ヴェイユはこれを『カイエ』に何度も引用し、注釈をつけている。

（57）『終わりなき対話』（同上）、p. 180参照。

（58）ここで参考にしているのは、雑誌『エルメス（Hermès）』nº 3（一九三九年十一月号）所収のA. Heschel, *Die Prophetie* (Henry Corbin 訳、同序文・要約付）の研究である。

（59）一九四二年五月十二日付ジョー・ブスケ宛書簡、*Œuvres*, p. 794を参照。「扉」という詩はまさにこのことをうたっている。同 p. 805を参照。

（60）プラトンは『饗宴』の中で、愛と美に関するソクラテスの教説をディオティマから聞いた話としている。

---

Introduction par Florence de Lussy pour les *Œuvres* de Simone Weil, Quatro, Gallimard, 1999, pp. 11-33.

●訳者紹介　西文子（にし・あやこ）一九七四年生。明星学園高校非常時講師（英語）。主な著作に、ローレンス・H・テンプリン著「戦争が変えた私の人生」訳（ラリー・ガラ、レナ・メイ・ガラ編著『反戦のともしび――第二次世界大戦に抵抗したアメリカの若者たち』諸井勇一監訳、明石書店、二〇一〇年、所収）、シモーヌ・ヴェイユ著「植民地体制について（断片）」訳・解説、同「最前線看護婦部隊編成計画」訳（以上、『別冊水声通信　シモーヌ・ヴェイユ』水声社、二〇一七年、所収）など。

# 愛の狂気

山田登世子

●やまだ・とよこ　一九四六―二〇一六年。フランス文学者。愛知淑徳大学名誉教授。主な著書に、『モードの帝国』（ちくま学芸文庫）、『晶子とシャネル』（勁草書房）、『フランスかぶれ」の誕生』（藤原書店）など多数。

ヴェイユの「愛の狂気」は私を打ちのめす。栄光や名誉はおろか、なにひとつ互酬性を求めない愛。この愛は人間を超えたものからきていて、聖性をおびている。

ヴェイユほどの烈しさはないけれど、たしかにヴェイユのそれに酷似している愛をこの身に受けて、衝撃に打ちのめされたあの日のことを私は決して忘れないだろう。

もう十年以上前のことだった。リゾート研究のために単身パリに渡って二週間あまり。ふとしたことでパリ近郊のシャトウ市に「セーヌの印象派」美術館があることを知った。美術館といってもごく小さなもので、週に三回、午後からしか開館しない。知った時はもはや帰国の日の午後にしか行く可能性はなかった。帰国便はシャルル・ド・ゴール空港十七時発。美術館が開くのは午後二時。慎重な人ならば、行くのをあきらめたことだろう。だが無謀な私は危険をおかしても観たかった。前日に行き方を周到に調べ、ある地点でタクシーに乗ることに決めた。二時前に現地に着いて待ち構えていれば、一時間もあれば見てしまえるような小美術館にちがいないから、できないことはないと思ったのである。

だが道は遠かった。バスを迷った。ケータイもスマホもない頃のことだ。私はカフェに入り、メモしていた美術館の電話番号をダイヤルして、行き方をたずねた。地味だがしっかりとした女性の声が丁寧に応えてくれた。カフェでタクシーを呼んでもらって、彼女の指示どおりに走ってもらった。わかりにくい地味な家に「セーヌの印象派」という小さなポスターがあるのを見つけ、ようやく着いた時は二時をとうにまわっていた。電話の女性は受付にいた。「お待ちしていました」。言いながら彼女はパンフをさしだして、こう言った。「あなたには神の番号のパンフをお渡しします」。パンフにはナンバーがあって、私の受けとったパンフのナンバーは3だった。ああ、この人はシスターの方なのだと、はっと思った。

見学者は私ひとり。彼女は館長に私を紹介し、見たいと思っていた十九世紀のセーヌの風俗画の数々を見ることができた。印象派の聖地と言われるシャトウのセーヌ河のみだらな行楽の風俗は、印象派論で決して語られたことのないものだった。苦労してここまで来た甲斐があったと思ったとき、涙がこみあげてきた。いたたまれずに館外に出た。小さな美術館の背後はゆたかな水をたたえて陽光を映す美しいセーヌの流れ。時は春の終わり、ポプラの樹が風に揺れ、幸福の風景がそのまま眼前に在った。その水を見ながら私は涙がとまらなかった。

旅人とはつねに弱者である。地理にうとく、時は迫っている。小児のように誰かの助けを求めている。その弱者にたいして、受付の女性はどれほどのことをしてくれたことだろう。「親切」という言葉ではもどかしい何かを私はひたひたと感じていた。それは親切以上のもの、「愛」以外の何物でもなかった。「何か必要なものはありませんか」と無言のうちに気づかっているのが伝わってくる。私が十七時発の帰国便に乗らねばならないことを知ると、彼女が館長に言うのが聞こえた。「あの方は十七時の飛行機に乗って今日帰国するそうです。時間の余裕がありません。私がポルト・マイヨーまで自動車で運転してお送りしましょうか?」。そこまでしなくてもいいだろう、と館長の答え。

だが彼女の愛は私の心をゆさぶった。「お名前は?」思わずそう聞いて、返ってきた答えがさらに私の心を打った。「リリアンヌです」。ああ、百合はキリストの花ですね。そう応答しながら、彼女の答え方に、なにひとつ人間的情愛がこもっていないことに打ちのめされた。親愛感のかけらもそこにはなかった。彼女は私という人物に何一つ人間的興味を持っていないのだ。彼女がさしだすのは、人間的情愛ではない「愛」なのである。

彼女は迎える人が誰であれ、その人の必要にたいして全く同じ愛をもって仕えているのだとすぐに悟った。有名性や名声や報酬などに何一つ関心をもっていない愛。慎ましく無名のうちにとどまりながら、いつも同じ愛をもって仕えるひと。「地の塩」という聖書の言葉が浮かんだ。リリアンヌは一日にして成らず。人間的情愛と神の愛を峻別して実践できるカトリックのすごさを思い知った。

心から時間の心配をしてくれつつも、親愛感のまじらない別れの挨拶をしたあと、呼んでくれたタクシーでパリのホテルにもどり、空港に着いた時はもうぎりぎりの時間だった。ようやく機内のシートに座ってからも、衝撃の想いが胸を去りやらず、放心したまま、あの情愛なき献身を思い返すばかり。見返りも感謝も期待せずにただ与える。それが自分の「義務」だから。リリアンヌの全行為がそれを語っていた。

それから十数年後、シモーヌ・ヴェイユの「愛の狂気」を知った。すぐにあの思い出が胸をよぎった。鈴木順子のヴェイユ論は言う。「それは、現世における互酬性を超えた愛であり、またさらに愛すら超える「愛の狂気」に他ならず、すなわち、これは高次の善への愛以外の何ものでもない。そうした善への愛に基づく犠牲は、そこから聖性が生じ、その聖性こそが人々の心を揺り動かすのである(1)」。

まさしく私の心を揺り動かしたのは「高次の善への愛に基づく」献身だった。ヴェイユはキリスト教から深く犠牲の精神を学んでいる。私が言いたいのはしかし、彼女の「愛の狂気」の源泉がキリスト教に在るということではない。ヴェイユの思想の全体像の研究は、弱くてみじめな人々が地に満ちている今世紀の人類の課題にちがいない。

だが、研究を待たずとも、「愛の狂気」は存在しているのである。一時間ほどの交わりにもかかわらず、その愛に打ちのめされて、生涯それを語りついでゆこうと思うほどに。

**注**

(1) 鈴木順子『シモーヌ・ヴェイユ「犠牲」の思想』藤原書店、二〇一二年、二二〇―二二一頁。

**編集部付記** 本稿は二〇一五年執筆の未発表原稿である。

# II 「犠牲」と「歓び」の思想

## ――永遠なるものと内奥の往還

スペイン・バルセロナにて（1936年）

# エントロピーと犠牲

【スピノザ／アラン／ヴェイユ】

合田正人

●ごうだ・まさと　一九五七年生。明治大学教授、思想史。主な著作に、「無限なものの水平圏内で――彗星スピノザに感応するナンシー」（『ジャン＝リュック・ナンシーの哲学』読書人、2023）、「シャルル・ルヌヴィエとヘルマン・コーエン――新批判主義の交錯と分岐」（『明治大学人文科学研究所紀要』90、2023）、「海と島々からの日本思想史――和辻哲郎『風土』『鎖国』から」（『東アジアにおける哲学の生成と発展』法政大学出版局、2022）など。

――三種の認識の三種の心的エネルギー（ヴェイユ）

## スピノザを廻るアランとヴェイユ

一九二五年にアンリ四世高校に入学したシモーヌ・ヴェイユがアランことエミール・シャルチエと出会い、その後、「アランに答える」が示しているように、特にキリスト教ならびに平和主義に関してはこの師に単に追随するだけではなかったとはいえ、アランに私淑するようになったことはよく知られている。けれども、ヴェイユがアランの思想の何に、どのように惹かれたのか、またそのことがヴェイユの著述にどのように表れているのかについては、これまでのところ、必ずしも十全な解明がなされているとは言えない。かねてより私は、アランとヴェイユとの知的交渉には、いまひとりの哲学者が深く作用していたと考えてきた。スピノザである。

ジュール・ラニョーからスピノザの重要性を学んだアランが、一八九一年には「スピノザにおける喜びの道徳的価値」を書き、初の単行本として一九〇一年に『スピノザ』を出版、その再版を一九四六年に出していること、こう言ってよければスピノザがアランの思索のアルファとオメガを成していることについては、すでに他の場所で語ったのでここでは繰り返さない（拙著『幸福の文法』河出書房新社、の第三章を参照）。ただ、アランとヴェイユとの関係についていまだ不明な点が多々あるということは、少なくとも私にとっては、ヴェイユとスピノザとの関係が十分に把握されていないということでもある。例えばここに、ジョエル・ジャニオーの『独異性と責任――キルケゴール、シモーヌ・ヴェイユ、レヴィナス』がある。極めて優れた論考で、とりわけ「犠牲」（サクリフィス）について刺激的な考察が展開されているのだが、そこにはスピノザへの言及は見られない。

『自由と社会的抑圧』（一九三八年に執筆）でのヴェイユが、「人間のことがらに関しては、笑わず、泣かず、憤らず、理解すること」というスピノザ『国家論』の一節を引用し、このいわばストア派的な「アパテイア」と「社会的行動」とは決して相容れないものではないことを指摘している。ヴェイユ理解にとって本質的な点であろうが、しかし、ヴェイユの著述のなかにスピノザへの言及が頻繁に見られるかというと決してそうではない。アラン（シャルチエ）についても同様である。言及があるとしても、「時々スピノザがしているように、神を物とみなさないように、人格的な神を通して非人格的な神を〔…〕愛さねばならない」（S. Weil, *Œuvres complètes*, VI, *Cahiers II*, Gallimard, 1997, p. 384）といった具合で、相違が強調されている場合も少なくない。そうした事情に鑑みると、ヴェイユにおけるスピノザの重要性を殊更に強調するほうが不自然かもしれない。そうなのだが、『カイエ』の決して少なくない箇所に刻まれた二つの語に私は長年捕らわれてきた。「レクチュールと第三種認識」（VI/266）である。

「第三種認識」が「神への知的愛」とも呼ばれる「直観知」であることは言うまでもない。しかし、一方の「レクチュール」ないし「読解」については、ここ数年集中的にアランを読み漁るまでその由来が分からずにいた。オーギュスト・コントに倣って森羅万象を「徴し」「記号」（シーニュ）とみなすアランにとって、「認識」はすべからく「読解」であり、このうえもなく困難な修練を要する「読解」の頂点に位置するのが「第三種認識」だったのである。そのアランが「第三種認識」をどのように表現しているかというと、ある個所には、「つねに強力でかつ謎めいた警句を発するスピノザは、個別的事物を認識すればするほど、よりいっそう神を認識することになるとわれわれに言っている」（Alain, *Propos 1*, Gallimard, 1956, p. 928）と書かれている。この宇宙（実体、神、自然）のなかでの個物ないし個体（様態）の位置を知るという途方もない認識なのだ。

ヴェイユの『カイエ』は、物理学や数学など自然諸科学から古今の宗教、美学、神話学に至る多様な分野を横断する記述の、決して明確に一つの像を結ぶことはないが、かといって単なる散在でもない集積で、それゆえ、異なる個所から幾度そこに踏み込んでも飽きるということがない。折に触れてこの豊饒な曠野を散策するうちに、私はある仮説のようなものを抱くようになった。エルンスト・カッシーラーが当時の諸学の成果を援用してカントの構想力論を応用したように、ヴェイユもまた、量子力学のような最新の科学を勘案しながら、二十世紀の「第三種認識」を構築しようとしていたのではないか、と。

## 「犠牲」というトポス

「第三種認識」とは絶対的に無限な「実体」のなかでの個物ないし個体の独異性の認識であった。とすれば、それは「私」とも「自己」とも呼ばれるものの認識でもあることになる。『エチカ』では、一般に「自己保存の努力」と訳されているものが「徳の唯一の基礎」とみなされているのだが、実際アランは「第三種認識」と「自己保存の努力」を結びつけて、「自己自身をみずから思考する」と題されたプロポでこう書いている。「人間たちにおけるエゴイズムを研究してみると、人間たちがほとんど自分を愛していないのが分かる。ある著者が書いていることだが、まったく抱いていない情念のために自己を犠牲にする(se sacrifier)とは何という狂気の沙汰であろう！　だから自己を探し自己を見つけなければならないのだ。とはいえ、難しいのは、自己についての思考のなかに普遍的なものがあるということである。普遍的なもの、それは思考そのものだ。ある証明は万人にあてはまるか、私にさえあてはまらないかなのである」(*Propos 1*, 1956, p. 927)。

これだけではアランが「自己」と「他者」についてどう考えているかは正確には分からないだろうが、アランという哲学者が、「犠牲」、それも「自己犠牲」を称揚する哲学者でないことは少なくとも明白である。そしてそこに、アランとヴェイユ、スピノザとヴェイユが衝突するトポスがあることもまた間違いない。例えば鈴木順子は、いみじくも「犠牲」という語を冠した労作『シモーヌ・ヴェイユ　「犠牲」の思想』(藤原書店)で、ヴェイユが構想した前線看護婦部隊における「犠牲の精神」(esprit de sacrifice)とナチス親衛隊(ＳＳ)の国家への「自己犠牲」を較べてこう書いている。「ＳＳが、ヒトラーに対する擬似的信仰心、偽の宗教的精神に動かされ、『破壊力、権力欲』において、『獣的で卑しい勇気』を発揮する男たちであるのと比較すると、ヴェイユの看護婦部隊は、『純粋で真正な』宗教的精神のもと、まったく武装せず、人を殺害しないという固い意志をもった女の集まりである。彼女たちの勇気は、傷ついて苦悶する人々、死に行く人々を見守るという勇気である」(二〇八頁)。

では、二つの「犠牲」があって、二つの「犠牲」は相反するものでさえあるのだろうか。そうであるなら、なぜそれらは「犠牲」と同じ語で呼ばれるのだろうか。ヴェイユは実際、看護婦部隊とＳＳの行為が、「人類が今どちらかを選ばねばならない二つの方向についてありうるなかでも最も明白な表象」であることを最晩年に指摘しつつも、それ以前の論考では、ローザ・ルクセンブルクの人生と書簡についてそれは「死への希求であって生への希求であり、有効な行為への希求であって犠牲への希求ではない」と書き、ソ連については、「ソ連の例は、個人の犠牲を承認させる方向に向かっている。〔…〕それが人民の大義であれば個人は死ななければならないという原則は順繰りに、主人たちは別として、人民を構成する諸個人に適用されるから、この原則は、幾たりかの特権的な個人のために人民全体が犠牲になることへと最終的には行き着く」と書いている。思考の深化のごときものをここに見るつもりはない。人間というものがつねにその前に立たされている決定的な岐路をまさに岐路としてヴェイユは生きたのだ。今私は「岐路」という、すでにベルクソンによって事後的捏造として斥けられた語を用いたけれども、それをヴェイユはどう考えたのだろうか。この点に関して鍵を握っているのは「エントロピー」という物理的概念であったというのが私の仮説であるが、限られた紙数でこの難題を論じることは到底不可能である。本論はその小さな踏み出しにすぎない。

## エントロピー増大に抗う?

『カイエ』を繙く者は、ドゥイノで自殺した物理学者のボルツマンと彼が証明したとされる「エントロピー」についてヴェイユが懸命に考えていたことに気づくだろう。この点でも、ヴェイユはアランから示唆を受けたのではないかと思われる。一九三一年に出版されたアランの『海辺での対話』をヴェイユはジルベール・カーンから借り受けたとされているが、この対話篇にはこんな箇所がある。『カイエ』の一節と併せ読んでみよう。

——後に来るものが前に来られないかどうかを私たちは知っているのだろうか。どうやってそれを知るのだろうか。

——エントロピーです、とレブランは言った。まさに神秘です!

——神秘、なるほど代数のなかではな、と老人は話を続けた。だが、今一度、外的関係という観念を響かせてみよう。おそらくそれが裸の実在の観念なのだが、閉じたシステムのなかではすべてが最下位にまで下降するということに驚くのは、規則の規則を忘れているからではないだろうか。つまり、大小何でもいいがある事象の変化、ある事象における新しいことや出来事はつねに外部によって、結局は自分が決してそうではないものによって説明されるということを。(Alain, *Les Passions et la sagesse*, Gallimard, 1960, p. 1322)

エントロピー。どんな閉じたシステムも下降する傾向がある。上昇させるエネルギーは外部からしかこない（例えば太陽光線のエネルギー）。［閉じたシステムの大きさがいかなるものであれこれは真なのだろうか。さてどうなるか］。――拡張が上昇運動に変換されるのは、漸近されるある限界に至るまででしかない。　（*Cahiers I*, Gallimard, 1994, p. 141）

最後の一文の文意は定かではないが、閉じたシステムはどれほど拡張しようともエントロピー増大の法則を結局は免れえないのを示唆していることは少なくとも間違いない。そうだとすると、アランとヴェイユはほとんど同じことを語っていることになる。アランにとっては、先の引用で「外部」と呼ばれているもの、それはスピノザのいう「実体＝宇宙＝自然＝神」にほかならなかった。そして、例えばこの小さな身体をその故郷である宇宙に戻さねばならないと言われているように、「自己」を外部たる「実体」に接続していくことが、エントロピー増大の法則に抗うことだったのだ。では、ヴェイユはどう考えたのか。

まずヴェイユにとって、「エントロピー」は「蓋然性・確率」（probabilité）、「不連続性」、「アトム化」の類義語であるのみならず、ヴェイユの鍵語である「重力」の類義語、「恩寵」の対義語でもあって、それゆえ、「悪への不可逆的な過程」と倫理的な意味を担わされていた。逆に言うと、「二つのもの、必然性と善は私たちの外部から到来する」（*CII*/216）のである。一見するとスピノザ、アランに抗して、ヴェイユはこの「外部」を「空虚」（脱創造）とも「超自然的」とも呼んだ。

物理学者のエルヴィン・シュレディンガーが『生命とは何か』の基となる講演を行ったのは一九四三年で、奇しくもヴェイユの没年にあたる。そこで彼は「負のエントロピー」という観念によって生命を定義した。興味深いことに、ヴェイユもまた、「熱力学の第二原理が生物学においても有効であるかどうかを私に語ることのできる者を見つけること」（*CII*/205）と書き記している。たしかに、生物はそれを単独で取り上げれば無秩序化に抗して秩序を形成するかに見える。しかし、その営為は死によって解体されるのみならず、生物をその環境（他なるもの）との代謝過程として捉えればそこでもエントロピー増大の法則は貫徹される。「生は、太陽光線エネルギーの化学的・機械的・熱エネルギーへの変換によって定義されるのではないだろうか」（*CII*/205）という問いを提起しつつ、ヴェイユはそこにエネルギーの漸次的劣化を見ていたと言ってよい。「苦痛」「不幸」「疲労」といったヴェイユの観念もそこに結びついていた。

「閉じたシステム」であり、また、そのなかにある限り、生きて死ぬことはエントロピー的堕落の過程を免れない。いや、というよりもむしろ、生きて死ぬことにはシステムないし諸関係を閉じる傾向が抜き難く伴っていて、それこそがヴェイユにとっては「根こぎ」にほかならなかった。それは例えば「国家的アイデンティティ」という一元的帰属によってある全体の部分となることで、その極限がＳＳの自己犠牲であろう。整然たる行進や厳しい位階制度など秩序を体現しているかに見えるものも、ハンナ・アーレントが示したように、それは実は人間のあいだの横断的関係を切断された「無構造」なのである。風聞（密告）が人間の「間」を破壊し、特異性が一般化されるという意味で、これはスピノザのいう第一種認識、第二種認識に対応している。

複雑に絡み合った根はどこへどこまでどのように伸びていくのか分からないし、切断するのでなければ、その複雑かつ微細な動きを止めることもできない。それは地表に現れることなき諸関係の創出である。たしかに、それは生存のために水分など養分を摂取するためだが、ヴェイユのいう「脱創造」とはこの不可逆的過程を反転しようとする不可能な営為にほかならない。しかし、どれほど根が伸びようとも、先に拡張について記されていたように、いかなる「根づき」もエントロピー増大の法則を免れることはできないのではないだろうか。「外部」という先の語はヴェイユがそのように考えていたことを示唆している。しかし、二つのことをここで言っておかなければならない。

## 来たるべきヴェイユ

ひとつは、ヴェイユが「限界」（limite）というものを、真と偽、正と邪、善と悪、外部と内部といった単純な分割を許さないものとして捉えていたということだ。一々引用することはしないが、限界づけるものが限界づけられてないとか、有限なものが無際限であるとか、そのような逆説が『カイエ』の随所に書き記されている。ひとことで言うと、「限界」は「限界なきもの」なのだ。とするなら、閉じたシステムは単純に閉じているわけではないし、単純に開かれているわけでもない。古代ギリシャ思想における「中間項」についての分析もキリストという媒介者の「受肉」についても、ヴェイユの思考はこのような逆説に引き裂かれている。そしてそこにも、熱力学の第二法則が関係していたことは、「受肉。上昇運動の条件としての下降運動。熱力学との類比」（*CII*/318）という一節からも明白であろう。

第二に『カイエ』には、「犠牲」という語と共に、水をなみなみと湛えて溢れんばかりの大洋のことが語られている箇所がある。たとえ隠喩であったとしても、自然的と超自然的がヴェイユのなかで截然と分たれているなら、このような隠喩さえ可能ではなかっただろう。「［犠牲］　水をなみなみ湛えて溢れんばかりの大洋が不動の均衡を保つのと同様に、自身のうちで欲望が溢れ出しそうな者――欲望の誘惑に負ける者ではない――は休息を維持することができる」(*CII76*)。ストア派やスピノザにおける「平静」を想起させるが、「休息」とは同等の力が衝突して作り出される静止の外観である。しかし、と同時にヴェイユが、時に「ヒロイズム」とも呼ばれる勇気ある行動ではなく、「休息」を語っていること、このことも銘記されねばならない。ローザ・ルクセンブルクをめぐる叙述がすでに語っていたように、それは死への覚悟ですらない。少なくともそれに尽きるものではない。看護婦隊の存在についてヴェイユが「息吹・閃き(inspiration)の源泉」と呼んでいたことを思い起こしてもよい。

　アランもまた海を、そこでの相転移や波の動きを語るのを好んだ。ヴェイユは「神＝実体」を「物」と解したとしてスピノザを批判しているが、「神＝実体」は「物」では決してない。それは相転移をくり返しながら、あくまで「様相」として個体化と脱個体化を続けるそのつど異なる諸関係の関係の関係……の総体、というよりも逆説的な無限的総体であり、そこにスピノザ、アラン、ヴェイユを貫く「ヴィジョン」ないし「レクチュール」――「精神の目は論証そのものである」――があったと私は確信している。「犠牲」とは諸関係の不可避的な関係の切断のたびに、その切断ゆえに生じる関係を、再び切断しつつ証しすること以外の活動ではなく、それがある状況のなかでどのような形態を取るかを予め決定することはできないし、ましてや、真の「犠牲」と贋の「犠牲」を原理的に区別することはできない。称賛すべき聖性と見えるものをも警戒し、唾棄すべき野蛮と見えるものからも学ばなければならない所以である。

　この点でヴェイユの「犠牲」論は、ナチズムのドラマを「暗き神々への犠牲」と形容し、それを回避する唯一の方途としてスピノザのいう「神への知的愛」を挙げたジャック・ラカン、同じくヒトラーの『わが闘争』での「犠牲」礼賛を論じつつ「実存」〔脱-存〕を「犠牲にしえないもの」(insacrifiable)と呼んだジャン＝リュック・ナンシーの考察に近づけられるべきものであるように思われる[1]。そしてこのことは、「自己保存の努力」と訳されている事態をどう捉えるか、という難問と取り組むことを促しているのだ。加えて、「自然」をめぐるスピノザの考察、アランの経済論、ヴェイユの『社会的抑圧と自由』が、玉野井芳郎やニコラス・ジョージェスク＝レーゲンらによって開かれた「エコノミーとエコロジー」という問題系をめぐる先駆的探求であることを改めて確認しつつ、本稿をひとまず閉じることにしたい。

**注**

(1) 拙論「無限なものの水平圏内で――彗星スピノザに感応するナンシー」(『ジャン＝リュック・ナンシーの哲学』読書人、二〇二三年、所収)を参照。

# シモーヌ・ヴェイユの「神秘体験」

鶴岡賀雄

●つるおか・よしお　一九五二年生。東京大学名誉教授、宗教学。主な著作に、『十字架のヨハネ研究』(創文社、2000、現在は講談社オンデマンド出版)、共編著『越境する宗教史 上・下』(リトン、2020)、論文「ルイス・デ・レオンにとっての「女性」の諸相――雅歌読解を中心に」(「キリスト教と女性」研究会編『西方キリスト教の女性――その霊的伝承と雅歌の伝統』(教友社、2023) など。

シモーヌ・ヴェイユは神秘家か。欧米でかつてよく見られた神秘家のアンソロジーのような本には、二十世紀の代表的神秘家としてヴェイユが登場することがしばしばあった。そのような性格付けは正当だろうか。神秘主義についての特定の理解を予め(概して言外に)設定して、その枠組みにヴェイユを入れることは、たぶんあまり生産的なことではない。むしろ、ヴェイユを神秘家として見ようとすることで、神秘家、神秘主義(mystic, mysticism)という概念のほうが揺らいでくる、よく言えば神秘主義の地平が動的に拡がる、そういう効果を期待するのがよいかもしれない。以下の拙文は、こうした所感を背景に、あえて「神秘体験」という観点からヴェイユのテクストと生涯を見たときの雑感を連ねたものである。文の性質上、文献注の類は省略する。

## ペラン神父への手紙から

それでも、シモーヌ・ヴェイユについて書くことはある畏れを引き起こす。彼女の魂には、ある深い水準があって、そしてその水準は誰にでもあるのだが、彼女はいつも、その水準の純粋度を汚すこと、歪めることなく、考え、語ろうとしていることが痛感される。その純粋度に対応しつつ彼女の遺した言葉について語るためには、語る側にも相応の畏れと緊張が強いられるように思われるからである。

ヴェイユには神秘体験があった、と、このように書いてしまうこと自体が、この純粋度からは遠いのかもしれない。しかし彼女自身、そのように言われることを拒まないテクストをいくつか残している。最も知られたものは、いわゆるマルセイユ時代（一九四〇―四二）、カトリック受洗の問題をめぐって深く交流したペラン神父に宛てて、アメリカ渡航直前に書かれた訣別の手紙の中の、彼女自身「霊的自叙伝」と呼んでもいる部分だろう。手紙には、当然伝えたい意図がある。この長い手紙は、ヴェイユがついに受洗するに至らない生き方を択ぶ、その理由を伝えるためのものである。そのために彼女は、自身のキリスト（教）との関わりがしだいに深まってきた、その経過を、ある種の神秘体験ともとれる出来事を画期とするストーリーとして物語るかたちを採った。大筋だけたどれば、こうなろう。

二十世紀初頭のパリに、世俗化したユダヤ人家庭に生まれ、カトリック的文化環境に浸されて育ち、神の問題については概して不可知論、というより正面からこの問いに取り組むことなく思想形成をしてきたヴェイユは、いわゆる工場経験を経ての精神の危機の中、訪れたポルトガルの小さな漁村で、月夜の中、地元の漁民たちの歌う悲しい聖歌を聞いて、「キリスト教は奴隷の宗教そのもの」であり、そして「自分自身もその奴隷であることを確信した」（キリスト教との第一の接触）。ついでアッシジの聖フランチェスコ所縁の教会堂で「何か自分よりも強いものに強いられて、生まれて初めて跪いた」（第二の接触）。さらに、ソレムの大修道院の聖週間の典礼に参加し、持病の激しい偏頭痛の中、「歌と言葉の汚れない美しさの中に純粋で完全な喜びを見いだすことができた」。とりわけその間に知り合った青年から十七世紀イギリスの形而上派詩人ジョージ・ハーバートの詩「愛」を知り、聖体拝領の魅力に捉えられる。この詩を暗唱しているとき、「キリストご自身が降って」「その御手にとらえられた」（第三の接触）。こうして彼女は、神（キリスト）の現存が疑いようもなく感じられるという出来事がげんに生じうることを、自らの体験にもとづいて認めるようになり、信徒として洗礼を受け教会の一員となることが、現実的な可能性として問われることともなった。とともに、渡米の準備として南仏に滞在する間、上記ペラン神父やカトリック哲学者G・ティボンらと交わりつつ、キリスト教ばかりでなく世界の古今の宗教思想についての知識を一挙に深めていき、「神」についての思索を拡げていったらしい。

このようなこともあった。主の祈り（マタイ福音書六章９―13）をギリシア語で、一語一語に完全に集中して唱えていると、「ある時には、最初の一語がもうわたしの思考を体から抜き取って、展望も観点もない空間外のところへつれていきます。空間が開かれます。知覚されるふつうの空間の無限が、二乗された、あるいはときには三乗された無限にかかわるのです。同時にこの無限な無限はどこも沈黙にみたされます。この沈黙は音の不在ではなくて、音の感覚よりももっと積極的なある感覚の対象となるのです」。「ある時には、こうして主の祈りを唱えていると、また他のおりにも、キリストが御自身で（en personne）現前します。それは彼が初めてわたしをとらえたときよりも無限に現実的《リアル》で、強烈で、明瞭で、愛にみちた現存です」（渡辺秀訳）。これらが、彼女が残したいわゆる神秘体験記述として最も具体的なものである。

ただしそれがじっさいにどのような体験だったのかを、これを読む者が、彼女自身と同じリアリティで知ることは原理的にできない。そうした原理的な到達不可能性は、いわゆる神秘体験の本質に属する。それは、他人に伝達することのできない、魂の「秘密の」「隠された」――「神秘的（mystic）」という語の原義――領域での出来事である。だから、ヴェイユが得ていた神秘体験がこれに尽きるものかを知ることもできない。伝達のための言語に乗せがたいこうした出来事は、誰かにあえて言わなければならない場合のほかは、むしろ語られないまま、秘められたままにされるのが通常のことだろうから。渡米以後、さらに渡英以後、彼女がキリストとどのような（密かな）交わりを得ていたのか、誰も知らない。

それでも、これらの「神秘体験」記述、ペラン神父個人に向けて自身の魂の状態をいわば告解のように語ったこれらの叙述が、ヴェイユという人を、またその思想を理解するために貴重であることはたしかだろう。では、われわれは、こうした「謎めいた《ミステリアス》」――これも「神秘的」という語の原義――、またそれゆえの魅力を湛えた叙述をどのように読めるだろうか。

これらの記述を、古今東西のさまざまな文献に見いだされるいわゆる神秘体験記述の一つと見て、その特徴をあげつらうことはできるだろう。主の祈りを唱えているときに起こるということの記述の最初のものを見てみるなら、そこでは特異な空間性の語りが際立っている。無限がさらに二乗三乗された空間、音の無い、しかし沈黙がそのまま音声であるような、空間ならざる空間、明晰なヴェイユが最も精確に語ったものだろうこの澄んだ濃密な空間性についても、例えば近年の脳神経科学ならば、脳の機能に関連させた何事かを語ることはできるだろう。が、それはそうした「科学的」説明の無力さを同時に暴露するものでしかない。

さらに、これに続く「キリストご自身の現存」についての言葉は、ハーバートの詩を暗唱していたときに感じたキリスト現存の記述――「こうしてキリストが突然わたしをとらえてくださったときには、感覚も想像力も少しも働いていませんでした。わたしはただ苦しみを通じて、愛する人の顔の微笑みに読まれるものに似た愛の現存を感じただけでした」とある――より、はるかに「リアルな」「愛にみちた」現存だとされている。この点に着目するなら、ヴェイユの神秘体験は、何か無限空間に溶け込むような、超越的全一者への吸収・帰入ではなくして、神と人間の区別・隔たりと、区別があるがゆえの愛の交流を可能にする、人格神的宗教のものだ、と言ってもいいのかもしれない。そうだとしてもしかし、いま用いた「人格」という語は、ヴェイユの思想の核心にかかわるものでもある。ヴェイユの主張の一つに、「人格（personne）」なるものに対する重要なテーゼがあることは知られているだろう。渡米後に書かれた「人格と聖なるもの」では、人間の冒すべからざる尊厳は、各人の人格ではなくして、その「非人格的な部分」に存するのだと明言されている。ヴェイユの人格の捉え方には、また神の愛（つまり真の愛）の捉え方には、通常の理解をこえた純粋さがある。それに迫るためにも、ヴェイユ自身のこの「神秘体験」記述は示唆するところがあろう。少し展開してみたい。

## 神と接する魂の水準

各人が自分の名によって同定され、個性をもち、社会的に一個の人格として認知されている部分、つまり私が私らしい私である部分をヴェイユは人格と言う。奴隷とは、そうした人格を持たない、あるいは剥奪されている人を言う。そしてヴェイユ自身、ポルトガルの海辺での確信に言われていたように、自らを奴隷でしかありえないと自覚している。その上で、この奴隷である部分こそが、すべての人の最も純粋で、その限りで貴重な部分だとするのである。晩年の『根を持つこと』に論じられる社会思想も、人間のこの部分を圧殺しない社会、むしろ文明、の構築可能性を探ったものと読めるだろう。そしてその部分でこそ、人は神に愛されている。ただし、その愛は、人格としての私が特定の誰かを愛するような愛ではなく、「エメラルドが緑であるように愛する」愛だと、渡米後に書かれたノートにヴェイユは記している（冨原眞弓訳『カイエ4』一一四頁）。砂漠を彷徨う人の感じる喉の渇きさえ、神の愛だという。こうした愛で人を愛する「神は、非人格的な人格」である。だが、そんな非情ともみえる愛を人は愛として感じることができるのか。

「プロローグ」と題された、短いが鮮烈なテクストが、アメリカで書き継がれたノートの冒頭に置かれているという。内容紹介のいとまはないが、これは、それまでの彼女のキリスト（教）との関わりの本質を言語化した、その意味ではヴェイユの神秘体験の詩的「物語」化と見うるだろう。その末尾で、「わたし」（ヴェイユ本人とは同一視できない書かれ方がされている）は、キリストの形象化と読める「かれ」から自分が決して愛されていないことを知りながらも、それでもその「わたし」がついに（おそらく確信をもって）認めることがある。それは、「わたし」ではなくして「わたしの根底にある何か、わたし自身の一つの点」が、「畏れ慄きつつも」「それでもなお、かれがわたしを愛していると思うことをやめられない」ということだった。この「わたしの根底の、一つの点」、これはもはや、「シモーヌ・ヴェイユ」という個人の人格ではない。しかしこの部分、この一点こそが、だけが、大切なのだろう。この魂の水準を何ほどかとらえることが、ヴェイユのテクストを読み解く鍵になるものと思う。神秘体験というものも、本来この水準で生ずることがらだろう。キリスト教神秘主義の伝統を参照すれば、「魂の頂点」、「切っ先」、「中心」といった語彙が思い浮かぶし、中心・中枢という語はヴェイユも用いているが、ヴェイユをそこに「回収」するのではなく、これらの伝統的語彙の意味を逆照射するものとしてヴェイユを読むのがよいと思う。

　ヴェイユの思想の代名詞のように言われることもあった「不幸（malheur）」という言葉、ヴェイユ自身翻訳困難とするこの言葉も、魂のこの水準での事柄なのだろう。「神への愛と不幸」等、よく読まれた論文でヴェイユは、苦しみ（douleur）とは区別された不幸について繰り返し語る。不幸はヴェイユにとって、神と接するいささか特権的な通路のようにも見える。しかし、この不幸が感じられる水準は、真の歓びが感じられる水準でもある。彼女のノートにそうした「苦しみの対蹠物ではない」（前掲『カイエ4』三頁）歓びの記述は数多い。不幸も真の歓びも、同じ水準のことなのである。その魂の水準こそが、気づかれ、大切にされなければならない。だから、ヴェイユの思想のもう一つの鍵語とも思える「世界の美」（ないしは真の美、真である美）を人が感じるのも、この水準にかかわる。そこでは、人は、もはやこの世にとらえられた者でない者として世界を見る。そのとき世界は、神の定めた必然のもとにあるものとして、必然の美しさを伴って眺められるのだろう。「エメラルドが緑である」自然の必然、そうあることしかできない・ありえない・ある必要もない必然が、そのまま（人格的な）神の微笑みとして、神の「わたしは《ジュ・》あなたを愛する《テーム》」として受けとられる。ヴェイユに神秘主義を見るとしたら、それはやはり愛の神秘主義である。伝統的に婚姻神秘主義と呼ばれてきたものに近い文言も指摘できる。しかしそこでは、いわゆる人間的な情念の吐露は極限まで純化（除去ではない）されている。その結果、婚姻神秘主義に対比される存在論的神秘主義に帰趨するかに見えるところもある。しかしほんとうは、こうした類型論的対比がそもそも無効な地点にヴェイユの体験と言葉は据えられているとするのがよいだろう。

## 独房の壁の向こう側へ

このようなヴェイユの言葉は、「謎めいて」、つまり魅力的だけれども理解不能に、そして理解不能だけれども理解したい魅力を湛えたものに、つまり「神秘的」に見えるだろうか。そうだとして、この謎が理解できないのは、自分にはヴェイユのような神秘体験がないからだ、神秘体験がないとヴェイユはわからないのだ、逆に言えば、神秘体験すればわかるのだ、と考えるとすれば、そうした考え方を、「神秘体験主義」と呼んでよい。そしておそらく、これは誤りである。考えの方向が逆で、神秘主義の言葉、神秘思想が「わかる」ようになることが、神秘体験することの本質なのだと解するべきである。神秘体験とは、身心が一時的に異様な状態になることではない。誰かがどんなに激しい、魂が体から飛び出るような強烈な体験をしても、その結果その人が何もわからず、つまり何も変わらなければ、その体験は一時の興奮として完結して、神秘体験とはならない。ウィリアム・ジェイムズによる神秘体験の特徴づけの一つに、「知的性格（noetic quality）」が数えられているのは重要である。神秘体験とは、何かが深い意味で「わかる」ことである。そしてその「わかり方」は、あの魂の深い水準での出来事であるから、その人の世界の見え方、世界でのあり方を変えずにはいない。エメラルドの緑がそのまま、譬喩ではなしに神の愛の微笑みに見えるようになる。

　とすれば、むしろ、その人を何らか結果的に変える出来事が神秘体験であるとするべきだろう。変わるのは、一瞬であることもあろうし、長短の時間を要することもあるだろう。変わるに際して、何か特異な瞬間・出来事があったときに、それが回顧的に「神秘体験」とされるのである。ヴェイユ自身、「人格と聖なるもの」では、この事情を囚人の譬喩で語っている。人はつねに、既に自分のものとしている言語によって世界了解しているが、それはその言語による世界の見方に囚われてもいることである。言語は人間の世界了解に必須なものだが、同時にその言語では語りえず考ええないものがあることを忘れさせ、ひいては否定して、世界を狭く限定してしまう面を有する。だから、「言語に閉じ込められた精神は囚われている」。「囚われた精神が、自らが囚われの身であることを知らないなら、誤謬のうちに生きている。ほんの一瞬であれそれに気づいたなら、苦しみたくないからといってそれを忘れようとする者は、虚偽の中に居続ける」。しかし「虚偽の中に居続ける」ことは、ヴェイユにはけっしてできない。これがヴェイユの思惟の純粋さである。かくてこう言う。「人の知性の大小の違いは、終身禁固刑に処せられた犯罪者の独房の大小の相違のようなものだ。自分の知性を誇る知的な人間は、大きい独房に入ったと自慢している罪人に似ている」。だが、自分が囚人であることに気づき、それを自分に隠そうとしない人は、「大いに苦しまなければならなくなる。気を失うまで壁に頭をぶつけ、目を覚ましては、怖れつつ壁を見つめる。それでもあくる日、また同じことを始め、再び気を失う。こうして同じことが続く。際限もなく、何の希望もなく。そしてある日彼は、壁の向こう側で目を覚ますことになる」。この、壁の向こうで目覚めることが神秘体験である。そのときどんな感じ・感動が伴うかは本質的ではない。それでも「この精神はおそらくまだ囚われている。閉じ込めの枠が拡がっただけだ。それでいいではないか。いまや彼は鍵を、あらゆる壁を崩す秘密を手にしたのだから。彼は人が知性と呼ぶものの彼方に出たのだ。そこで知恵が始まるところに、彼はいる」。私感だが、この譬喩には、ヴェイユが読んだ鈴木大拙の禅思想の反映があるやに感じる。「公案」に「頭をぶつけて気を失う」修行を思わせる。この連想を続けるなら、「ある日彼は壁の向こう側で目を覚ますことになる」という言い方を、「壁が（壁では）無いところで目を覚ますことになる」、と言い進めてみたい気にもなるが、無用の妄想だろう。大切なことは、「あらゆる壁を崩す秘密を手に」することだから。それをヴェイユは、ここでは「知恵」と言っている。

神秘体験というものがあるとして、そしてヴェイユにもそれが幾度かあったとして、その本質、何かの出来事を神秘体験たらしめていることとは、このような世界の開け、別の次元に出ること、その次元がリアルになること、そしてそれによって、この世界の見え方が変わること、であろう。彼女の神秘体験が「ほんものの」それであったことは、またそれがどのような神秘体験であったかは、それによって彼女の言葉と行動がたしかに変わり、彼女に開けた新たな次元を、ほとんどの人にとって届かないほどの純粋さでとらえ、生きた、その生涯によって証されている。ヴェイユにあっては、「行動」の神秘主義と「観想」の神秘主義は分かちがたい。ここでも神秘主義の類型論は無効になっている。

コラム〈私にとってのヴェイユ〉

# 荊、月の光に照らされて

小林康夫

●こばやし・やすお　一九五〇年生。東京大学名誉教授。主な著作に、『存在とは何か』（PHP研究所、2023）、『死の秘密、《希望》の火』（水声社、2020）、『存在のカタストロフィー』（未來社、2012）、『君自身の哲学へ』（大和書房、2015）、『こころのアポリア』（羽鳥書店、2013）など。

不思議なことだ。あなたについては、何冊かの本を読んだだけ、ほとんどなにも知らないのに、三人称であなたについて書くことができない。なぜか「あなた」と呼びかけるようにしてしか、このテクストを書くことができない。

シモーヌ・ヴェイユ、あなたは、はじめから荊冠を冠ってこの地上に生まれてきた人。不可視のその荊がはっきりと見えるようになったのは、あなたが十二歳のときからだったか。後にあなたについての記述にかならず「原因不明の」と書かれる激しい頭痛の発作がそれである。それが不断にあなたを襲い、あなたの存在から意味を奪い、痛みのうちに巻き込み、そしてほとんど思考することすら不可能にする。思考を不可能にする頭痛。それに抗して、その無慈悲な執拗な攻撃から自分の存在をすくい出すように、自分のなかに浮かびあがってくるロゴスの言葉に全神経を集中する。注意を傾ける。注意、それがあなたの闘いであり、あなたの祈りであった。

だが、時を経ることなく、あなたは、あなたの生きる世界そのものが荊によって包囲され、締めつけられていることに気がつく。生きるための隷属的な労働。それが人間の存在から意味を剥ぎ取り、人格を奪い去り、ほとんど人間であることを不可能にする。人間を不可能にする実存。世界とあなたとは同じ存在構造をしている。同じ無慈悲で執拗な無意味の暴力に締めつけられている。この「類比」――あなたは、それを生き、それを行為する。そうせずにはいられない。しかし、人間であることを否定された労働という隷属からいったいどのように人間をすくい出すことができるのか。いや、できない。その〈すくい〉は可能性の言葉で語ることができない。ということは、「思想」の言葉で語ることはできない。〈すくい〉はない。にもかかわらず、この「〈すくい〉はない」の極限において、——世界という事態のなにひとつ変わることがないままで——転回の出来事が起きる。

月の光が降ってくる。そして地上からは歌が立ちのぼる。

シモーヌ・ヴェイユよ、あなたのことを思うとき、わたしはいつもこの夜のあなたを思う。一九三五年夏、ポルトガルの海辺の小村。満月の夜。土地の守護聖人のお祭り。「漁師の女たちは、ろうそくを持ち、列をなして小舟のまわりを回っていました。そしておそらくは非常に古い聖歌を、胸を引き裂かんばかり悲しげに歌っていました」。そのとき、あなたがそう気がついていたかどうかはわからないが、それこそが、じつは——あなたにとっての——「恩寵」というものではなかったか。いかなる〈すくい〉もない「悲惨」の極限において、にもかかわらず、あるいは、それゆえにこそ、天からは満月の光が降り注ぎ、地からは女たちの古い聖歌が立ちのぼる。見放され、見捨てられた極限において、まるで満月の光のように、その絶望的な、絶対的な〈はなれ〉において、つねに惜しみなく、限りなく注がれている「月光」、またそこに向かって限りなく立ちのぼっていく「歌」という垂直の出来事が起る。

それは、——あなたの思考の軸にある過激な「類比」を借りるならば——正確に、あの「エロイ、エロイ、レマ、サバクタニ」と同じである。「わが神、わが神、どうしてわたしをお見捨てになったのですか?」——これについて、あなたは書いていた、「ここにこそ、キリスト教がなにかしら神とかかわるという真実の証拠がある」、と。荊は、われわれの存在が「なにかしら神とかかわるという真実の証拠」である。この無意味の苦しみは、まさにそれが神によ る「見放し」であることにおいて、そのまま、〈すくい〉なきまま、聖なるものである。「人間の真理」ではなく、「神の真理」という意味で聖なるものなのだ。

もはや「思想」などというものではない、これは。(人間的な)論理は破綻している。しかし破綻そのものが「歌」となって立ちのぼる。そしてそこに降り注ぐ、けっして誰のものでもない限りなく静かな月の光。その同じ月の光を「見る」ことができるか、そしてその光のなかで限りなく、わたしが「〈わたし〉と言う力」を明け渡すことができるかどうか、その一点にこそ、あなたの言葉が突きつけてくる荊の尖点が定まる。

莉が言いつけるもの、それは、もはや「思想」でも「倫理」でもなく、ただ言葉の正確な意味においてPassionである。われわれはこの地上にPassionとして存在している。そのPassionを、それから逃げることも、韜晦することもなく、どこまでもまっすぐに生きるしかない。シモーヌ・ヴェイユよ、あなたのその軌跡のあまりにも性急な〈まっすぐさ〉——それは、わたしを懐かせるが、しかし、そこには湧き上がるように立ちのぼるポルトガルの女たちの古聖歌の歌声があり、さらには、そこに非人格的で、無人称的な月の光が皓々と降ってくることを、わたしはけっして疑わない。

＊この短文は、鈴木順子さんの『シモーヌ・ヴェイユ「犠牲」の思想』への遠い応答として書かれたものである。

# III

# 共にあるために
## ——「利己」と「利他」の間で

兄の知人のインドの家族が来訪したとき、
インドの服をまとって（1936年）

# 犠牲をめぐって

## 【バタイユとヴェイユ】

岩野卓司

●いわの・たくじ　明治大学教授、思想史。主な著作に、『ジョルジュ・バタイユ――神秘経験をめぐる思想の限界と新たな可能性』（水声社、2010）、『贈与論――資本主義を突き抜けるための哲学』（青土社、2019）、『贈与をめぐる冒険――新しい社会をつくるには』（ヘウレーカ、2023）など。

バタイユとヴェイユ。戦間期から第二次大戦の激動を生きたこの二人には接点があった。一九三〇年代前半に二人はともに「民主共産主義サークル」のメンバーであったし、『社会批評』の寄稿者でもあった。とはいえ、共産党に属さないマルクス主義のこのグループの中で、彼らの関係は必ずしも良好とは言えなかった。革命の祝祭性にひとつの法外な消費の形態を見ていたバタイユに対し、当時のヴェイユは革命を合理的で倫理的なものと考えていたから、彼らの対立は必然的なものだった。その上、ヴェイユの友人ペトルマンによれば、彼らの個人的な関係もうまくいっていなかった。ヴェイユは彼を「変質者」や「病人」と見なしていたし、バタイユも彼女を「キリスト教徒」と呼んで軽蔑していた[1]。しかし、それにもかかわらず、ヴェイユの死後『クリティック』誌に発表した論文「呪う道徳の軍事的勝利と破綻」（以下「ヴェイユ論」）で、バタイユは「彼女ほど私の関心を惹いた人間は極めてまれである[2]」と告白している。その二五年前にスペイン内乱の時のバルセロナを描いた小説『空の青』でも、革命運動に身を捧げるラザールという女性が登場し、主人公は妙に惹かれるのだが、そのモデルはシモーヌ・ヴェイユだと言われている。しかも、両方の作品で描かれているヴェイユは、「死」と「不可能なもの」の影に彩られている。二つともバタイユにとっても重要な言葉である。たぶん二人の間には近くもあり遠くもある微妙な距離があるのだろう。ここでは二人にとって重要な概念である「犠牲（sacrifice）」のテーマにそって彼らの思想的な関係を考えてみよう。

## ヴェイユとバタイユの「犠牲」

それではヴェイユの「犠牲」の考えはどういうものであろうか。若いころから彼女はマルクス主義の労働運動に身を捧げていたので、そこに「自己犠牲」の精神を見いだすこともできるであろう。しかし、彼女の「犠牲」の考えが決定的に深まったのは、イエスの受難についての神秘的経験を経てからである。

『神を待ちのぞむ』所収のペラン神父宛ての書簡のひとつで告白しているように、ヴェイユは一九三七年にアッシジにある小聖堂で「何か私より強いものが私に人生ではじめて跪くように強いた」経験をし、翌三八年にはソレムの修道院で激しい頭痛に襲われたが、この苦しみの最中、肉体から離れ「純粋で完全な喜び」を見出し、このことにより「不幸を通して神の愛を愛する可能性」が開かれたのだ。彼女はこう書いている。「当然のことだが、このお勧めの間に、キリストの受難の考えが決定的に私の中に入ってきたのだ(3)」。その結果、彼女はイエスの「犠牲」を基盤に据えて諸々の思想を展開していくようになる。

それはどういうものなのであろうか。『カイエ』の中で、ヴェイユはその思索を深めている。イエスはゴルゴダの丘で十字架に掛けられたとき、その最後の瞬間に「神よ、どうして私を見捨てたのか」という絶望の表現をするのであるが、ヴェイユはこの苦難を重視する。「十字架の磔刑のこの上ない時に見捨てられること。神の側にもイエスの側にも、何という愛の深淵があるのだろう(4)」。神が不在になるような極限の苦しみを通してのみ、神の愛は実現されるのだ。ヴェイユはこう記している。「完全に純粋で可能な限り最大の善を望むことは、その身に不幸の最悪の段階を受け入れることを伴っている。つまり、十字架を受け入れることを(5)」。ここに「十字架の磔刑」による「救済の奥義と救済の苛烈さ(6)」があるのだ。

ヴェイユは晩年の諸々の政治・宗教・哲学論文でこのイエスの犠牲をベースにして論を展開している。そこでは、プロメテウス、アンティゴネー、オレステスといった古代ギリシアの神話や悲劇の主人公たちがイエスの「犠牲」との類比で語られている。また、砲弾が飛び交う最前線に女性だけの「看護婦部隊」を派遣する計画をヴェイユは立案したが、これもこの「犠牲」の精神によるものと言えるだろう(7)。

一方、バタイユの思想においても「犠牲」は重要な位置を占めている。初期の『ドキュマン』の時代には、ヴァン・ゴッホによる耳の切除を供犠の視点から分析しているし、一九三〇年代に展開した『アセファル』誌では、「神の供犠」と「王の供犠」によって共同体メンバー全員が「交流」することを構想していた。戦前の論文「消費の概念」から戦後の『呪われた部分』に至るまでの一連の経済の著述でも、「供犠」は有用性を越えた消費の典型的な例として記されている。また、『無神学大全』のような哲学的作品では、脱我の神秘的経験を供犠との類推で語ったり、ポエジーのことを言葉を有用性から解放する供犠と呼んだりした。このようにいくつものジャンルの著作で供犠は重要な役割を果たし、バタイユの思想の根幹に深く結びついている。そして、彼が一貫して主張しているのが、供犠が「悪」であり、「暴力」であり、禁止の侵犯という「罪」であるということである。(8) たとえ供犠によって共同体が維持され秩序が形成されようとも、その根本にあるのは暴力であり、悪をなすということなのだ。人間には宿命的な残酷さがあり、それを解放するのが供犠という訳である。

この観点からバタイユはイエスの「犠牲」を解釈している。彼もまたヴェイユと同じように、神に見捨てられたイエスの絶望を重視する。しかし、ヴェイユと違い、彼はここに救済の不在を見て取る。曰く、「究極までいけば、キリスト教は救済の欠如であり、神の絶望なのだ」(9)。イエスの磔刑は「悪」であり「罪」であるが、この「悪」を通して神の存在は侵害され、その殺害の傷を通して神と被造物が「交流」し合うのだ。(10) イエスの「犠牲」も、救済の神話や善への貢献から遠ざけられ、「悪」による「交流」と解釈されるのである。

このように比較してみると、ヴェイユの「犠牲」は「善」や「救済」に至るものであり、バタイユの場合は「悪」にとどまるものである。両者の隔たりは大きいと言えるであろう。

## 一枚岩でないヴェイユ

それでは実際にバタイユはヴェイユの思想をどう捉えたのであろうか。「ヴェイユ論」の中でバタイユは、キリスト教がイエスの「犠牲」の暴力性を歪曲してきたと批判している。アダムとイヴ以来人間は多くの罪を犯してきており、イエスの十字架はそれの贖いであるというのが、教会の解釈である。アダムらの「原罪」はむしろ「幸いなる罪《フェリックス・クルパ》」として肯定的に捉えられ、救済の論理によって説明されることになる。こうしてもとにあったイエスの「犠牲」のおぞましい「深淵」は塞がれて「幸い」と「救済」の考えによって馴らされていくのだ。バタイユはこう述べている。「キリスト教は道徳であるから生きうる秩序をつくるための道具である。〔…〕キリスト教は利益と善の混同を認めた(11)」。イエスの殺害はもともと道徳を犯すような「悪」であり「罪」であるのに、道徳としてのキリスト教は救済の論理を軸に「犠牲」を公共の利益に従属させたのである。ここにキリスト教の「善」がもつ曖昧さがある。一方で、「悪」や「侵犯」が開く「深淵」を孕みつつ、もう一方で公共の利益を求めているのだ。

　キリスト教のこういった曖昧さを当然ヴェイユは継承している。イエスの「犠牲」のおぞましさを了解しているとはいえ、彼女は最後には救いを求めている。ただ、ヴェイユは「善」をキリスト教の教会にではなく、神秘家たちの経験の中に見ようとする。バタイユはこう書いている。「キリスト教の真理が公共の善ではなく、神秘家たちが明らかにするものであるということをシモーヌ・ヴェイユ自身知っていた[12]」。つまり、神秘的経験の中であらゆる利益や所有物を捨て去ったときにしか、「善」は明らかにはならないのだ。それ故、彼女の語る「善」は、教会の「善」がとらわれてしまう利益を越えたものなのである。それのみならず、国家や祖国にこの「善」を求めることも彼女は拒否する。国家や祖国に「善」が見いだされるとすれば、「善」はそれらの利益に縛られてしまうことになるからである。ヴェイユは「善」を利益から完全に切り離し純粋なかたちで追求している。だから、バタイユはこう語る。「深い意味で善は接近できない、絶えざる目覚めだけがそれに近づくと彼女は断言しなかったろうか[13]」。

　こういった純化された「善」の追求はヴェイユのテクストを逆に複雑にする。確かに彼女は「善」を求め、その方向でイエスの「犠牲」を救いと結びつけている。しかし、その苛烈なまでに純粋な「善」の探求は、いわゆる公共の善を破壊する危険をもたらすのではないのだろうか。バタイユは言う。「彼女の中には有益なことを越えて、悪や、不幸である事物の秩序の攪乱にむかう支配的な好みがあった[14]」。ヴェイユの考えとは裏腹に、彼女のテクストにはキリスト教の教会の「善」を危険にさらすものが孕まれている。だから、バタイユは彼女の思想が「堅固なものではない」とか「錯綜している[15]」と述べ、彼女のテクストが一枚岩でないことを示している。そこにはヴェイユが目指してはいないもの、あるいは目指しているとは意識していないものが隠されているのだ。

　こういった解釈のもとで、バタイユはヴェイユとの距離の中に近さを探ろうとしている。「私なりに自分の道を求めながら、正反対の道を辿っていると思っていた人からの魅惑に関心を持つことはできる[16]」と彼は述べている。「善」を苛烈なまでに追求したヴェイユと、「悪」を徹底的に追求したバタイユとは、どういう近さを持ちうるのであろうか。

## 愛の狂気

　最後にバタイユのこの視点を生かしながら、晩年のヴェイユのいくつかのテクストを検討してみよう。

　晩年の『ロンドン論集』の中で、ヴェイユは「愛の狂気」について語っている。政治、宗教、哲学の実践において彼女は正義や善の重要性を説くが、それらは「愛の狂気」と深く結びついている。

一九四〇年にヴェイユは「前線看護婦部隊編成計画」を作成したが、それは戦争の最前線に女性だけの看護部隊を派遣するというものであった。後に戦争が激化すると、この計画書は友人を通じてロンドンの自由フランス政府の主席であるド・ゴールが目を通すことになるが、彼は「狂気の沙汰」と計画書を一蹴した。ヴェイユの考えでは、武器をもたない看護婦たちを砲弾が飛び交う最前線に派遣すれば、彼女たちの「犠牲精神」[17]が多くの者たちに感動を与えるとのことだった。彼女はここで「愛の狂気」という言葉は使っていないが、「死ぬ覚悟のできた」女性たちが示す「人間的な献身」と「母性の優しさ」[18]は、利益や権力をこえた純粋な愛であろう。

「愛の狂気」のベースになっているのは、イエスの「犠牲」である。ただ、そのイメージは、人類に火を与えたために罰せられるプロメテウス、敵である兄を埋葬したことで罰せられるアンティゴネーへと広がっている。そして、彼らに共通しているのは、全員が何らかのかたちで死にかかわっているということである。ここでは「人格と聖なるもの」の中にある、ヴェイユのアンティゴネーについての引用を分析してみよう。当時テーバイの国で実権を握っていたクレオンは、祖国に敵対して死んだ者の埋葬を認めなかったが、憎しみの論理でなく愛の論理に従って敵の兄を埋葬したアンティゴネーは、神々の世界である「あの世は平等な掟を求めるのです」[19]と反論する。それに対してクレオンは「それならあの世に行くがいい」[20]と言い放ち、アンティゴネーを地下牢に閉じ込め、彼女は自死する。ここから分かることは、アンティゴネーの愛や掟は「あの世」のものであり、彼女は死を運命づけられているということである。だから、ヴェイユはこう書いている。「あの世がアンティゴネーが住む場所である」[21]と。言い換えれば、アンティゴネーの愛も正義も善もこの世では場所をもっていないから、彼女は死に向かわざるをえないのである。

クレオンとアンティゴネーの対立から分かるように、「愛の狂気」は祖国への愛に対立する。のみならず、教会や国家のような偶像への愛とも相容れない。ヴェイユがナショナリズムやカトリック教会の枠組みを超え出てしまったのは、この「愛の狂気」の故である。この狂気に憑かれた人間は、「魂の自然の均衡にとって破壊的な欲求を己の中に抱えている」[22]のである。そして、地上の既存の権力への崇拝は徹底して遠ざけられる。だから、「善」も「正義」も最終的には「あの世」すなわち「死」に属している。「あの世」や「死」と関わり、そこへと導いていくこの「狂気」を、ヴェイユは「愛」、「善」、「正義」によって肯定的にとらえるが、「この世」の視点にたてば、これを破壊的な「悪」とみなすこともできるのではないのだろうか。ヴェイユの根本にあるのは、死に導かれながら死へと至る「愛の狂気」なのである。

バタイユがヴェイユの犠牲の思想に感じ取ったのは、この狂気の孕む破壊への志向と死の論理に他ならない。そこには、「善」や「愛」が純粋になったときの究極の姿があるのではないのだろうか。

### 注

（1）S. Pétrement, *La vie de Simone Weil*, Fayard, 1997, p. 308.
（2）G. Bataille, *Œuvres complètes*〔以下 *O.C.* と略す〕, XI, Gallimard, 1988, p. 537.
（3）S. Weil, *Attente de Dieu*, Fayard, p. 43.
（4）S. Weil, *O.C.*, VI-3, Gallimard, 2002, p. 88.
（5）*Ibid.*, p. 100.
（6）*Ibid.*
（7）鈴木順子『シモーヌ・ヴェイユ　「犠牲」の思想』藤原書店、二〇一二年を参照。
（8）G. Bataille, *O.C.* , X, p. 90-91.
（9）G. Bataille, *O.C.*, V, p. 61.
（10）G. Bataille, *O.C.*, VI, p. 42-43.
（11）G. Bataille, *O.C.*, X, p. 546.
（12）*Ibid.*
（13）*Ibid.*, p. 549.
（14）*Ibid.*, p. 546.
（15）*Ibid.*, p. 540.
（16）*Ibid.*, p. 539.
（17）S. Weil, *Écrits de Londres et dernières lettres*, Gallimard, 1957, p. 192.
（18）*Ibid.*, p. 192-193.
（19）*Ibid.*, p. 25.
（20）*Ibid.*
（21）*Ibid.*, p. 26.
（22）*Ibid.*, p. 50.

# 身体を注視するヴェイユ

柳澤田実

●やなぎさわ・たみ　一九七三年生。関西学院大学神学部准教授、哲学・キリスト教思想。主な著作に、論文「感情が現実を作る時代」（『現代思想：スピリチュアリティの現代』青土社、2023）、共著『倫理――知のエコロジカル・ターン（3）』（東京大学出版会、2023）、編著書『ディスポジション――配置としての世界』（現代企画室、2008）など。

シモーヌ・ヴェイユについて何かを書くこと、何らかの評価を下すことは簡単なことではない。生まれつき病弱であるにもかかわらず、工場労働に身を投じ、最終的には当時ナチス政権下で困窮していたフランス国民を思って自らも食を断ち、餓死に近い栄養失調でヴェイユが亡くなったのは三十四歳の時だった。ナザレのイエスか六〇年代のロック・ミュージシャン並みの夭折である。若い乙女の殉教とも言える生き様はそれ自体伝説的であるがゆえに、彼女の思想に対する客観的な評価は難しくなる。それゆえ、ヴェイユに対して、多くの人が取る態度は二つに分かれる。聖人として崇拝するか、「自分とは関係はない」あるいは「ついていけない」と棚上げして口をつぐむかのどちらかだ。私たちは後者の例として、レヴィ＝ストロースがディディエ・エリボンとの対話『遠近の回想』[1]（1988）のなかで述べた言葉を思い出すこともできるだろう。ヴェイユの「剃刀の刃のような考え方にはついていけませんでした。彼女にとっては、ものごとはいつもオール・オア・ナッシングでした」とレヴィ＝ストロースは言っている。彼はそれ以上のことを語らなかった。

しかし、崇拝されるか無視されるという、オール・オア・ナッシングな応答しかないというのは、哲学者であるヴェイユにとって幸福なことだとは言えないだろう。そこで本稿で私は、自分が最も「ついていけない」と敬して遠ざけていたヴェイユの身体理解を中心に、彼女の著作を再読することにした。物理的身体に関する記述に注目しながら、虚心にヴェイユのテキストに向き合うと、予想に反し、実人生においては一見ないがしろにしていたようにも見える物理的身体に関する精緻な考察が多く驚かされる。

## 肉体労働へのまなざし

例えば初期の工場労働、肉体労働に関するヴェイユのテキストはその顕著な例だ。ヴェイユは、劣悪な労働条件に置かれた工場労働者たちに強い関心を持ち、社会主義運動に参加するだけではあきたらず、一九三四年から三五年にかけて教職の休暇を取り、自ら女工となって「現実の人生との接触」を試みた(2)。『工場日記』や友人たちに宛てられた手紙には、とても不器用な彼女が、機械の調整にいちいち手間取り、不良品を繰り返し作っては上司にどなられる日々が記録されている。彼女の持病だったという頭痛や後半に行くほど増えてくる体調不良に関する記述はとても痛ましい。彼女は苦しみながらも、労働者たちの活動のなかに、彼らの苦境を打開するための突破口をどうにかして見出そうと苦闘する。自分がささやかな幸福を感じた際にはそれを分析し、工場労働者のなかで幸福そうな人（その数は極めて少ないのだが）がいれば、熱心に観察し、記録している。そのなかで彼女が最もポジティヴに評価したのは、複数の熟練労働者たちが協働している姿だった。

> もう一方の側には、製缶技工の一班が大きい机のまわりで仕事をしているの。この仕事は、班単位で、力をあわせて、綿密にゆっくり行われるのよ。たいへん熟練を要する仕事で、計算をしたり、非常に複雑な図面を読んだり、画法幾何学の概念を用いたりすることができなければならないのよ。〔…〕そこではみんなのびのびと仕事をしていて、班長や工場長なんかも、めったといっていい程、やって来ないの。〔…〕もしできることなら（そして、せめて、自分の力を回復していたら）今すぐにでも、あの工場の片隅へかえって行きたいわ。
> （「アルベルチーヌ・テヴノン夫人にあてた手紙」『労働と人生についての省察』黒木義典訳、勁草書房、一九八六年、一七―一八頁）

実際に工場労働に身を投じる直前、一九三四年に書かれた『自由と社会的抑圧』（邦訳：冨原真弓訳、岩波書店、二〇〇五年）のなかでも、彼女は、人間の自由を実現する可能性を、肉体労働そのもののうちに見出そうとしていた。ハンナ・アレントは『人間の条件』のなかで労働を必要性に支配された営為として知的活動よりも下位に位置づけ、言論活動の重要性を説いたことで知られる。対してヴェイユは、「考える人＝知識人」として生きる姿勢は崩さなかったが、アレントのように、肉体労働に勝る公的活動として言論活動を勧めることはなかった[3]。もちろんアレントと同様、ヴェイユも思考や判断といった精神の活動を肉体よりも上位に位置づけている。また人間の自由の条件として、あくまでも「方法的思考」、つまり新たな変更や創意工夫を加えていくために自分が何をしているのかを体系的に理解するための思考を挙げてはいる。しかし、同時に、このような「方法的思考」が肉体労働に際して十分にはたらくためには、単に精神が肉体を統御するということではなく、「習慣と熟練がもたらすあの肉体の液状化がきわめて高度な段階に達している」必要があることをヴェイユは理解していた。「習慣によりいわば液体化した肉体」とはヘーゲルの言葉であるが[4]、ヴェイユの表現では「人間の肉体を、思考と手段とをつなぐ恭順な媒介の役割にまで〔…〕切り詰める」（『自由と社会的抑圧』九二頁）ことである。要するに、ある技能を無意識的に行えるほどに訓練された肉体のことだ。ヴェイユは、このような訓練された肉体と知性が相補的にはたらく、特殊技能に秀でた熟練労働者のあり方を理想とし、そのような技能をもった人たちが協力する様に、ひとつのイデアルな社会像を見出していた。

> 職工長の監視下で流れ作業にたずさわる労働者の一団は、哀れをさそう光景である。一方、ひと握りの熟練労働者がなんらかの困難に足止めを食らい、めいめいが熟慮し、様々な行動のありようを呈示し、他の仲間にたいする公的な権威の有無にかかわらず、だれかが構想した方法を一致団結して適用するさまは、見ていても美しい。かかる瞬間にあって、自由な集団の表象はほぼ純粋なかたちであらわれる。
> （『自由と社会的抑圧』一〇八頁）

このヴィジョンは彼女が実際に工場労働に従事する前から抱かれていたが、先にも挙げた『工場日記』や書簡を参照する限り、彼女が実際に工場で観察した内容とも一致している。『工場日記』のなかで彼女は、工場労働での手仕事の大切さやコツについて熱心に記述している。

『自由と社会的抑圧』では、こうした肯定的な肉体労働観に基づき、さらなるユートピア的ヴィジョンが展開された。ヴェイユは、機械的ではない労働は「世界とじかに格闘する」ことだと述べる。そして、ランボーの詩を引用しながら、肉体労働こそ、スポーツや芸術や思想以上に、生の充溢を与えてくれると主張している（『自由と社会的抑圧』一一二頁）。こうした審美的な肉体労働理解は、いかにもロマン主義的（実際、ゲーテやルソーも参照されている）で、肉体労働を過剰に理想化しているという批判は免れ得ないかもしれない。しかし、物理的身体という所与の現実に積極的な可能性を見出し、それを土台に理想的社会を思い描こうとするこれらのヴェイユの議論は、介護や看護などの肉体労働にようやく注目が集まり、ケアの重要性が叫ばれるようになった今日、極めて示唆的なのは言うまでもないだろう。

## 「注意」概念への展開

工場労働の経験を経た後、ヴェイユは物理的身体の中で労働者が実現する美や自由の可能性を捨て、内面的なキリスト教信仰へと転向したようにも見える。たとえば一九四一年にまとめられた「奴隷的でない労働の第一条件」では、人間が幸福に生きるためには必ず目的や究極性が必要だが、労働者には未来になにかを希望したり欲望することは原理的にできないと書かれている。このテキストの中では、労働は、徹頭徹尾「必要性」に支配された進歩のない奴隷状態である。革命もまた労働者にとっては実現しえない虚偽にすぎない。なぜなら分業によって支配される非熟練労働者がいる限り、支配者層がブルジョワジーであろうが労働者であろうが、搾取の構造自体は変わらないからだ。このマルクス的な革命思想に対する批判は、『自由と社会的抑圧』のなかで既に行われていたのだが、「奴隷的でない労働の第一条件」は一層悲観的な調子が強く、肉体労働に内在、あるいは潜在する希望は一切語られない。彼女は友人に対して、工場労働によって新しいことを知ったわけではなく『自由と社会的抑圧』に修正を加える必要も感じないが、工場労働の経験によって「ある種の朗らかさ」を失ったと語ったそうだ[5]。ヴェイユは疲労と体調不良に打ちひしがれて工場を後にし、ポルトガルを旅行し、そこで最初の宗教的な神秘体験をしたと言われている。

神秘体験以降のヴェイユは、奴隷状態の労働者の生を耐えられるものにするために、神に由来する美・詩の必要性を提唱するようになる。先述のように、その後の彼女の拒食的傾向や強烈な印象を残す最期（＝餓死）も影響して、この展開は一見、ヴェイユが物理的身体を見限り、精神・内面に向かうようになったドラスティックな転回のようにも見える。しかし、物理的身体に関する記述に注目しながら晩年の宗教的著作『神を待ちのぞむ』や『重力と恩寵』を読むと、労働者の協働作業の中に美を見るという主題は、「注意（attention）」というヴェイユ哲学の中心概念によって展開し続けていることに気付かされる。ヴェイユが言う「注意」とは私たちが日本語で「注意しなさい！」と言われた時に行うような、筋肉を緊張させて何かを凝視する状態とは正反対の内容を意味する[6]。またそれは物理的身体を使って何かを移動させたり、何かに耐えるために働く「意志」とも異なるとヴェイユは言う。「注意」とは、ヴェイユ自身の言葉で言えば「否定的な努力」であり、思考の「中断・宙吊り」である。またそれは「距離をとる」こととも言われている。

「注意」によって思考を中断し、距離を取るのは何のためなのだろうか。それは人間の苦悩という現実をありのままに認めるためである。生涯を通じ人間の貧困や苦難に向き合おうとしたヴェイユにとって、苦しむ人の痛みとは、何よりも見られない、聴かれないことからもたらされるものだった。貧しい者、虐げられる者とは、何よりも見られず、知られず、知覚されず、それゆえ存在しないものにされているのである。ヴェイユが実際に工場で苦闘しながらも労働者たちを丁寧に注意深く観察し、その協働の中に美を見出した態度は、上記のような理解と不可分なのだろう。

ヴェイユによれば、他者の苦悩を認知することは、意志や思考には不可能である。意志や思考は本質的に、自分自身の利益関心に基づく価値の獲得を目指しているため、現実をそのままに受け入れることができないのである[7]。「(がむしゃらな知性による探究は)度のすぎた献身とおなじく、努力をそそぐ対象に依存しすぎる」と言われるように、「こうしたい」という意志は対象に執着させ、依存させ、「真理を知りたい」と望む知性はしばしば現実の方を歪めてしまうのだ[8]。

従って、人は、誰かの苦難という現実を認めるためには、頑張ることを一旦やめて、一切の思考や意志を停止し、沈黙し、ただ苦しむ人の前にいる必要がある。ヴェイユによれば「注意」のみが自己利益に無関心であるため、苦悩を見つめ、苦しむ人の叫びを傾聴することを可能にする[9]。相手にただ自分を開け放つこと(=「真空(vide)」)を可能にするのがヴェイユの言う「注意」なのだ。ヴェイユは、瀕死のユダヤ人を助けた被差別者のサマリア人について物語る「よきサマリア人の譬え話」(『ルカ福音書』一〇章)を引用しつつ、以下のように記す。

> 創造的な注意とは、存在していないものに、現実に注意を向けることである。道端で動こうともしない無名の肉塊の中には人間性は存在しない。それでも足をとめて、見つめるサマリア人は、この存在しない人間性に注意を向けているのである[10]。

ヴェイユの「注意」を巡る議論の多くは、宗教的な事柄を語る部分でさえ、認知科学的に読むことが十分に可能だと私は考える。ヴェイユの「注意」論の先進性は、私たちがしばしば苦難を認知しないという事実を、それができない人物の人格や共感不足など道徳的な問題にせず、むしろ認知の問題にした点にある[11]。例えば「祈りとは純粋なかたちの注意[12]」だとヴェイユは記しているが、この記述もまた認知という視点から解釈可能だ。つまり、祈るという宗教的行為とは、一旦あらゆる判断を停止

し、「今・ここ」をありのままに理解する認知の訓練になっていることだと解釈できるのである。(13)

「学業は注意をはたらかせる体操」(14)とあるように、ヴェイユにとって「注意」は訓練可能で、教育はその訓練の場になるべきだと考えられていた。また自分の元教え子への手紙の最後でヴェイユは、自分ももっと若い頃に筋肉などを鍛えておけばよかったと述懐し、体力や敏捷さや作業における目の付けどころ(「注意」と同義だろう)などを鍛錬するために、運動や山歩きをすることを勧めていた。(15) 弱い肉体ばかりが印象づけられる評伝とは言わば対照的に、実際のヴェイユが、肉体は鍛えられる、訓練できると積極的に考えていたことは興味深い。ヴェイユが感銘を受けた熟練労働者たちの流動化し、切り詰められた肉体のように、「注意」を訓練することによって私たちは「見えないものを見る」(16)ようになる。その訓練のために必要とされるのが「神」という超越的な審級だと考えるならば、工場労働者の分析から晩年の宗教的著作までを、どのように対象を知覚、認知することが人を倫理的にするのかに関する、一連の認知的倫理学の展開として再読することができそうだ。(17)

ヴェイユは確かに身体が弱かったのかもしれないが、決して身体を軽んじていたわけではない。彼女は粘り強く身体を注視する、優れた観察者だった。

## 注

(1) クロード・レヴィ=ストロース『遠近の回想』竹内信夫訳、みすず書房、二〇〇八年。

(2) シモーヌ・ヴェイユ『労働と人生についての省察』黒木義典訳、勁草書房、一九八六年、二一頁。

(3) アレントと比較した上でヴェイユのケア哲学を論じた論文としては以下を参照。Sophie Bourgault, "Beyond the Saint and the Red Virgin: Simone Weil as a Feminist Theorist of Care," *Frontiers: A Journal of Woman Studies*, Vol. 35, No. 2, the University of Nebraska Press, 2014, pp. 1-27.

(4) G・W・F・ヘーゲル『精神現象学 上』熊野純彦訳、ちくま学芸文庫、二〇一八年、三四五―三四九頁。

(5) シモーヌ・ヴェイユ『自由と社会的抑圧』冨原真弓訳、岩波文庫、二〇〇五年、解説、一七八頁。

(6) 「状況にまるで関係のない筋肉をむやみに硬直させずにすむ。美徳や詩作、または問題解決のために、筋肉を硬直させ、歯を喰いしばるのは愚の骨頂である。注意とはそんなものではない」シモーヌ・ヴェイユ『重力と恩寵』冨原真弓訳、岩波文庫、二〇一七年、二〇二頁。

(7) Cristopher Thomas, "Simone Weil: The Ethics of Affliction and the Aesthetics of Attention," *International Journal of Philosophical Studies*, 28 (2), 2020, pp. 145-167.

(8) 『重力と恩寵』二〇三頁。

(9) Sophie Bourgault, "Attentive listening and care in a neoliberal era: Weilien insights for hurried times," *Ethica & Politica / Ethics & Politics*, XVIII, 2016, 3, pp. 311-337.

（10）シモーヌ・ヴェイユ『神を待ちのぞむ』田辺保、杉山毅訳、勁草書房、一九八七年、一四四―一四五頁。

（11）Bourgault, 2014.

（12）『重力と恩寵』二〇八頁。

（13）祈りを一種のメタ認知として論じている研究書としては以下を参照のこと。ヴェイユも一部参照されている。Tanya Luhrmann, *How God Becomes Real*, Princeton University Press, 2020（邦訳、ターニャ・ラーマン『リアル・メイキング（仮）』柳澤田実訳、慶應義塾大学出版会、近刊）.

（14）『重力と恩寵』二〇八頁。

（15）『労働と人生についての省察』二六頁。

（16）『神を待ちのぞむ』一四五頁。この一節はパウロ書簡『ヘブライ人への手紙』冒頭の引用である。

（17）「注意・注視（attention）」については発達心理学を中心に研究が進んでおり、これらの成果とヴェイユの思索を照合することは有意義だろう。既に以下のような論文も存在する。Stuart Jesson, “Compassion, Consolation, and the Sharing of Attention,” Rozelle-Stone, Rebecca A., (ed.) *Simone Weil and Continental Philosophy.* Reframing Continental Philosophy of Religion, Rowman & Littlefield, 2017, pp. 121-142.

コラム〈私にとってのヴェイユ〉

# もういいではないですか

最首　悟

　もういいではないですか。というようなもの言いは、ヴェイユには通じない。でもやっぱりひそかに呟いたりする。そしてまたやっぱり憚られる。甲羅がちがうのだから、と思ったりする。自己否定が人間を巻き込み、存在を蔽い、無と化した時と処で、人間の考える無を透過してしまって、ヴェイユは神の失敗を言い、神の不完全さを指摘する。それは神のモノローグであるかのようだ。となれば、それは果てしがない。もういいじゃないですか、などということは、まったく意味をなさないのである。

　甲羅のちがいの始まりは、わたしにとって十二、三歳のころ、というべきか。もういいよと何回も言った、もういいからと何度も声をかけた、という体験をした。喘息と結核で、小学校を三年休み、卒業するまでに九年かかった。その間に三日ほど寝られずに、うつ伏せになった状態が何回となくやってきて、そしてうつつか幻かのように同じ夢を見た。

　井戸の壁をうじ虫ようのものが這い上がってゆく。その様子があまりにしんどそうなので、そして上はと言えば、真っ暗なのだし、もうよじ登らなくていいよと思わず声をかける。うじ虫ようは言うことを聞かない。

　あとになって幽体離脱とか臨死体験とかを知るようになる。うじ虫ようはわたしであり、そしてそこからわたしが離脱して、なんだかあがきを止めないわたしに、もういい、諦めようよと言っているのであるか。声を掛けているわたしは苦しくない。そのうち、うじ虫ようも苦しくないのではと思い始める。ゆっくりゆっくりただ這い上がっている

●さいしゅ・さとる　一九三六年生。人間関係学。主な著作に、『星子が居る』（世織書房、1998）、『ケアの社会倫理学』（有斐閣選書、2002）、『能力で人を分けなくなる日』（創元社、2024）など。

だけではないのか。いやわたしは息も絶え絶えのはずなのだ。そのわたしはどこにいるんだろう。

このことはずっと残って、わたしを見張っている大文字のわたしなどという言い方に出会ったりすることになるのだが、もういい、がんばることはないのだというわたしと、生き続けるのみというわたしがいることを認めると、後者のわたしは、考えるわたしが考えの及ばないわたしで、じゃあ、それはどういうわたしかと言えば、それは、わたしであってわたしでないわたしといういのちなのだ、と思うようになった。四番目の娘星子が生まれてからのことである。

もういいと諦める、投げ出す。いのちには投げ出すということがない。それはどういうことか。その疑問、なぜを詰めようとする。するともういいのでは、という気がする。詰めようがないのではと思う。でも続くいのちを振り払えない。わたしの甲羅である。甲羅に似せてしか穴を掘れない。

星子三十八歳。もの言わず見えず摑まず嚙まず垂れ流し。嚙まずというのは、ものを掴まないので、自分で食べることをせず、そして口に入れるとただ呑みこむという状態をさす。星子が生まれて育って一〇年もすると、ヴェイユの「ただ義務のみある」が食い込んできた。魚の目のようである。わたしにとっては、坐り胼胝のようである。胡坐をかくと腰が痛むのでやむなく正座をする。なんだか真面目そうですねと言われる。とんでもない。坐り胼胝ができる。だんだん大きくなって硬くなって食い込んできて、座り続けられなくなる。それで三年に一遍くらいイボコロリで柔らかくして取る。坐り胼胝はかく始末できるけれども「ただ義務のみある」は食い込んだままである。

それで、つまり、逃げようとして、楽になろうとして、「自発的義務」ということを考えた。要請でなく、みずからでなく、おのずからなにがなんだかわからないけれど、やるしかない、やってしまう義務である。その淵源はと問えば、どうやらわたしというのちであるらしい。そして甲羅など必要としない星子の、私には権利があるなどとまったく言わない星子の、星子というのちに呼応しているわたしというのちであるらしい。

星子は穏やかなまんまんさまではない。概して不機嫌で、そして猛烈に頭を叩き、目に指を突っ込む。不満憤懣があるのかもしれない。でもその中身はほとんどわからない。頭や目の奥が痛むのかもしれない。目は血が出たりするので、手袋を脱がないように結わいつけている。「頭痛の折りふしに、痛みがしだいに募ると、他人の額のちょうど同じ部位を殴打して痛い目にあわせてやりたいという強烈な欲求をいだいたことを忘れないようにしよう」(『重力と恩寵』渡辺義愛訳、春秋社、一九六八年、四九頁)。星子はわが頭を殴る。

小学生のような体つきの星子を風呂に入れるのがわたしの役割・義務である。体を洗っていると、星子としゃべったりする、かのようなことが起こる。なんとヴェイユが出てくることがある。「このわたしは、麻痺患者、盲人、つんぼ、白痴、垂れ流しの老廃者となりはてますように」(『超自然的認識』田辺保訳、勁草書房、一九七六年、二二六頁)。ヴェイユと星子が重なる。まさか、ヴェイユの体を洗っていると思わないけれど。ヴェイユは何も言わない。

マルセイユにてランザ・デル・ヴァストとともに（1941 年）

# Ⅳ　歴史を問うヴェイユ、歴史に問われるヴェイユ

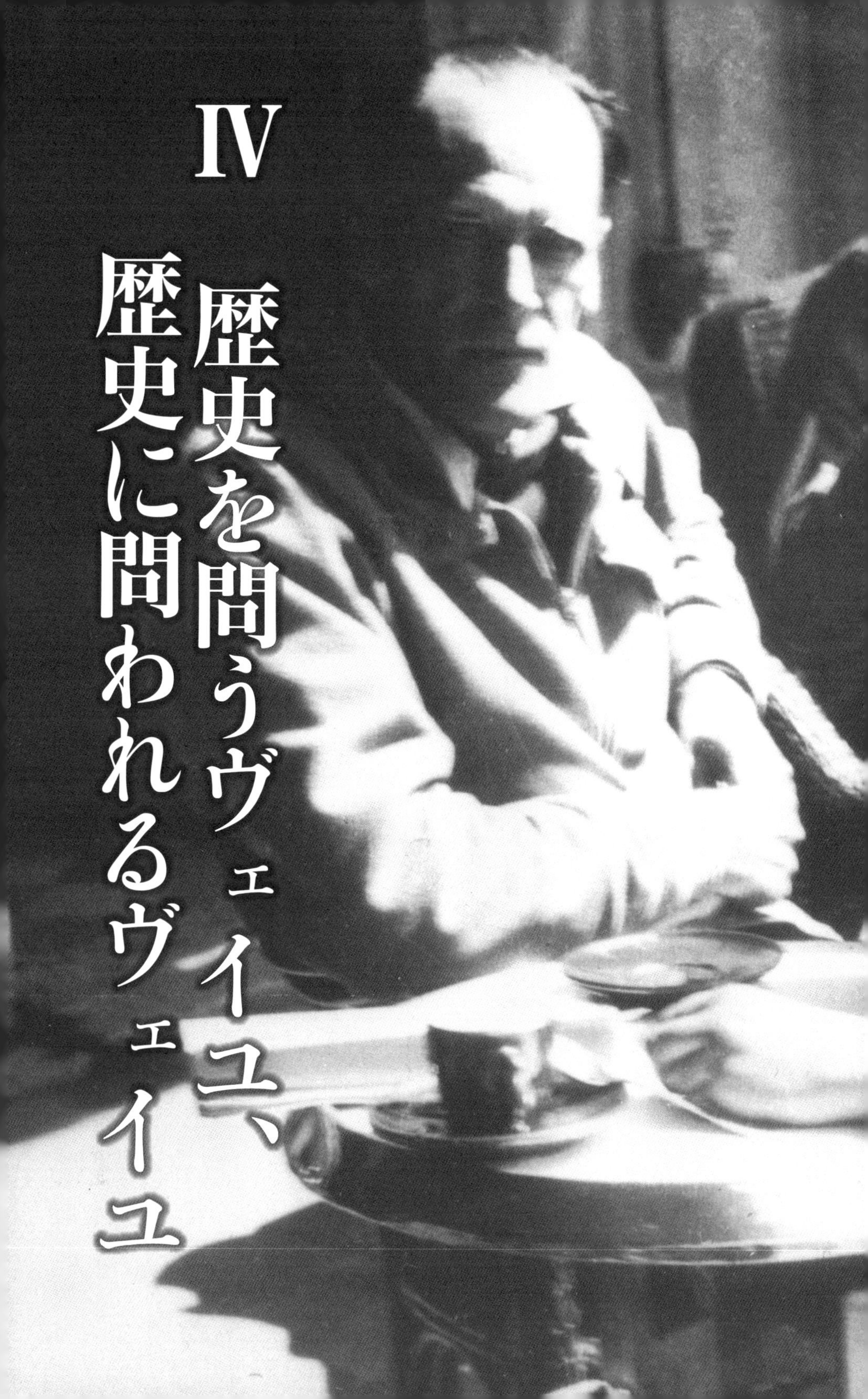

# シモーヌ・ヴェイユと出逢うために

**長谷川まゆ帆**

●はせがわ・まゆほ　立正大学教授・放送大学客員教授・東京大学名誉教授。主な著作に『近世フランスの法と身体』（東京大学出版会、2018）、『お産椅子への旅――ものと身体（からだ）の歴史人類学』（岩波書店、2004）、『女と男と子どもの近代』（山川出版社、世界史リブレット89、2007）、共訳書にナタリー・デーヴィス著『境界を生きた女たち』（平凡社、2001）など。

「剣をとる者は剣によって滅びるだろう」。そして剣をとらない（剣を捨てる）者は十字架の上で滅びるであろう(1)

シモーヌ・ヴェイユ

シモーヌ・ヴェイユ（1909-1943）は、第二次世界大戦の末期に三十四歳という若さでこの世を去った。早すぎる死。彼女の残した叙述は幅広い教養に裏打ちされたものであり、その明晰かつ透明な言葉は多くの人々を魅了してきた。決断力と気概に満ちた、たくましい女性という印象も受ける。しかし生きたヴェイユの声や身体に間近に触れていた人たちのイメージはそれとはやや違っていた。彼女は二十歳のころ「ル・ピュイっ子」という愛称で親しまれ、炭坑夫や労働者たちの運動の輪の中にあたたかく迎えられていた。その当時のヴェイユを知るある労働者は彼女の訃報を知ってこう残念がった。「あの人は生きられなかったんだ。あんまり学がありすぎて、それにろくに食べなかったもの」と。一緒に過ごしたアルベルチーヌ・テヴノンは、ヴェイユと一緒にいることは「たのしいことだった」と懐古し、幸福だったころの日々を次のように回想している。

〔…〕彼女は素朴なひとだった。一般的な教養からすれば、わたしたちよりはるかにすぐれた人であったのに、わたしたちはざっくばらんな調子で、彼女と長い会話を交わしたり、冗談を言いあったりすることができた。彼女も一緒になって笑いこけ、歌をうたってくれと頼むこともあった（歌といっても必ずしも筋の通ったまっとうなものばかりではない）。彼女の方もまた、あまり美しくもなく、他の家具とてなにひとつない部屋の、小さな鉄のベッドの下に座り、ギリシャの詩などときどき暗唱してくれることがあった。わたしたちはそういうものなどあまり理解できなかったが、とにかく彼女がそれを楽しんでやっているらしいので、いっしょになって喜んだ。つまりちょっと微笑んだり、目配せしたりするだけで、何かおもしろいことが起ったときなど、たちまちわたしたちは彼女と気脈を通じあうことができたのだった。彼女の性格にあるこう言った側面は、ふつういつも彼女が物事をあまりにも生真面目に見ようとするので、かくれて外に出ることは少ないのであるが、ほんとうに忘れられない魅力に満ちていた(2)。

これを語っているアルベルチーヌもヴェイユのことをあたたかい目でとらえていて、きっと魅力的な人だったにちがいない。こうした記述から推察するに、ヴェイユはおそらくとてもおだやかで、誰とでも打ち解けることのできる、明るい人だったのではないかと思う。ヴェイユはショアーも原爆も冷戦も、当然のことながら、今のウクライナやガザの惨劇も知らないままこの世を去った。もっと長く生きてその後の世界の変動や現況を目にしていたなら、彼女はどんな言葉を残していただろう。

思うに、彼女の叙述には、なぜか見たものや実在するものをリアルに描写する叙述は少ない。わたしは歴史家なので、それをときどき物足りないなと思うときもあった。しかしヴェイユは、意識の中ではいつも「いま」とともにあり「現在」と「世界」に向きあっていた。だからなのか、その言葉にはなにかしら時間や空間を超えていくような広がりと不思議な超越性があった。他者の心をゆさぶり、何かを呼び起こさずにはおかない霊的な何か。それにしても、シモーヌ・ヴェイユとはいったい何者だったのか。彼女のオーラル（声や身体）とエクリ（叙述）は彼女自身のなかでどのように関わりあっていたのだろうか。

## 一　十字架のヴィエルジュ・ルージュ

一九四二年六月カサブランカを経由してニューヨークへと逃れたシモーヌ・ヴェイユはすぐに後悔し、同年秋にはフランスに戻るべく貨物船に乗りこみ、リヴァプールに着いた。しかしそこからはそれ以上海を渡ってフランス側には戻れないことがはっきりしていた。落胆したヴェイユはロンドンの「自由フランス政府」の文書起草委員として戦後のフランス再編成計画案を作成する任務につく。後に『根をもつこと』におさめられる多くの文章はこのころ執筆されたものである。

しかし、もともとあまり食べないヴェイユはロンドンにいる間にますます食べられなくなり、こどもたちの分を奪うことになるのではと心配してミルクさえのめなくなったとも言われている。それが直接の原因ではないにしろ、ヴェイユはロンドンに来て八か月あまりでこの世を去ってしまう。もともと拒食症があり、病弱だったことがわかっていて、自ら命を断とうとしたり、殉教者のごとく自分の意思で断食しようとしたわけではない。病弱な人はストレスにも傷つきやすい。だれもがみな生き延びたいと必死になっていたその時代であり、シモーヌ・ヴェイユも例外ではなかったと思うが、ヴェイユはこの過酷な状況のなかで、命を長らえさせることができなかったのである。

彼女の死の真相がはっきりしなかったときには、わたしも含めて誰もがヴェイユの死をやや尋常ならざるものとみなしていたことは否めない。すぐに思い浮かべたのは、十字架にかけられたイエス・キリストの最期の場面である。福音書では、磔りつけられたイエスを見た群衆が「もしもおまえが神の子なら、自分を救ってみろ、そして十字架から降りて来い」とののしったという有名な話がある[3]。ヴェイユはかつてマルセイユにいたときに自分のノートに「わが神、わが神、どうしてわたしをお見捨てになったのですか[4]」という十字架のイエスの言葉を刻んでいたことがある。そのことを思い出してわたしは、死を間近にしたヴェイユも同じようにつぶやいたのだろうかとふと思ったりした。そんなパロディめいた大袈裟な言葉をヴェイユが口にしたはずはないのだが。しかし彼女の死の真相が十分知られていなかったときには、それ自身「弱き者」としてありながらつねに「弱き者たち」とともにあることを願った、あのキリストの死と深く重なりあっているように思えてならなかった。

かつてヴェイユは、わたしには、学者というよりも修道女あるいは宗教家のように見えていた。これも彼女の死が謎に包まれていたからなのだが、ヴェイユが十七世紀の女性であったなら少しも驚かないとも思っていた。故ナタリー・デーヴィスがかつて『境界を生きた女たち』の中でとりあげた受肉のマリ(1599-1672) のように、平民でありながら聖書に慣れ親しみ、神秘体験をへて修道女となった女性は、十七世紀ならまれではなかったからである。受肉のマリは、神の呼び声に導かれて、十二歳の息子を修道院に預けてカナダにわたり、ケベックに初のウルスラ会女子修道院を建てた修道女である。マリは、アメリンディアンの少女たちにカテキズムを教え、「野蛮」から「文明」へと成長させることを神のミッションと信じてその生涯を捧げたが、デーヴィスが示したように、マリがカナダで示した寛容さは「とてつもない extravagant」ものであり、同じ頃カナダにいたイエズス会の男性宣教師のミッションと比較しても、その柔軟さや誠実さは際立っていた[5]。ヴェイユはこのマリに少し似ていると思ったのだ。

十七世紀のヨーロパでは宗教が社会生活全般に行き渡り、カトリックの再改宗運動という宗教改革の流れの中で宗教は日常生活において以前にも増して影響を及ぼしつつあった。死後の霊的救済や霊的なものへのあこがれも広く共有されていた。また女子の修道会が改変され、平民の女にも霊的な活動に入る道が開かれつつあった。したがって十七世紀に修道女であることは、それまでとは異なるやり方で女が自己実現を果たすことであり、また書かれた文字や説教者の声に親しんで、学び祈り続けることのできる数少ない道のひとつだった。霊感の強い聡明な女性の多くはこうした霊性運動に引き寄せられ、充実した人生を歩むことができた。苦難の道ではあっただろうが、ヴェイユがもし十七世紀に生まれていたなら、その霊的な特質や能力を存分に生かし、長寿をまっとうできたのではないか。

　ヴェイユはしかし十七世紀の人ではない。シモーヌ・ド・ボーヴォワール（1908-86）とも同世代であり、年齢も一歳しかちがわない。実存主義者のボーヴォワールは宗教的なものからははっきりと距離をおいていた。同じように哲学しながらもヴェイユとはかなりちがう道を歩んだ。この二人は、なした仕事の質という点でとても印象が異なるが、受けた教育はさほど違っていたようには見えない。どちらも高等師範学校やパリ大学文学部と、当時としては最高学府に相当する機関に学び、広い教養と思考力を身につけ、一九二〇年代の終わりに哲学の教授資格《アグレジェ》を取得している。中学や高校の先生になっている点も似ている。

　一九二〇年代と言えば「知の胎動期」である。社会学や心理学、地理学や民族学など新しい学問領域が確立されつつあった時代である。歴史学もまた新しい知のあり方を求めて模索を行っていた。デュルケームの社会学などにもみられるように、宗教がそれ自体アカデミックな学問研究の対象となり始めてもいた。研究者のほとんどは男性だったが、ヴェイユやボーヴォワールのように、哲学という抽象的な形而上学の世界に慣れ親しみ、受け売りではない自分自身の思考を深めて生きる道が女にも開かれつつあった。シモーヌ・ヴェイユはまぎれもなくこの大きな転換期に生きた新しい女性であり、その時代の知的俊秀たちの世界に属している。

　けれどもその時代、女でアグレジェ取得者であることは決して楽な道ではなかっただろう。高等師範学校の時代にも彼女は生意気に見られたこともあり、教官の一人から「ヴィエルジュ・ルージュ（赤い聖母）」などという異名を与えられていた。ル・ピュイの女子高の教員時代には、失業者の請願運動に加わったためにそれがもとで激しいバッシングに遭い、世間の冷たい風にさらされている。その際、地方新聞には「薄絹のストッキングをはき、眼鏡をかけたインテリ女」などと書きたてられた。ヴェイユはすぐさま反論文を書いているし、生徒たちからは慕われていて彼女を擁護する動きもあった。しかし大聖堂の司祭は祭壇で「そいつは女なんだが、男の服装をしているそうだ(6)」などと語り、女であるだけにいっそう罪深いと言わんばかりの中傷をあびせかけた。

愛や性、女性性や男性性をヴェイユが本音のところでどう思っていたのか、そこは本人の言葉としては述べられていないためよくわからない。しかし女性参政権すらない時代である、少なくとも政治的権利における性差別が不当であるとは思っていただろう。ちなみにボーヴォワールの場合は、サルトルと「契約」関係を結び、制度としての結婚から公然と距離をおき、哲学に生きる道を意識的に選んだ。ところがヴェイユの場合は、早くに亡くなったせいか、サルトルのような相棒が現れなかっただけなのか、長らく、ヴェイユはそもそも性やジェンダーという人為的なカテゴリーからは隔絶しているようにもみえていた。考えることや書くことこそが生涯の伴侶であり、物質や肉体を通じて生まれるあらゆる表象や欲望から超越していたとみなされてきた(7)。

こうしたお決まりのヴェイユ像は必ずしも真実ではないことが近年の研究で明らかになっているが、ヴェイユが宗教的な考え方からも滋養をえていたことはまぎれもない事実である。ただ、ヴェイユの宗教への関わり方は、それほど単純ではない。ヴェイユは、ユダヤ系の出自をもつが、宗教としてのユダヤ教にはもともと疎遠でほとんど関心がなかった。むしろカトリックと親和性があり、ペラン神父のように個人的に師として慕う人もいたが、洗礼は最後まで受けていない。ヴェイユはいかなる修道会や信心会、教団や会派にも属さなかったし、プロテスタントであったことももちろんない。こうした宗教に対する距離のとり方は、この時代のフランスに同化して生きる比較的豊かなユダヤ人家庭でも、それほど一般的なものではなかっただろう。フランスへの同化を目指すユダヤ系家庭では、数世代前から親たちがフランス革命を積極的に支持していたし、書物を大切にし、読書を尊重し、フランスの文学や科学、歴史その他の文化遺産に深い敬意を抱いていた。実際、ヴェイユの兄も優秀な数学者になっている。幼いころから兄妹はまるで空気のようにギリシャ語やラテン語に触れていた。

ヴェイユはアナーキストだったのか、ノンコンフォーミストだったのか、若い頃にはマルクス主義や共産主義、組合主義運動《サンディカリズム》に強い関心を抱いていた。しかしいかなる政党にも結社にも与することはなかった。晩年には民俗学にも関心が広がり、フレイザーはもとより、鈴木大拙の著作を英語で読んでいたりもした。スピノザの汎神論やプラトンの思想、ギリシャ古典に特別な思い入れを抱いていたのは、ある意味当然であるとしても、『死者の書』にも関心を示し、『ギルガメシュ』や『バガヴァッド・ギーター』さえ愛読していたというのだから驚かされる。南仏にいたときにはカタリ派にも関心を抱き、ピュタゴラス派のテキストの註釈に没頭してもいる。道教、ウパニシャッドにも魅かれていた。ヴェイユはヨーロッパ的な知の枠組みを知りつくした上で、霊的なものの奥深い謎を解明したかったのだろうか、時間や空間のかなたにある世界の果てにまで問いを投げかけていた。三十四歳で亡くなった人の人生とは思えない、とてつもない広がりである。

## 二　エクリの外部

数ある愛読書のなかでも、ヴェイユにとって聖書は一貫して大切な書物の一つであっただろう。とはいえ、彼女の関心は聖書のエクリ（叙述）の内側におさまるものではなく、活動も紙やペンによる著述に限られてはいなかった。一九三〇年代に入る頃、ル・ピュイの中学の哲学教授となって教鞭をとるが、一方では、雑誌『革命的プロレタリアート』への共感から、自分も女工となって働き、工場労働がどのようなものであるかを身をもって確かめようとした。彼女はそこでもたぐいまれな「注意力」を発揮して、女工たちの労働実態の本質を深く体感していたのである。一九三二年には組合主義運動の仲間であったテヴノン夫妻とドイツに赴き視察しているが、帰国後、反ナチのドイツ人がどれほど残酷な目に遭っているかを思いだして心のそこまで痛めつけられ、「テーブルの片隅にくずれるようにすわりこんだ」[8]。そのとき彼女が予感したナチズムの勝利は残念ながら現実となった[9]。しかしその後、独仏の関係が悪化すると、平和主義の立場から、ドイツとの和解を求めて、高等師範学校時代の師アランの弟子たちとともにドイツからのフランス軍の即時撤退、ドイツ人にとって屈辱的なベルサイユ条約二三一条の破棄を求める提案を行い、人権同盟を採択させてもいる[10]。

スペイン市民戦争に際しては、開戦とともにスペインに入り、人民戦線政府の民兵としてカタローニャにいた。民兵の服をきた痩せた長身のヴェイユの写真が残っている。帰国後ヴェイユは「幸いなことにわたしはひどい近眼です。ですからたとえ人をめがけて発砲しても人を殺す心配はありません」[11]と語ったという。なんとも矛盾した平和主義者ではないか。こういう人がはたして戦場でやっていけたのか。ヴェイユが帰国できたのは、誤って煮えたぎる湯鍋に足を突っ込み大やけどを負ったため、本人の意志とは別にやむなく本国に送り返されたからである。その直後に戦況が悪化し、女を含む義勇軍の大半はペルディグエラで玉砕している[12]。ヴェイユはこのとき死んでいてもおかしくなかったが、その愚かさ、弱さゆえに生き残っている。

こうしたエピソードは、しかし、ヴェイユがただただ哲学や聖書の教えを学び、頭の中で考えるだけで満足していた人ではなかったことを物語っている。彼女は自分と同じように弱く「小さな人たち」の苦しみや叫びに身体を通じて共振することができ、義憤に燃えて立ち上がり、いつもなぜか一番厳しいところへと赴く。おそらくヴェイユの脳は赤ん坊のように柔らかで、自分と他者との間のバリアが普通の人よりも低く、身体という乗り物の境界を容易に超えていき、内と外との往還がいつでも可能だったのではないか。だからどうしても身体の外部にあるいろいろな思念や他の人のものである喜怒哀楽がすぅーっと彼女のなかに入りこんできてしまう。理屈や論理によるのではなく、気持ちの感度がとてつもなく高いのである。その結果、ヴェイユは「いま」をいちいち深く受けとめざるをえないし、また境界が閉じていない分、死にいたる命の危険にも無防備だったにちがいない。

「現代に関心をもつこと」は重要なことである。それは、ヴェイユと同じころにナチの凶弾に斃れて亡くなった歴史学者マルク・ブロックが、その最後の遺稿のなかで、歴史家に必要不可欠なものであると述べていた姿勢でもある。[13] 歴史家ならば、そうした生きて変化しつつある世界への感受力なしに歴史叙述などありえない。その感受性が凡庸なものでしかないならば、それは努力してでも獲得すべきものであるとブロックは考えていた。

ヴェイユはこうした能力あるいは才能に恵まれていたのであり、その才能がすでにゆりかごの中で与えられていたと言っても過言ではない。ミシュレのような偉大な霊感をもつ歴史家にも匹敵する資質を、ヴェイユはもちあわせていたと言える。たしかに、ヴェイユは哲学をベースに学んだため、具体的なデータに基づいて個別の物質文化の連関を論じたり、人々の感じ考える仕方にミクロに関心を向けたりすることはなかった。しかし「生きているものへの理解力」を糧に考え続けることのできた、考えざるをえなかった人であり、だからこそつねに叙述の外に、そしてこの世の果てまでもはみ出していかざるをえなかったのである。ヴェイユを人為的なちっぽけな檻に閉じ込め、つなぎとめておくことなど到底できはしないのである。

## 三　二人のヴェイユ

ところで「シモーヌ・ヴェイユ」という名前を耳にするとき、まず思うのは、どっちのヴェイユなのだろうかということである。ヴェイユの特集を目的とする本書において、もう一人のヴェイユを持ち出すのは論外かもしれない。しかし、二十世紀を語る上で、わたしにとって重要な「ヴェイユ」は二人いる。ひとりはこの哲学者のシモーヌ・ヴェイユ Simone Weil（1909-43）であり、もう一人は法実務家にして司法官、さらには政治家となったシモーヌ・ヴェイユ Simone Veil（1927-2017）である。

もう一人のヴェイユは、ジスカールデスタンが大統領だったときに厚生大臣を務め、上院に中絶の合法化をうたう「ヴェイユ法」[14]案を提出して堂々たる演説を行ったあのシモーヌ・ヴェイユである。この二人は一見したところかなり異なって見えるが、しかしともにユダヤ系の出自をもつキャリア女性である。戦争の悲惨を自らの体験として、生きる糧として、後の世代に大きな遺産を残してくれた点で共通しており、二十世紀を代表する、かけがえのない存在である。

この二人は実際に出会うことはなかったが、どこかで出会っていてもおかしくはなかった。ロンドンで客死した哲学者、十字架のヴェイユは、一九四〇年代初めに三十代になっていた。彼女はドイツ軍によってパリが占領された後、二年ほどは非占領下のマルセイユにいて、フランス植民地からの移民労働者や反ナチズム政治犯の待遇改善のために奔走していた。この時期にはエミール・ノヴィスの筆名で政治論文や文明批評を書いていたし、抗独レジスタンス組織とも密かに接触していた[15]。一方、政治家の、戦後も生き延びた司法官のヴェイユは、この頃まだ中学から高校生にあがろうとする頃であり、家族とともにニースに住んでいた。母親がドイツやオーストリアから逃れてくるユダヤ人の難民家族の支援をしたり、困窮したユダヤ人家族を家にかくまったりしているのをそばでみていた。彼女はこの頃初めてユダヤ教の掟を固く守って暮らす「本物の」ユダヤ教徒の難民たちをみてあっけにとられ、自分の家庭環境との違いに驚いている[16]。

この二人のヴェイユに決定的に違うことがあるとすれば、それはこの政治家となったヴェイユが実はアウシュビッツの生還者である点である。彼女は、連合軍によるノルマンディ上陸の二か月前にニースでつかまり、しばらくフランス国内の収容所に収容されていた。やがて母や姉とともにポーランドのアウシュビッツ＝ビルケナウに移送されている。ニースでの逮捕が比較的遅かったのは、南仏が傀儡ながらヴィシー政府のもとにあり非占領地域であったことや、ニースが一時イタリアに占領されていたことによる。逮捕されたのはバカロレアの試験の翌日のことであり、まだ十七歳になったばかりだった。このころには、哲学者のヴェイユはもう亡くなっていたが、政治家のヴェイユの苦難はここから始まっている。

一年余りの収容所生活、それはまさに地獄だったと後に政治家のヴェイユは自伝に書いている。連合軍は六月初旬に上陸し八月二十五日にはパリを解放し、九月三日リヨン解放にも至るが、遠隔地の収容所にいた人たちはさらに翌一九四五年の春までドイツ軍の統制下にあり続けた。この時期になってから過酷な移動を強いられて亡くなったり、殺された人は少なくない。マルク・ブロックが銃殺されたのは、六月Dデーの一〇日後、ドイツ軍の敗色が濃くなった頃のことで、逃げていくドイツ軍が撤退時のどさくさに証拠隠滅を図るため収容者を全員射殺して「始末」したからである[17]。

政治家のヴェイユはこの頃ビルケナウからボブレックに移送されている。その後一九四五年一月に零下三〇度の寒さのなか西のグレヴィッツ収容所まで七〇キロを徒歩で歩かされ、さらに列車で八日間運ばれてプラハ近郊に移送されている。病弱の母はそこまでたどり着いてとうとう力尽きた。当時のベルゲン＝ベルゼン強制収容所はもはや管理そのものが崩壊寸前にあり、医療はもとより食料もほとんどなく、水道管は破裂して水も不足していた。周囲には発疹チフスに斃れた死体が山のようにころがっていたという。彼女の極限的な収容所経験は長い間封印されていたが、ごく最近になって公開されたものである。

戦争とは残酷である。人間の尊厳や互いの信頼をずたずたに破壊し尽くすからである。傷つけられる側だけでなく、傷つける側も同じことである。政治家のヴェイユは生き残ったが、哲学者のヴェイユに勝るとも劣らぬ苦難を経験し、忘れられない記憶を脳裏に刻んだ。しかし驚くべきことは、この政治家のヴェイユがそんな地獄の中でさえ、そこに救いが存在したことを自伝の中で繰り返し伝えていることである。彼女によると、この時期、収容所には、自分に秘かにさしだされたいくつもの救いの手があり、それがあったからこそ十七歳の少女がなんとか命をつなぎ生き延びることができたのだという。他者を生かそうとするのはありあまる力をもっている人間ではなく、同じように苦難の中にあって生きる「弱き人間たち」の小さな手である。

一九四五年の四月に政治家のヴェイユはようやく姉とともに解放されたが、すでに父も兄もこの世にいなかった。しかし彼女は生きることをやめなかった。逮捕の前日に受けていたバカロレアの試験結果が届けられたのを機に、パリ政治学院に入学し勉強を再開したのである。その後、結婚していったん家庭に入った時期もあるが、三人の子を産み終えた後は夫を説得して司法官をめざし、戦後の草分け的な女性司法官となる。そんな彼女が最初に取り組んだのは、刑務所の囚人の待遇改善に向けた法律改正だった。政治家のヴェイユは一貫して無神論者であり、地上の人定法をよりよいものに変えていくことに希望を見いだしてきた。しかしこのヴェイユもまたある意味では「神を待ちのぞむ」人である。生と死の境に生きた苦難の体験から、わたしたち人間が重力と恩寵の間《あわい》にあることを誰よりもよく知っていたからではないかと思う。

哲学者のヴェイユが生きていたら、彼女は「ヴェイユ法」をどう受け止めただろうか。「弱き人々」「貧しき人々」の救済をこそ求めたヴェイユなら、女の身体や尊厳にも関心を向けなかったはずはない。ボーヴォワールのように自ら渦中に飛び込んで一石を投じたりはしなかったとしても、彼女もまた柔軟な理解力と想像力を発揮してこれを喜んで受け入れたのではないだろうか。

## 四 『根をもつこと』と「愛国心」

ヴェイユの『根をもつこと』を読んでいると、プラトン、アリストテレス、パスカルやデカルト、モンテスキュー、ルソー、カント、サン・シモン、マルクス、プルードン、ベルグソンはもとより、コルネイユ、テオフィル・ド・ヴィオー、モリエール、ラ・ブリュイエール、レチフ、ラ・マルティーヌ、ジョルジュ・サンド、ランボー、プルースト、トルストイ、ジッド、さらにはデュルケームに至るまで、およそ彼女の生きていた時代に出版されていた書物や、図書館で手に取って読むことのできた出版物を一生懸命読んでいたことがわかる。またチャップリンの映画『モダン・タイムス』(1936)を観て深い共感を寄せていたりもする。ヴェイユが映画をどう評価していたかはわからないが、労働者たちとよく映画も観ていたようである。[18]かなりの読書家であったことはまちがいない。ヴェイユはお芝居は観ていたのだろうか。いずれにせよヴェイユはエクリと切っても切れない関わりがあり、エクリすなわち「書かれたもの」を通じて新旧のことばに出逢い、積極的に触れることで、そこから新しい思想や感じ方、考え方を摂取していたのである。

読書とはそれ自体が一つのオーラルな身体経験でもある。ヴェイユのエクリは、そうした他者の声、言葉との接触の中で紡がれている。その際、読書から得た知識は、身体の中で消化され、自家薬篭中のものとなって記憶によって想起される。つまりいちいち書物を広げてページを繰り、文章を正確に引用したり、密度濃く要約したりすることはしていない。代わりに「わたしの誤りでなければ」という一文がしばしば挿入されている。[19]もっともこうした留保がなされたのは、亡命先で時間も参照できる書物も限られていたからでもあるだろう。しかしいずれにしても外部にある他者の叙述や言葉は、ヴェイユにとってはいわば「合いの手」のようなものであり、名前が想起され召喚されることで、それによって彼女の思考が形をなし、語りが紡ぎ出されていく。

不思議なのはヴェイユがミシュレの著作を全く読んでいないことである。またマルク・ブロックの『王の奇跡』(1924)はすでに出版されていたが、少なくとも彼女の叙述には一度も登場しない。革命以前のフランスについての言及は意外と多い。そこには「祖国」「国家」「愛国心」「農民」といった言葉が頻出することに驚かされるが、歴史書らしい歴史書はほとんど出てこない。アンシャン・レジーム期の農民を語るのにも、レチフ・ド・ラ・ブルトンヌの自伝小説が根拠として引用されている。[20]雑誌『アナール』は一九二九年にストラスブールで創刊されていたし、その頃からすでにブロックたちは国境を越える対話や比較史をめざして歩み始めていた。[21]しかしそうした越境を企図する「新しい歴史学」の挑戦はまだなお広く知られてはいなかったのだろう。ついにヴェイユの眼にはとまらなかったとみえる。

当時のパリ大学の歴史学者は十九世紀以来の実証主義史学の伝統をひきつぎ、厳密な史料批判に基づく歴史叙述を重視し、重箱の隅をつつくような細かい文献的な事実に終始していた。歴史学など現実を考えるには役に立たない古臭い学問だとヴェイユは思っていたのかもしれない。今読むと、ヴェイユの歴史認識や理解が限られたものであり、彼女の思考もまた時間のなかにあることは明らかである。わたしがヴェイユの過去への言及に不満に思うところがあるのは、そうした拠って立つ地平が違うことによるだろう。それらを現在の地点から差異として指摘することはたやすい。しかし重要なのは、参照している書物が何で、それが十分かどうかということではなく、むしろヴェイユがその限られた時間と経験の中で何を伝えようとしていたのか、そのメッセージをこそ読み取ることである。

たとえば『根をもつこと』の叙述から明確にわかることが二つある。一つはヴェイユが、人々が「祖国」を奪われ、本来あるべき根から断ち切られてしまっていると同時に「愛国心」もなく無気力であることに強い危機感を抱いていたことである。もう一つは教育における非宗教化つまりライシテにはっきりとノンをつきつけていたことである。[22]ここで言う「祖国」とは、リシュリューの時代に始まる忠誠を誓うべきものとして構築された国家 Etat ではない。[23]またライシテに反対だとはいえ、既存の宗教の世俗的な枠組みを復活させ、それに従えと言っているのではもちろんない。ヴェイユにとっての関心事は、フランスが占領されていることであり、それによって人間の尊厳や理性が脅かされている(と感じていた)ことにある。

ヴェイユによると「過去においてある程度までフランスの役割とされていたものは、世界が必要とするものについて思考する役割」であり、いま「世界は新しい愛国心を必要としている」のだと言う。そして「愛国心が血を流せるなにものかである以上、いまこそその創意工夫が求められよう」とも言う。[24]興味深いのは、ヴェイユが、「武器をとれ」とは決して言わない代わりに「十字架の上で滅びよ」とも言っていないことである。ヴェイユは冒頭にも引用したように『重力と恩寵』の中で聖書の言葉を援用して「剣をとる者は剣によって滅びるだろう。そして剣を捨てる者は十字架の上で滅びるであろう」と記している。ヴェイユが『根をもつこと』において、守るべき「祖国」のためにいまこそ血を流すべきだと鼓舞していたことはまちがいない。しかしこの「血を流す」という意味は、必ずしも武器をとって戦うことではなかったのではないだろうか。

## さいごに

この原稿を書き始めたのはもう八年近く前のことである。パリ同時多発テロ事件（二〇一三年十一月十五日）から一年余り、さらにシャルリ・エブドの新聞社襲撃事件（二〇一五年一月七日）が起きて震撼した。この襲撃事件が本書の企画の動機でもあったと記憶している。当時、パリは、《je suis Charlie》のプラカードを手に「言論の自由」を訴える人々のデモで街路が埋め尽くされた。しかし当時のわたしはこの声にも大きな違和感を感じていた。シャルリ・エブドの宗教への冒瀆の是非が問われないのはおかしいと思っていたからである。その後、それほど間をおかず「イスラム国」がらみの悲惨な出来事も続き、最後は空爆……、あまりに早い展開で、ドラマでもみているようであり、現実とは思えなかった。インターネットはあるのに、平和のためには無力で、時間が何世紀も昔に舞い戻ったかのようにみえた。

その後この企画はとん挫し、当時の原稿はしばらくパソコンの中に保存されたまま眠っていた。その企画がここにきて復活したのだが、久しぶりに草稿を読みなおして愕然とした。あれから何も変わっていないからである。私たちはいま、コロナによるパンデミックを経て、ウクライナやガザの惨劇を日々目の当たりにしている。戦禍が日常化しているのである。領土をめぐる戦争は二十世紀までで終わりにして欲しかったが、終わるどころか、科学技術の進展の中で、戦闘はますます醜悪で唾棄すべき非人道的様相を呈している。ナチズムのやったことがもはや霞んで見えるほど、世界は傷つき、悲鳴を上げている。

そんななかで、ヴェイユたちの苦悩が遠い過去のことに思えないのはわたしだけではないだろう。わたしたちはいまどこにいるのか。どこへ向かっているのか。シモーヌ・ヴェイユについて考えてきてわかったことがひとつあるとすれば、それはどんなに困難で矛盾に満ちていても、人間が地上にある限り、その本来もっている霊性がなくなってしまうことはないということである。霊性とは宗教に限定されるものではなく、他者の苦しみ、悲しみへの繊細な感受力である。共振し、我がことのように他者に手をさしのべようとする霊長類の能力である。そしてそれこそがまさに人間の尊厳の証でもあると信じたい。この能力は誰の中にも潜在しているものであり、生と死の境を生きる煌めきの中でいつでも出番を待っている。ヴェイユは決して一人ではないからである。

### 注

（1）シモーヌ・ヴェイユ（田辺保訳）『重力と恩寵』（ちくま学芸文庫、一九九五／二〇一二年）、一四七頁。「　」内は『マタイによる福音書』二六（五二）。
（2）シモーヌ・ヴェイユ（黒木義典・田辺保訳）『労働と人生についての省察』（勁草書房、一九六七／二〇一〇年）、のアルベルチーヌ・テヴノンによって書かれた一九五〇年十二月付の序文（三一―一一頁）に記された証言から。
（3）『マタイによる福音書』二七（三九―四四）、『ルカによる福音書』二三（三五―九）ほか。
（4）『マタイによる福音書』二七（四六）。
（5）ナタリー・デーヴィス（長谷川まゆ帆・北原恵・坂本宏訳）『境界を生きた女たち』（平凡社、二〇〇一年）、八七―一八八頁。
（6）ル・ピュイの教員時代については、冨原眞弓『ヴェーユ』（清水書院、一九九二年）、二九―四〇頁。
（7）この点も、鈴木順子の近著『シモーヌ・ヴェイユ「歓び」の思想』（藤原書店、二〇二三年）の「〈コラム2〉ヴェイユの恋愛」前掲書（一六四―一七四頁）によれば、やや異なる像が浮かび上がる。鈴木によると、恩師の哲学者ピエール・ルテリエの息子で、高等師範学校の受験準備級（カーニュ）で偶然知り合ったピエール・ルテリエに対し、ヴェイユの側からの秘めた恋情が見られたことが、ヴェイユの姪シルヴィや、親友で哲学者にしてヴェイユの伝記著者でもあるシモーヌ・ペトルマンの証言などから明らかになっている。
（8）ヴェイユ、前掲『労働と人生についての省察』、七頁。
（9）前掲書、七頁。
（10）冨原、前掲書、五九頁。
（11）前掲書、六二頁。
（12）前掲書、六一頁。
（13）長谷川まゆ帆「ヘイドン・ホワイトと歴史家たち――時間の中にある歴史叙述」『思想』一〇三六号、二〇一〇年、一七六―一八一頁。
（14）ヴェイユ法とは一九七五年に成立した妊娠中絶の合法化を制定した法律のこと。ヴェイユが法案を作成し成立に向けて尽力した。当時のフランスの現実と、法案作成・制定に至るヴェイユの奮闘努力については以下を参照できる。シモーヌ・ヴェーユ（石田久仁子訳）『シモーヌ・ヴェーユ回想録』（パド・ウイメンズ・オフィス、二〇一一年）一五七―一六一頁。
（15）冨原、前掲書、九〇頁。
（16）ヴェーユ、前掲『シモーヌ・ヴェーユ回想録』、三三―四頁。
（17）二宮宏之『マルク・ブロックを読む』（岩波書店、二〇〇五年）、一三五―六頁。上陸は六月六日。ブロックは十六日に独房から引き出されている。
（18）アルベルチーヌの証言に「映画や大衆的なお祭りなんかも一緒に行った」とある。ヴェイユ、前掲書『労働と人生についての省察』、五頁。
（19）何度か出てくるが、たとえば、シモーヌ・ヴェイユ（冨原眞弓訳）『根をもつこと』上（岩波文庫、二〇一〇年）、一六五頁。
（20）レチフについての言及は、前掲書、一五七、一二四頁。
（21）ブロックたちの比較史や「新しい歴史学」の挑戦については、長谷川、前掲「ヘイドン・ホワイトと歴史家たち」の第二節「歴史叙述の身体性」の中で詳しく論じている。
（22）愛国心についての言及は、たとえばヴェイユ、前掲『重力と恩寵』、一五八―一六五参照。教育の非宗教化をめぐる論争や宗教教育についてのヴェイユの考えは、たとえば、前掲書、一二八―三六頁。
（23）国家に関しては、たとえば、ヴェイユ、前掲書、一六五―一七一頁。
（24）引用は、前掲書、二一一頁より。

# 透徹した無関心

## 【シモーヌ・ヴェイユと「反ユダヤ主義」】

渡名喜庸哲

●となき・ようてつ　一九八〇年生。立教大学文学部教授、専門はフランス哲学・社会思想史。主な著作に、『現代フランス哲学』（ちくま新書、2023）、『レヴィナスの企て――『全体性と無限』と「人間」の多層性』（勁草書房、2021）、『アーレント読本』（共編著、法政大学出版局、2020）など。

「超自然的なものは、それを受け容れるのに足りるほどの愛をもたない存在のうちに入ってくると、悪となる。[1]」

## はじめに

兄の数学者アンドレ・ヴェイユの言葉を借りれば「正常の限界を超えた」ほどの「感性」の持ち主であったシモーヌ・ヴェイユは、人間のありとあらゆる苦しみや不幸に対し、理性に貫かれた鋭敏さと聖女のような憐憫さとをそなえたまなざしを注ぐ思想家であったはずだ。その彼女が、しかも「ユダヤ系」の出自を有するはずの彼女が、同時代の不幸のなかでも規模とおぞましさで群を抜くようにも思われる出来事、すなわち「ショア」に一つの頂点をみるユダヤ人迫害に対して、単に無関心であったばかりでなく、それに加勢するかにも読みうる辛辣な言葉を残していたということ、このことはヴェイユを読む多くの者を当惑させるものであった。

ヴェイユを「聖女」と呼ぶジョージ・スタイナーも、彼女が「自らの民族に起きている戦慄すべき出来事と呪われた追放を想像するのを拒んだこと」を「最悪」と呼ぶことをはばからなかった。[2]専門誌『シモーヌ・ヴェイユ手帖』が、二〇〇七年に「反ユダヤ主義」の問題をようやく主題としたときも、その繊細さゆえの躊躇があったのだろう、率直に「シモーヌ・ヴェイユは反ユダヤ主義者か？　気の重い主題？」と題した[3]。
　実際、ヴェイユの次のような一連の言葉をどう読んだらよいだろう。「イスラエルの民」は「(何人かの預言者を除いて）アブラハム以降、汚れており、むごたらしい[4]」。というのも、彼らは「神が、人間に対して、不正義で残酷な極悪非道の行いを命じうるということを信じ」ており、それゆえに、神に対してなしうる最大のあやまちを犯しているためだ[5]。そればかりでない。ユダヤ教がキリスト教に残したものといえば異端審問や他の民族の虐殺であって[6]、ユダヤ人は、「根をもつこと」の対極に位置づけられ、「地球全体に根こぎを引き起こした」張本人とされる[7]。さらにあろうことか「全体主義とはイスラエルだ」とまで言われるのだ[8]……。

　このような、「ユダヤ人」や「イスラエル」に対する非難は彼女のテクストの随所に見られるのだが、それをどのように考えたらよいだろうか。そこに、「ユダヤ人の自己憎悪」の極限的なかたちを見るべきだろうか。それともそこには、「イスラエル」すらも例外としない、不正なものへの一貫した糾弾があるのだろうか。あるいは、ユダヤ人思想家からのシオニズム批判の可能性を読みとるべきだろうか[9]。

　ヴェイユの「反ユダヤ主義」はこれまでたびたび考察の対象となり、少なくとも欧米においてはいくつもの見解が示され、かつ包括的な考察の対象にもなっているが[10]、日本ではこの点に関する言及はほとんどなかった。だが、ヴェイユにおける「反ユダヤ主義」の問題は、彼女の思想と行動を理解するうえで、けっして些細な逸話にとどまらず、むしろ本質的な問題であるとすら言いうるように思われる。以下、このことについて、これまで提示されてきた解釈を概観しつつ述べていきたい。

## 「自己憎悪」と「反ユダヤ主義者シモーヌ・ヴェイユ」

　ヴェイユにおける「反ユダヤ主義」的と言われるテクストは、概ね一九四〇年代の初頭に書かれている。とりわけ、先の一連の「イスラエル」批判は一九四二年の「ある修道者への手紙」からの引用だが、この論考では、キリスト教の霊的な意義を際立たせるために、「イスラエルの民」への辛辣な言葉が並べられる。「ある修道者への手紙」は一九五一年にガリマール社のエスポワール叢書から公刊されたが、それに先立ち一九四八年に公刊されていた『重力と恩寵』においても同様の発言が散見される。アルベール・カミュの紹介によってヴェイユの思想それ自体に深い感銘を受けた読者でも、その「反ユダヤ主義」的な性格は戸惑いを誘うものだったかもしれない。

　こうした戸惑いをいわば確信へと変え、シモーヌ・ヴェイユに「反ユダヤ主義」を見定めたと主張したのは、ポール・ジニエウスキーの『シモーヌ・ヴェイユあるいは自己憎悪』であった。[11] 彼の主張は明快である。第一に、ユダヤ教、なかんずく旧約聖書におけるイスラエルの民やその神の記述に向けられたヴェイユの激しい批判は、学問的に裏づけうるものというよりもヴェイユその人の心理を反映した「自己憎悪」という「症例」に根ざしている。第二に、こうして自己へと向けられた憎悪ゆえ、ヴェイユは、「ユダヤ人種の虐殺」に関心を払わず、それどころか「ナチスのドグマとの興味深い類似」を見せるのであって、「反ユダヤ主義者（antisémite）」と呼ぶに十分値するというのである。

しかしジニエウスキーのこのような主張はあまり説得的なものではなく、ほとんど賛同者を得ることがなかった。かつてテオドール・レッシングがまさしくユダヤ人の「自己憎悪」と名づけたこのケースにヴェイユがあてはまらないのは、[12] 反ユダヤ主義的な言辞に目をつむっても読むに足る思想があるというような素朴な擁護心からではない。ジニエウスキーの主張とは正反対に、第一に、ヴェイユのユダヤ教批判の言説は単なる心理学的要素に還元されず、しかるべき文脈におきなおして理解されるべきものであり、第二に、そもそも彼女をむやみに「反ユダヤ主義者」と呼ぶことは、その思想の射程を誤認するのみならず、「反ユダヤ主義」そのものの理解をも曇らせるように思われるためだ。[13]

実は、この二点こそ、ヴェイユにおける「反ユダヤ主義」の理解の要点になると思われるため、ひとまずこの二つの軸に従って考察を加えていこう。まずは二点目に挙げた「反ユダヤ主義」に関してである。

ヴェイユを「反ユダヤ主義者」と呼ぶことが適当ではないのは、上で引いたような言辞が真に彼女の本心ではない、というような理由からではない。彼女のユダヤ教の伝統に対する拒否は誤解の余地を残さぬものであって、しかも後に確認するように、思想的背景を有した断固たるものであった。とはいえ、ヴェイユの数々の辛辣な批判は、基本的に、旧約聖書におけるイスラエルの民とその神の記述に向けられているのであって、それ以降の「ユダヤ人」そのもの、その行動、生活様式、思想内容等に向けられているわけではないし、ハンナ・アーレントやレオン・ポリアコフらが定式化していった近代的な「反ユダヤ主義」、とりわけその言説を支えてきた「人種主義」的な特徴をそこに読みとることはほとんどできないのである。

このことは、かつてエマニュエル・レヴィナスが、ヴェイユの著作群が公刊されだした時期に、即座に気づいたことでもあった。ヴェイユの「魂の偉大さ」を称える一方、その「反聖書的情熱」が「イスラエルびとたちを傷つけ、動揺させ」かねないことを見てとったレヴィナスは、同時代のフランスのユダヤ人たちの動揺を抑えるためであるかのように、ある種のヴェイユ批判を企てた。だがレヴィナスは、ヴェイユのユダヤ教批判それ自体を反駁しようとするのではない。レヴィナスは、ヴェイユの「反ユダヤ教主義（antjudaïsme）」とは「捕囚以降のユダヤ教に関わるというよりも、ヘブライ人たちに関わる」、すなわち、バビロニア捕囚以降に律法に基づき宗教的アイデンティティを形成していった「ユダヤ人」よりも、ユダヤ教聖書に記述される古代パレスティナにいたとされる「ヘブライ人」にのみ関わるものであるとし、そのうえで、ヴェイユの「反ユダヤ教主義」を告発するよりもむしろ、彼女の哲学的な主張自体を問いの俎上に載せるのだ。(14) ガリマール社の『ヴェイユ著作集』において、「ある修道者への手紙」などのユダヤ教批判を展開するテクストが収められている部が、「反ユダヤ主義」ではなく「反ユダヤ教主義」と題されているのも、こうした理解の延長線上にあるだろう。

ただし、数の上では多くないとはいえ、ジニエウスキーの同調者が今日もいることには触れておいてよいだろう。フランシス・カプランという哲学研究者は『反ユダヤ主義の情念』という大著のなかで、パスカル、スピノザから、カント、ヘーゲルを経て、シモーヌ・ヴェイユにいたるまで、合理的体裁をまとった反ユダヤ主義の「イデオロギー」のいっそう根底に反ユダヤ主義の「情念」があることを論証しようとしている。(15) しかし、多かれ少なかれ合理的な言説でも、さらにはそれを覆うイデオロギーでもなく、その根底にあるとされる「情念」を論証できるかどうかは疑わしく、若干結論先にありきの立論である印象を受ける。ただし、このような主張が、二〇〇〇年代以降のフランスの言論空間を席巻している「新たなユダヤ人問題」の論争の一区画をなしていることは指摘しておいてよいだろう。(16)

## ヴェイユにおける「ユダヤ的源泉」

一つ目の論点として掲げたヴェイユにおける「反ユダヤ教主義」の非心理学的理解の問題に移る前に、「反ユダヤ主義」とはまったく逆に、ヴェイユに「ユダヤ的源泉」を積極的に読み込もうとする流れが一部とはいえ根強くあることにも触れておこう。モーリス・ブランショは『終わりなき対話』においてすでにヴェイユにおけるカバラー思想の影響の可能性を示唆していたが、(17) この点をもっとも精力的に論じたのがウラディーミル・ラビであった。神の創造における自己無化をヴェイユは「脱創造（décréation）」と呼ぶが、人間もまたこの神の「脱創造」を「模倣」し、経験的「自我」を捨て去り、自らを「無化」しなければならないとされる。ラビは、こうしたヴェイユの「脱創造」の概念と、同様に神の「隠遁」をその特徴とするユダヤ神秘主義のカバラー思想（とりわけイサーク・ルーリア）における「ツィムツム」概念との類似を指摘し、ヴェイユとユダヤ思想のひそかな結びつきを強調したのだ。(18) リトアニア生まれのユダヤ人で、レヴィナスらと交流しつつも戦後フランスのユダヤ人社会のなかで一貫して反体制的な立場を崩さなかったラビが、ヴェイユの思想にたえず寄り添い、彼女の思想とカバラー思想との類縁を繰り返し論じていたというのはそれ自体興味深いことではある。

ただし、この親近性がいかに注目に値するものであれ、ヴェイユその人にこうした影響関係が実際にあったかどうかは疑わしい。ヴェイユの普遍主義的なまなざしが、十字架のヨハネやエックハルトなどのキリスト教の神秘主義的な思想を超えて、ギリシアの知恵や『バガヴァッド・ギーター』、さらには鈴木大拙の禅仏教へと向けられることはあっても、この比較文明学的なプログラムのなかにユダヤ思想が組み込まれることはまったくなかったからだ。

## ヴェイユの反ユダヤ教主義の伝統性と普遍性

ユダヤ教的発想がヴェイユの関心から漏れる理由は、少なくとも彼女の旧約聖書批判を見ると、明白なものであるように思われる。ヴェイユによれば、第一に、ユダヤ教は、歴史的にも社会的にも一つの民族に限定された「選ばれた民」の宗教として、普遍性を有さないからであり、第二に、いっそう悩ましいことに、旧約聖書においてイスラエルの民に他の民の虐殺を命じる神の姿に現れているように、その宗教原理は、「善」ではなく「力」に存するからである[19]。これら二点について、たとえばレヴィナスのように、ヴェイユはトーラーをはじめとした、具体的なユダヤ教の精神的な価値を理解していなかったのであって[20]、実のところはユダヤ教はヴェイユの理解するものとはほど遠い、と対抗弁論をすることもできるだろう。だが、もう少しヴェイユに即するかたちで考えることも十分可能である。

第一に、個別的な民族宗教としてのユダヤ教を批判し、普遍宗教としてのキリスト教を擁護するという身振りは、哲学史的な観点からするとけっして特異なものではなかった。こうした身振りは、むしろ西洋哲学の主流をなしていたのであって、この限りにおいては、ヴェイユの反ユダヤ教主義はきわめて「伝統的」なものであるとすら言いうる。エマニュエル・ガブリエリが仔細に跡づけるように、一つの民族に結びついた歴史的・社会的な宗教と、真理の普遍的な啓示という観念に支えられた普遍宗教との対立という点では、ヴェイユは、スピノザからカント、ヘーゲルを経て師のアランにいたる哲学的なユダヤ教批判の嫡子なのだ[21]。

とはいえ、ヴェイユの普遍主義への志向そのものは、近代西洋的な、ということはつまりキリスト教的な普遍主義に限定されるものではなく、さらにいっそう広範な射程を有していたことにも注意を払っておこう。しかもそれは、キリスト教の外部で、この場合にはとくにユダヤ教の只中で生じ、まさしくキリスト教西洋との対抗関係のなかではぐくまれてきたような普遍主義的な発想をさらに超え出るものであった。

ユダヤ教の伝統が特殊性の側に追いやられてきたことに対し、マイモニデスからメンデルスゾーン、ヘルマン・コーエンを経てエマニュエル・レヴィナスにいたるまで、多かれ少なかれ「ユダヤ哲学」の伝統は、「ノアの末裔」の七つの戒律という聖書およびタルムードに由来する考えに注目することによって、ユダヤ教の知恵に基づく普遍主義を取り上げようとしてきた。これによれば、ユダヤ人でない「居留異邦人」であっても、この七つの戒律を守りさえすれば「ノアの末裔」として「来たるべき世界」に与ることができるとされる。それゆえ、「ノア」を父とする全人類に正義がおよびうるというこの発想こそ、ユダヤ教に、排他的な民族宗教という姿ではなく、普遍化可能な道徳性の源泉を見いだすという期待が、ほかならぬユダヤ哲学のなかで温められてきたのであった[22]。

だが、同じく「ノア」に着目しつつヴェイユがたどる道筋はその出発点からして別のルートをたどる。「ノアの三人の息子と地中海文明史」においてヴェイユは、ユダヤ人に連なるセムでも、ヨーロッパ人に連なるヤペテでもなく、エジプト人、フェニキア人といった地中海文明に連なるハムを称えている。通常の受け止め方とは逆に、酔った父の裸を見たハムこそが、社会的カテゴリーや人格性といった「衣服」を剥いだ、父の真の姿と神の超自然的愛を見ることができたというのだ。

父の裸を見た「ハムの子」（アフリカ人）への呪いが、その後のヨーロッパによるアフリカの支配、その奴隷貿易と植民地体制を支える聖書的な後ろ盾となったことにはヴェイユは直接触れていない[23]。だが、次の――きわめて同時代的な――言及は見逃すわけにはいくまい。「今日、ヤペテとセムの子孫たちがいっそうの物音を立てている。一方は力を持ち、他方は迫害され、両者は邪悪な憎しみによって引き裂かれているが、しかし両者は兄弟であって、よく似通っている。彼らが似通っているのは、裸性の拒否と衣服の必要性のためだ[24]〔…〕」。もしかしたら、「イスラエル」と「ヒトラー主義」とを同列に並べることも辞さないヴェイユの理解の源泉はまさにこの点にあるのかもしれない。「裸性」を拒否するヤペテの子孫（ヨーロッパ）とセムの子孫（ユダヤ）は、「超自然的」な「善」を受け容れることができないような「力」の宗教を共有している、というわけだ。だとすると、「イスラエル」に対するヴェイユの論難は、「イスラエル」に固有の性質に向けられていたというよりも、「イスラエル」に限定されない、より根源的なものに関わっていたと考えることもできよう。これについてはまた振り返りたい。

いずれにしても、かりに「ユダヤ」が「西洋」の他者であったとしても、それを特権化することを避けるばかりか、「ユダヤ・

キリスト教」の文明圏とは異なる――そしてしばしばそれによってきわめて暴力的に排除されてきた――他なる文明、いっそう遠くの他者へのまなざしが、シモーヌ・ヴェイユには確かにあったこと――このことはあらためて強調しておくべきだろう。

## ヴェイユにおける「反ユダヤ主義」の不在

だが、以上のようにして、ヴェイユにおいて問題なのは、「反ユダヤ主義」ではなく「反ユダヤ教主義」であり、それもまたそれなりの文脈に位置づけることで理解されうると述べたところで、そもそもの問いが解決されるわけではない。残された問いは、あたかも「ユダヤ人問題」など存在しないかのように、同時代のユダヤ人の運命に目をくれることがなかったのはなぜかというものである。

もちろん、ナチス・ドイツやヴィシー政権の反ユダヤ主義的な政策や行動についてヴェイユが知らなかったはずはない。状況証拠からは、彼女が強制収容所について聞き知っていたともある程度までは主張しうる[25]。もちろん、事実についてさえ伝聞等で間接的にしか知りえなかった時代に、実態について確言できた者はいなかったろうから、知っていたかどうかはさほど重要ではない。少なくとも認めうるのは、シモーヌ・ヴェイユ自身、その時期にユダヤ人の苦境を救おうとする活動に参加していたということである。実際、一九四一年から四二年にかけて、マルセイユにてキリスト教系のレジスタンス組織の「キリスト教徒の証言（Témoignage chrétien）」の運動に関わった際、その機関誌の頒布を担っていたが、そこではまさしくナチス・ドイツの「人種主義」が主題的に論じられていた。同じ組織でヴェイユと行動を共にしたマリー＝ルイーズ・ブルムが後年語るところによれば、ヴェイユはナチズムの支配下におけるユダヤ人の実際の状況についてもつぶさに知っており、実際にも何名かのユダヤ人に偽の身分証を渡すなどし、自らの犠牲もいとわず彼らの援助に携わっていたらしい[26]。こうした一面は、かつての教え子に宛てられた一九四〇年九月の手紙にも表れているだろう。そこでは、「自分が選んだものではないもの、自分が結びついているのではないもののために苦しむ」ことの愚かしさが語られつつも、自らは「パーリアとともにありたい」こと、そして「生まれながらにしてこのような呪いを受け取らなかったものたちにこの不幸を感染させないようにすること」が告げられていたのだった[27]。

だが、それは一面にすぎないことも同時に明記しておく必要がある。周知のように、ヴィシー政権は一九四〇年十月三日にユダヤ人身分法を制定し、その反ユダヤ主義をいっそう露わにした。これに対する彼女の態度を無視してはなるまい。そこには「パーリアとともにありたい」という連帯意識とは正反対の主張が見られるのである。同法の制定後、ヴェイユはすぐさまヴィシー政権の政務官ジョルジュ・リペールと、さらに翌年にはユダヤ人問題の担当委員のグザヴィエ・ヴァラに手紙を書いている。ヴァラへの手紙でヴェイユは、ユダヤ人身分法が「不正で不条理」であるとしているが、一方で、自分は「一度もシナゴーグに足を踏み入れたことはなく」、ユダヤの宗教にも伝統にもまったく関わっていないこと、「ごく幼いころから、ギリシア、キリスト教、そしてフランスの伝統によってしか育まれてこなかった」のであり、自分をユダヤ人とは認めていないことを明言している。「ユダヤ人」という身分（statut）を法的に規定することが「不正で不条理」なのは、それが人種差別的だという理由からではない。ユダヤ人としてのアイデンティティを自らに認めない者も、その「元来的な汚れ」を背負わせられてしまうためだというのだ。「数学の教授資格を持つ者が、その父母のうちの三人がシナゴーグに行っていたという理由だけで、幾何学を学ぶ子どもに害をなすなんてどうやって信じることができるのか[28]」。端的に言えば、「私は、あなたの言う『ユダヤ人』ではない」ということだ[29]。

だが、このようなヴェイユの論法は、彼女のようにユダヤ人としてのアイデンティティを自らに認めない者に利することはあっても、それを認めようとする者、あるいは認めざるをえないということを認める者に対してはまったく慰めにはならないはずである。ヴェイユの論法は、自らがフランス人に完全に同化するなどして「ユダヤ人」という規定を拭い去ることができれば、「ユダヤ人問題」も解決するという論法に通じうる。だがだとすればそれは、ユダヤ人がいなくなることを「ユダヤ人問題」の「最終解決」とすることと似かよりはしまいか。

この場合、ヴェイユの自らのユダヤ・アイデンティティに対する無関心そのものは重要なことではない。こうした無関心は、ユダヤ人の解放・同化がすすんだ西ヨーロッパにあってはあまりにも一般的なものであった。ヴェイユより三つ年上のハンナ・アーレントもまた、思春期には「ユダヤ人問題」など「うんざりするもの」としてしか感じていなかった。とはいえ、問題は各人の自覚とは別の次元に位置する。同じアーレントが、とはいえ三〇年代のナチス・ドイツの台頭を目の当たりにし、次のように述べざるをえなかったことはきわめて傾聴に値する。「あらゆるユダヤ人は、好むと好まざると、自分自身がユダヤ人であるということを意識せざるをえなくなった[30]」。アーレントと同い年のレヴィナスもまた、三五年、同じ認識を次のように表していた。「われわれは逃れることはできない。ユダヤ人は抗いがたく自らのユダヤ性に釘づけにされたのだ[31]」。これらの発言は、単にナチズムの人種差別的な政策に対し、自らの共同体的なアイデンティティを強固なものとして確保しようとする意思表示とみなすべきではなかろう。問題は、各人が自らのアイデンティティについて——愛着にせよ憎悪にせよ——どう感じるかではないのだ。

とりわけアーレントが、三〇年代に、亡命の地パリにおいて、『ラーヘル・ファルンハーゲン』やその後『全体主義の起原』第一巻に結実することとなる草稿類で書き記していたのはそのことだった。中世的なユダヤ憎悪が高利貸しやゲットーの住民など実際の具体的なユダヤ人を対象としていたのに対し、近代以降には「どこにもいない」がゆえにどこにでも遍在する「理念」としての「ユダヤ人」が誕生し、これと相関して近代型の「反ユダヤ主義」が成立するとアーレントは言う。そこでは、ラーヘル・ファルンハーゲンが何度もむなしく試みたように、自分のユダヤ性を否定しようと繰り返す逃走の試みにもかかわらずつねについてまわる当のものがユダヤ性の本質となる。[32] そうなれば、どのようなユダヤ人も、自らのアイデンティティの具体的な持ちようにかかわらず、「理念」としてのユダヤ性からは逃れられないことになる——その機制こそが、少なくとも現代における「反ユダヤ主義」を問題にするときに問わねばならないものだろう。とすると、むしろ問題は、ヴェイユにおいて「反ユダヤ主義」が過剰だということではなく、「反ユダヤ主義」が不在であることにあるのではないか。

## 「精神的ジェノサイド」

先にも引いたウラディーミル・ラビはこの点についても興味深い見解を残している。ラビは、ヴェイユが同時代のユダヤ人の境遇や自らのユダヤ的アイデンティティや思想的課題としてのユダヤ人問題などに口を閉ざしていたのは、彼女がまさしく「フランスにおける一五〇年にわたるユダヤの歴史」を体現していたから、すなわち「フランス人」という地位に溶け込むようなかたちの「同化」を究極的に体現していたからだと言う。このようなかたちでの「ユダヤ性」の霧散に、ラビはある種の「精神的ジェノサイド」があったとすら述べている。[33] この「ジェノサイド」という語はまずは比較的冷静に受け取る必要があるだろう。フランスが、革命によって、ユダヤ人を——少なくとも法的・政治的に——「解放」したのは、彼らに「ユダヤ人」という地位を認めることによってではなく、まったく逆に集合的存在としての「ユダヤ人」を認めず、個人としての個々のユダヤ教の信奉者に「フランス人」としての権利を認めることによってであったことを思い起こしておこう。ユダヤ人解放を議論するフランス革命期の国民議会でのクレルモン・トネールの発言「民族としてのユダヤ人にはすべてを拒否するが、個人としてのユダヤ人にはすべてを与える」とは、このことを如実に言い表したものにほかならない。「人間」としての普遍的権利は、「民族としてのユダヤ人」の抹消という代償を払って得られるものだったわけである。

実際、「ユダヤ人」をめぐるヴェイユの考えはこうしたフランス共和主義に基づくユダヤ人の「解放」や「同化」としての「霧散」の道筋を極限まで推し進めるものであったように思われる。この点で、どうしても触れなければならないのは、ヴェイユの遺した『フランスにおける外国出身の非キリスト教徒マイノリティの地位の基本』に関するノート」という小論だ。比較的社会的地位の高いメンバーからなる穏健・保守派を中心とした大きなレジスタンス組織であった「市民・軍事組織(OCM：Organisation civile et militaire)」は、一九四二年六月に、戦後にありうべき新体制の再編に関して三つの報告を公刊した。そのうちの一つは「国内諸マイノリティ」と題されていたが、基本的にユダヤ人に関わるものである。自身もまた再生フランスの憲法改正問題に関与していたヴェイユは、このOCMの報告について要約と注釈を書いていたのだった。フランス国立図書館に収められつつ長らく未公刊だったこのノートは、二〇一九年に『シモーヌ・ヴェイユ全集』第五巻に掲載され、はじめて公表された[34]。ヴェイユのユダヤ人問題に対する態度の両義性をもっとも鮮明に浮かび上がらせてくれるものである。

まずはOCM報告の要点を確認しておこう[35]。この報告は、「国内諸マイノリティ」と題されてはいるが、もっぱら「ユダヤ人問題」に充てられている。この問題は「解決がもっとも困難」だが、「それに対して十分な解決がもたらされれば、フランス国内の諸マイノリティの問題の全体に適応されうる」というのがその理由である。そのうえで同報告は「厳密にフランス的な視点」に立ち、「伝統とフランス精神のもとで」、「何も建設的なものを産まない憎悪ではなく、正義のうちで」問題を検討するとする。したがって、「完全な排除」を目指すような立場や、「ユダヤ人問題」など存在しないかのような立場といった極論は退けられる[36]。こうした観点から、同報告は「反ユダヤ主義」という軸からユダヤ教とキリスト教の歴史を辿り直すことで、現在の「ユダヤ人問題」を捉えようとしている。ところで現在の問題とは、一九三〇年代のユダヤ系首相のレオン・ブルムによる権力行使であり、さらにナチスのオーストリア併合以降のドイツからの大量のユダヤ人難民の流入だとする[37]。こうした現状を受け、終戦後の新生フランスにおける「マイノリティ」の処遇を検討するというのが、同報告の立場である。そのため、「フランスのユダヤ人は、いくらかの集団的な特殊性をもちつつもフランス人である」ことは認められる。問題なのは、彼らを「外国からの関与」から遠ざけ、新規の「ユダヤ人の移入を停止」し、そして国内ではユダヤ人マイノリティが中間団体として組織化されることを防ぐこと、そうすることによってユダヤ人の

「同化」を促進することである。「ユダヤ人問題の解決は、国民＝国家共同体への彼らの同化に向かわねければならない」、そしてこの共同体は「キリスト教的伝統の国民＝国家」でなければならないとするのである。[38] 同報告は、こうした認識に基づいて、①マイノリティ集団の定義をすること、②マイノリティの属性に基づく特権を個人に付与しないこと、③いくつかの公的ポストにマイノリティの成員が就くことは禁止されるべきこと、④行政機関のポストにマイノリティが就くことは制限されるべきこと、⑤いくつかの商業、とくに自由業については就業が規制されるべきことなどを提案している。[39]

以上のような提案は、今日からすると驚きを誘いかねないが、当時のフランスのレジスタンスにおける「ユダヤ人問題」への対応からすると、それほど異質なものではなかったということは指摘しておくべきだろう。上述の「キリスト教徒の証言」をはじめ、迫害されたユダヤ人に対して援助したり、反ユダヤ主義に抗議したレジスタンス組織も多くあったが、同様に、とりわけ保守系やキリスト系のレジスタンス組織のなかでは、フランスへのある種の（とりわけキリスト教的な）愛国心から、ペタン元帥を支持したり、ユダヤ人と外国資本の関係を非難したり、あるいはOCMのようにユダヤ人への差別的措置を肯定するものもあった。[40]

とはいえ、いっそう驚くべきは、このOCM報告についてのヴェイユの態度だ。『フランスにおける外国出身の非キリスト教徒マイノリティの地位の基本』に関するノート」におけるヴェイユは、単に共和主義的普遍主義者にとどまらない、一線を超えたとも見做しうるような言葉を残しているのだ。まず、ヴェイユはOCM報告についての批判的な指摘は怠らないとはいえ、OCM報告の「中心的な考えは正しい」として、その方針を基本的に支持している。[41] ちなみに批判的な指摘のほうは、ユダヤ人に対する差別的な措置への批判ではない。むしろOCM報告のいうマイノリティの定義づけの批判である。というのは、そのような定義づけはあたかもそうした実体があるかのように機能し、「ユダヤ人マイノリティを結晶化するだけ」だからだ。したがって、OCM報告のいう「同化」を促進するためにこそそうした定義づけは不要となる。むしろ、キリスト教徒との結婚やキリスト教教育等を通じ、ユダヤ人の「消失（disparition）」をいっそう促進しなければならないというのだ。[42]

ここに単に、上に指摘したようなフランス共和主義的な解放・同化の理念とのつながりを見るだけでは十分ではないだろう。もちろん、ここで「消失」と呼ばれているものを理解するために、クレルモン・トネールの「民族としてのユダヤ人にはすべてを拒否」しなければならないという発言や、一九八九年の「スカーフ事件」の際に共和主義的な知識人（その多くはユダヤ系だ）たちがムスリムの女生徒に放った「故郷を忘れなければ」ならないという言葉を思い起こすことはできるかもしれない[43]。しかしヴェイユの姿勢が共和主義者と一線を画するのは（そしてむしろ反共和主義的なキリスト教主義と合流しかねないのは）、ヴェイユはこうした同化＝消失が、「本来的にキリスト教的な着想」のもとでなされなければならない、と明言していることだ。

もちろんヴェイユの言う「本来的にキリスト教的」なものは、一般にキリスト教と呼ばれているものと同一視することはできまい。そのことはともかく、ＯＣＭ報告に対するヴェイユのノートではこの「本来的にキリスト教的」な「霊性」の対置において、「ユダヤ人」の性格が規定されていることだ。

この性格規定は、誤解の余地のないほど否定的なものだ。ヴェイユはまず、「ユダヤ人マイノリティと時代のあいだには対照関係があるとする」。それは、「根こぎおよび非宗教」という二つの性格だ。「非宗教」というのは、ヴェイユがあちこちで述べているように、ユダヤ教とは基本的に「偶像崇拝」の宗教だからである。そしてヴェイユは、こうした理解に基づき、次のように言うことを憚らない。

> このマイノリティは、時代精神の象徴であるため、自動的に、この対照関係そのものによって上へと持ち上げられた。このことが、それが占めてきた地位を説明し、正当化する。このことが、それに対する敵対的な反応を説明し、正当化する。というのも、それは悪の象徴だったからだ（Car elle était le symbole d'un mal）[44]。

ユダヤ人マイノリティは「悪の象徴」だ。こうヴェイユは明言するわけだ。ただし、この発言はまずは冷静に受け止める必要があるだろう。この文章が半過去形を用いた理由説明文であることには注意を払ってよいだろう。つまり、ヴェイユその人がユダヤ人マイノリティを「悪の象徴」だとして評価しているというよりは、ユダヤ人に対して向けられてきた敵対的な反応を説明するために、ユダヤ人を「悪の象徴」としているとも読みとれるわけだ。

また、ロベール・シュナヴィエが注意深く指摘するように、ヴェイユは「悪の象徴」と悪そのもの、すなわち「根源的な悪」を区別している。「悪の象徴は悪だが、根源的な悪はいっそう大きな悪である」。ここでの「根源的な悪」とは、まさに時代精神としての「根こぎ」にほかならない。こうした「根こぎ」という現代に巣食う「根源的な悪」を象徴的に体現しているのがユダヤ人だ、ということだ。

それゆえ、こうしたユダヤ人の「消失」は、けっしてその排除や排斥というかたちをとるわけではない。「すでにこの国の生に染み込み始めているはずの本来的な霊性という着想との関連においてのみ、そこに統合することができない者たち——そここには避けがたくユダヤ人の大部分が含まれる――に対する保護策がとられうる[45]」。「本来的にキリスト教的」な「霊性」に基づく同化によってこそ、自らの国を失い根こぎにされたユダヤ人にはじめて「祖国」を与えることができる、というのである[46]。

以上のように、OCM報告に対するヴェイユのノートは、ヴェイユの考えるところのキリスト教的霊性に基づく「根づくこと」を来たるべき戦後社会の根本原理とするという発想のちょうど裏面として、「根こぎ」を「ユダヤ」へと結びつけるという、壮大な――とはいえきわめて粗雑な――文明史観に基づくものと考えることはできるかもしれない。いずれにしても、彼女の「ユダヤ人」の理解は以上のようにきわめて単純化されたものだった、少なくとも同じ時代に「ユダヤ人」が置かれていた状況に対する無関心があったことは否めないように思われる。

もう一度アーレントに戻るならば、このようなユダヤ性の無化を狙うヴェイユの態度は、同時期にアーレントが示した態度の対極に位置づけられうる。同じころ、亡命の地フランスにおけるユダヤ人への迫害から逃れるためマルセイユを発ったアーレントは、ユダヤ人問題に関して精力的に寄稿する。アーレントによれば、「同化」の展望を一切拒絶されたようなユダヤ人にとって、国籍の剥奪・マイノリティ化は、彼らを「人種」のカテゴリーにとどめる「人種主義」にとっての格好の手段となる[47]。しかも「祖国」を奪われた彼らにとって提案されたその代替物こそ「収容所」だったというのである。こうした状況に対するアーレントの提案は、ヴェイユの言うような「消失」とはほど遠い。驚くべきことに、「ユダヤ軍」を創設し、ナチス・ドイツと戦うことであった。このような好戦的な主張の背後にあったのは、すでにその前に書かれていた「ユダヤ人問題」についての草稿に示されていたのと同じ、ヒトラー主義との「戦い」の必要性の認識である。すなわち、「ユダヤ人として迫害を受けているときには、ユダヤ人として身を守らなければならない」というのである。なぜ連合国に加わるなどの方策ではなく、「ユダヤ人として」戦わなければならないのか。それは、さもなければ、「ユダヤ人」という実体は、「聖書の民」がただの「紙の民」として歴史の舞台から退き、霧散してしまうからである[48]。

先に名を挙げたレヴィナスについても触れておくと、「フランス」への忠誠から通訳兵として従軍したこのリトアニア生まれの哲学者は、すぐさま捕虜収容所に拘留されフランス、ドイツの収容所を五年にわたり転々とする。そのなかで書き連ねられたノートに記されているのは、「ユダヤ的存在」という存在論的カテゴリーに立脚した新たな哲学の構想であった。戦後レヴィナスが試みたこと、それはヴェイユのいうような「キリスト教的霊性」の名のもとでの「ユダヤ人」の霧散ではなく、むしろユダヤ教の精神的な価値を掘り起こし、そこに新たに生を授け直すことで、キリスト教的西洋の根本的な原理を問いに付すことであったとも言えるだろう。おそらくヴェイユは、ユダヤ教の思想のなかにそうした活力が眠っていることを知らなかったし、あるいはまったく関心を示さなかった。ヴェイユが「消失」を説いていたのと同じ時期、すぐ近くにて、エドモン・フレッグ、ロベール・ザムゾン、ヤーコプ・ゴルディンらユダヤ教の指導者たちがその伝統を絶やさないために非合法的に教えを継承していたことについても同様だろう。(49)

ただし、ヴェイユにあって、「ユダヤ人問題」は不在であっても、「ヒトラー主義」との戦いはけっして不在ではなかったということは銘記しておくべきである。もちろんこの戦いにあたっては、アーレントやレヴィナスと異なり、「ユダヤ性」はまったく立脚点にはなっていない。レヴィナスは、一九三四年に雑誌『エスプリ』に「ヒトラー主義の哲学についての諸考察」を著し、その人種主義に対し哲学的批判を企てていたが、それときわめてよく似たタイトルを持つ一九三九年の論稿「ヒトラー主義の起源についての諸考察」において、シモーヌ・ヴェイユは、その覇権的支配が位置づけられるいっそう広い文明史的布置を描きだしていたのだった。

この論考については別のところですでに論じたため詳細はそこに譲るが、(50)そこでヴェイユは、「ヒトラー主義」を「古代ローマ」や「中世フランス」になぞらえ、ナチス・ドイツの暴力性を相対化する素振りを見せているかに見えつつ、それらの根底に、奴隷や植民地原住民から労働者にいたるまで、あらゆる抑圧された人間に対して「力」によって支配することを図る「力の支配」を見届けていた。ヴェイユが「イスラエル」に見定めていたのもこの「力の支配」にほかならない。これら「力」を具現化するさまざまな体制に対し、ヴェイユが探らんとしていたのは「力とは別の原理」なのであった。(51)

ここでヴェイユにおける「ヒトラー主義への戦い」の特徴を如実に示すもう一つの事例に触れてなくてはなるまい。SSやパラシュート部隊に、ヒトラー主義の「一つの宗教的精神にも似た精神」を見て取ったヴェイユは、そこに偶像崇拝的であり、「善」ではなく「力」を源泉とする疑似宗教を見た。ちなみに、これらの特徴は、ヴェイユが「イスラエルの民」に対してもつねにあてがっていたものである。それはともかく、ヒトラー主義に対する戦いのためにヴェイユが提示するのは、「力」とは別の原理をもつ真の宗教性に基づいた「最前線看護婦部隊」である。(52)それは、自己犠牲をいとわず戦場の最前線にかけつけても、「殺す」のではなく、「助ける」ことを旨とする組織であって、男性的な破壊や支配に向かう「力」の原理に対して、「善」に向かう女性的な「愛」の原理に基づくものである。むろん、こうした非現実的な計画は、「狂気」じみたものであって、現実のものとはけっしてなりえなかったのだが、それでも彼女の戦いの一貫性を十分に物語るものであろう。

## おわりに

ヴェイユの友人で後に外務大臣を務めることになるモーリス・シューマンは、後年になってヴェイユはこう述べていたと言う。「過去のすべてのホロコーストを告発するのでなかったならば、どうして一つのホロコーストを告発することができようか」[53]。ここでの「ホロコースト」という語がユダヤ人大虐殺それ自体を指しているとは考えにくい。この語はもともとはユダヤ教における神に丸焼きの供物を捧げる「燔祭」を意味しており、実際ヴェイユも別の箇所ではその意味で同じ語を用いている。ただし、シューマンを信じるならば、ここでの「ホロコースト」は『サムエル記』(上一五章)に描かれるイスラエル王サウルによるアマレク人の殲滅を指しているとのことである。ヴェイユはこのサウルに関する書を聖典に含めることを拒否したがったらしい。いずれにしても彼女の言わんとすることは明白だ。一つの民族の殲滅を試みる行為を告発する場合――それが「ナチス」によるものであれ「イスラエル」によるものであれ――、「過去のすべてのホロコースト」を告発するものでなければならない、というものだ。

何度も触れたように、ヴェイユには同じ時期、自らもそこに含まれる「ユダヤ人」の境遇についてまったく知らなかったわけではないだろう。むしろそこにあったのは、知っているはずのことに見ないふりをするような無関心だ。だがそれは、ただの関心の不在ではない。それは自らの民族に降りかからんとするカタストロフの前夜、いやその渦中にあっても保たれていた、一つの「ホロコースト」、あるいは一つの「犠牲者」を「結晶化」しないがゆえの「透徹した無関心」と呼ぶべきだろう。マルティーヌ・レボヴィッシはこれを「見ないという強制」と言うが[54]、レボヴィッシのいうように、このような態度は、なんらかの「自己憎悪」というより、ヴェイユ自身の哲学的な考えに基づいていたと言うこともできるだろう。

その無関心、等閑視は、いずれにしても問題含みのもののように思われるが、そこから引き出されうるのは次のことだ。それはけっして、当時「ホロコースト」の被害を被っていた側も、つねに「ホロコースト」の加害者になりうるといった単純な相対主義ではあるまい。彼女が告発しようとしていた「悪」、ヴェイユはそれを、(たとえば「ユダヤ人」とか「イスラエル」といった)なんらかの集合体に固有のものとして告発しようとしていたわけではないだろう。彼女が見定めようとしていたもの、それはどのような集合体においても生じうる、いっそう根底的な「力の支配」だっただろう。彼女の無関心的な視線は、「悪」の個々の現れに固着することなく、それを透過してゆき、その根底に潜むものに注がれていたように思われる。だとすると、ヴェイユが私たちに突きつけるのは、「悪」の現れと本質とのあいだ、それに対する関心と無関心をあいだをどのように行き来するのか、という問いではないだろうか。

## 注

（1）S. Weil, *Cahier* III, Paris, Plon, 1956, p. 126.

（2）ジョージ・スタイナー『言葉への情熱』伊藤誓訳、法政大学出版局、二〇〇〇年。

（3）*Cahiers Simone Weil*, t. 30, no. 3 : « Simone Weil antisémite ? Un sujet qui fâche ? », 2007.

（4）*Ibid.*, p. 237.

（5）S. Weil, « Lettre à un religieux », *Oeuvres*, Paris, Gallimard, coll. « Quarto », 1999, p. 987.

（6）*Ibid.*, p. 999.

（7）S. Weil, *La pesanteur et la grâce*, Paris, Plon, 1948, p. 190.

（8）*Ibid.*

（9）たとえば、ヴェイユのこのような「イスラエル批判」は、ジュディス・バトラーが行なったようなユダヤ人思想家たちの脱構築的読解を経たうえでの「イスラエル『国家』批判」に接続しうるだろうか。以下を参照。ジュディス・バトラー『分かれ道――ユダヤ性とシオニズム批判』青土社、二〇一九年。

（10）前掲『シモーヌ・ヴェイユ手帖』の特集号に加えて以下を参照。Robert Chenavier, *Simone Weil, une juive antisémite ?*, Paris, Gallimard, 2021. 同書は、この問題に関するヴェイユの発言や行動をくまなく追跡し、かつそれに対するさまざまな解釈を幅広く紹介・検討している点で、このテーマに関して必読の書である。

（11）P. Giniewski, *Simone Weil ou la haine de soi*, Paris, Berg International, 1978.

（12）テオドール・レッシング『ユダヤ人の自己憎悪』田島正行訳、法政大学出版局、二〇二三年。

（13）ジニエウスキーの「自己憎悪」論への批判としては以下も参照。Cf. M. Leibovici, « Simone Weil, la mal née », E. Benbassa, J.-C. Attias (éds.), *La haine de soi. Difficiles identités*, Bruxelles, Complexe, 2000.

（14）E. Levinas, « Simone Weil contre la Bible », in *Difficile liberté*, Paris, Albin Michel, 1976, p. 178-179. レヴィナスのヴェイユ論については、下記の拙論を参照されたい。「エマニュエル・レヴィナス　反シモーヌ・ヴェイユ？　レヴィナスにおけるヴェイユの影」『シモーヌ・ヴェイユと来るべき倫理　明治大学主催シモーヌ・ヴェイユ生誕一〇〇年記念シンポジウム論集』二〇一〇年。

（15）F. Kaplan, *La passion antisémite. Habillée par ses ideologues*, Paris, Félin, 2011, chap. 12.

（16）Cf. S. Trigano, *La nouvelle question juive*, Gallimard, 2002 ; Alain Badiou, *Circonstances, 3. Portées du mot « juif »*, Paris, Éditions Léo Scheer, 2005 ; Edgar Morin, *Le monde moderne et la question juive*, Paris, Seuil, 2006 ; Alain Badiou et Eric Hazan, *L'antisémitisme partout. Aujourd'hui en France*, Paris, La Fabrique éditions, 2011 ; Pierre-André Taguieff, *Israël et la question juive*, Saint-Victor-de-Morestel, Provinciales, 2011 ; P. Birnbaum, *Sur un nouveau moment antisémite. "Jour de colère"*, Paris, Fayard, 2015.

（17）M. Blanchot, « L'affirmation (le désir, le malheur) », in *L'entretien infini*, Paris, Gallimard, 1969, p. 159.

（18）Cf. W. Rabi, « La conception weilienne de la création. Rencontre avec la Kabbale Juive », in G. Kahn (dir.), *Simone Weil, philosophe, historienne et mystique*, Paris, Aubier Montaigne, 1978 ; W. Rabi, « Simone Weil entre le monde juif et le monde chrétien », in *Sens*, no. 7, 1979.

（19）この論点については、以下の拙論を参照。渡名喜庸哲「カタストロフ前夜のシモーヌ・ヴェイユ」『別冊水声通信　シモーヌ・ヴェイユ』水声社、二〇一七年。

（20）Cf. E. Levinas, « Aimer la Thora plus que Dieu », in *Difficile liberté, op. cit.*, p. 192.

（21）E. Gabellieri, « Simone Weil entre le paganisme et la Bible », *CSW*, t. 26, no. 1, 2003, p. 29-31. フローランス・ドゥ・リュシーも、旧約的な神に対する軽視という点で、ヴェイユにその師アランの影響を見ている。Cf. *Oeuvres, op. cit.*, p. 959.

（22）Cf. Y. Tonaki, « Emmanuel Levinas et le problème de la laïcité », *Etudes de langue et litterature francaises*, no. 102, 2013.

（23）この観点で引き合いに出すべきは、ルイ・サラ＝モランスというカタルーニャ生まれのフランスの政治哲学者である。ジャンケレヴィッチに学び、中世の哲学者ライムンドゥス・ルルス研究で名をはせた彼は、旧約聖書に描かれるソドムを焼いた神の閃光とハムへの呪いこそが、その後の中世スペインの異端審問（たとえばエイメリック）や、黒人奴隷制（たとえば「黒人法（Code noir）」）の神学的な後ろ盾になったことを力強く論じたのち、先に言及した二〇〇〇年代の反「反ユダヤ主義」の風潮をものともしないかのように『ヤハウェの赤い本』で旧約聖書批判を展開したのだった。さしあたり以下を参照。ルイ・サラ＝モランス『ソドム——法哲学への銘』月曜社、二〇一〇年。

（24）S. Weil, « Les trois fils de Noé et l'histoire de la civilisation méditerranéenne », in *Attente de Dieu*, Paris, Fayard, 1966, p. 241-242.

（25）『ヴェイユ全集』第四巻（一号）には、フランス南西部の置かれたギュルス収容所（ハンナ・アーレントが一時抑留されていたところである）およびドイツ（ルール）におけるフランス人捕虜収容所についてヴェイユが（おそらく一九四一年に）書き記した未完のメモ書きが収められている。ギュルスは、まずはスペイン内戦を逃れた共和派を収容するため、ついでフランスにとって敵性外国人とみなされたドイツ人女性を収容するために用いられたが、四〇年以降はドイツの管理するユダヤ人勾留収容所となる。ヴェイユはこの収容所に関しては事情に通じていたらしい（S. Weil, « Notes sur le camp de Gurs et sur un camp de prisonniers français en Allemagne », in *Oeuvres complètes*, t. IV, vol. 1, 2008）。さらにシュナヴィエは、ヴェイユが四二年にニューヨークに渡って以降も、ヨーロッパでのユダヤ人の絶滅に関する情報を得ることができていたとする。Cf. R. Chenavier, *Simone Weil, une juive antisémite ?, op. cit.*, p. 57 sq.

（26）« Simone Weil, la résistance et la question juive », entretien entre M.-L. Blum et W. Rabi, *CSW*, t. 4, no. 2, 1981.

（27）S. Weil, « Lettre à Huguette Bauer », in *Oeuvres, op. cit.*, p. 969. この点に関してはマルティーヌ・レボヴィッシの一連のすぐれたヴェイユ論のうち以下を参照。M. Leibovici, « Simone Weil, la mal née », *art. cit.*

（28）S. Weil, « Lettre à Xavier Vallat », in *Oeuvres, op. cit.* p. 973-4.

（29）それも無理なからぬことだったかもしれない。ヴェイユ自身の証言によれば、「私の両親はまったく無神論者で、私に〔ユダヤという〕宗教的な起源を十一歳まで隠してきましたし、私を一切の宗教の外部で育てたからです。〔…〕私はさまざまな本を通してキリスト教的な着想を吸収していました」（一九四二年のジャック・マリタンへの手紙。*CSW*, t. III, no. 2, 1980, p. 68-69.）。

（30）H. Arendt, « Une guide de la jeunesse : Martin Buber », *Le Journal juif*, vol. 12, no. 17, 1934, p. 7. 以下に英訳が再録。H. Arendt, *The Jewish Writings*, Schocken Books, 2007, p. 31. またこの点については以下の拙論を参照されたい。渡名喜庸哲「人は己のユダヤ性から逃れられるか――一九三〇年代のハンナ・アーレントにおけるユダヤ性の問題」『ヨーロッパ研究』第一一号、二〇一二年。

（31）E. Levinas, « L'inspiration religieuse de l'alliance » [1935], *Cahier de l'Herne*, 1991, p. 144.

（32）H. Arendt, « Antisemitism », in *The Jewish Writings*, *op. cit.*

（33）« Simone Weil, la résistance et la question juive », *art. cit.*, p. 82.

（34）S. Weil, « Bases d'un statut des minorités françaises non chrétiennens et d'origines étrangères », in *Oeuvres complètes*, t. V, vol. 1, 2019, pp. 479-483. 以下も参照。D. Canciani, *Simone Weil. Le courage de penser*, Paris, Beauchesne, 2011, p. 400 ; R. Chenavier, « Simone Weil, l'anti-hébraisme et les Juifs », *CSW*, t. 30, no. 3, 2007 ; R. Chenavier, *Simone Weil, une juive antisémite ?*, *op. cit.*, p. 173 sq.

（35）Cf. « Les minorités nationales », *Les Cahiers. Études pour une révolution française*, no. 1, juin 1942 (BNF Rés. G. 1470 [48], YV, Pfi-91). ヴェイユのノート前半にその要約があるほか（*Oeuvres complètes*, t. V, vol. 1, *op. cit.*, pp. 479-481）、『ヴェイユ全集』の同ノートにつけられたロベール・シュナヴィエの編注にも詳細な引用が見られる（*Ibid.*, pp. 458-160）。

（36）« Les minorités nationales », *art. cit.*, p. 126.

（37）*Ibid.*, p. 164.

（38）*Ibid.*, p. 178.

（39）*Ibid.*, p. 182 sq.

（40）Cf. Robert Belot, « Le sort des juifs dans les discours et les pratiques du mouvement Combat », in *Les Cahiers de la Shoah*, no 8, 2005 ; Jean-Marie Guillon, « Résistance et antiracisme », in *Cahiers de la Méditerranée*, 100, 2020.

（41）S. Weil, « Bases d'un statut des minorités françaises non chrétiennens et d'origines étrangères », *art. cit.*, p. 481.

（42）*Ibid.*

（43）Elisabeth Badinter et al., « Profs, ne capitulons pas ! », *Le Nouvel Observateur*, le 2 novembre 1989.

（44）S. Weil, « Bases d'un statut des minorités françaises non chrétiennens et d'origines étrangères », *art. cit.*, p. 482.

（45）*Ibid.*

（46）*Ibid.*, p. 483.

（47）Cf. H. Arendt, "Concerning Minorities", in *Contemporary Jewish Record*, vol. 7, no. 4, 1944; « Race-thinking before racism », in *Review of Politics*, vol. 6, no. 1, 1944; H. Arendt, « The Stateless People », in *Contemporary Jewish Record*, vol. 8, no. 2, 1945.『全体

主義の起原』（とくに第二巻）および『ユダヤ論集』に所収の各論文も参照。

（48）H. Arendt, „Die jüdische Armee – der Beginn einer jüdischen Politik“, *Aufbau*, 14 November 1941 : *The Jewish Writings*, *op. cit.*

（49）菅野賢治『フランス・ユダヤの歴史〈下〉』慶應義塾大学出版会、二〇一六年参照。

（50）渡名喜庸哲「カタストロフ前夜のシモーヌ・ヴェイユ」（前掲）。

（51）S. Weil, *L'Enracinement*, Paris, Gallimard, coll. « folio », p. 303-304.

（52）これについては以下を参照。鈴木順子『シモーヌ・ヴェイユ「犠牲」の思想』藤原書店、二〇一二年、二〇四頁以下。

（53）Cf. « Présentation de S. Weil », in *Simone Weil. Philosophe, historienne et mystique*, *op. cit.*, p. 18.

（54）Martine Leibovici, « Simone Weil et les Juifs : une contrainte à ne pas voir », in *CSW*, t. 30, no. 3, 2007.

# シモーヌ・ヴェイユとラビたち

## 【「憐れみとツェデク」を語る】

シルヴィ・ヴェイユ

訳・解題＝稲葉延子

●Sylvie Weil　一九四二年生。作家。シモーヌ・ヴェイユの姪、数学者アンドレ・ヴェイユの長女。ソルボンヌ大学で古典学とフランス文学の学位（アグレジェ＝教授資格）を取得。主な著作に、Chez les Weil : André et Simone, Buchet Chastel, Paris, 2009（邦訳『アンドレとシモーヌ――ヴェイユ家の物語』稲葉延子訳、春秋社、2011）; À New York il n'y a pas de tremblements de terre, Flammarion, 1984 ; Le Mazal d'Elvina, L'École des loisirs, coll. « Medium », Paris, 2001.

### 慈善は正義の一つの形である

施しの概念と結びついた憐れみの概念は、シモーヌ・ヴェイユの著作の中で、あたかも強迫観念の如く繰り返し言及される。従ってこれは、私が *Chez les Weil : André et Simone*, Buchet Chastel 2009（邦訳『アンドレとシモーヌ――ヴェイユ家の物語』春秋社、二〇一一年）を著すにあたり、避けられないテーマであった。

この著書で「ツダカ（ツェデク）――ユダヤ式慈善」というタイトルの章を書きながら、私はかの有名な叔母シモーヌとの、想像上の会話を展開した。（私の著書の読者は、これが初めてではないことをご存じでしょう。）この会話の中で、シモーヌが、旧約聖書を「恐怖が連なる織物」としてしか見ていなかったこと、ラビ的ユダヤ教の法的な側面を超えた世界を見ることを拒んだことを、私は咎めていた。シモーヌとのいつもの想像上の会話の中で、私は、シモーヌの関心事が、この領域においてはまさしくタルムードのラビたちが抱いていた関心事とどれほど近しいものか、シモーヌに理解させたいと強く望んでいた。ところが、シモーヌは、そのタルムードばかりか、慈善や隣人愛に関する譬えがあれ程までに豊富なユダヤの神話にも、全く目を通さなかったのだ。

『アンドレとシモーヌ――ヴェイユ家の物語』で、私はシモーヌ・ヴェイユの曽祖母たちについて記している。二人の曽祖母は慈善に熱中しており、ガリツィア地方のブロディに住んでいた一人は、彼女の善意と憐れみの評判に、その地方の悪名高い強盗までが強く心をうたれたあげく、彼女に実際会いにやってきて、彼女の保護を申し出ている……。もう一人の曽祖母は、レンベルクに住んでいたが、そこで彼女は、不幸な人々を救うために自分の宝石類を質入れしていた。そしてその地でずっと生活するのを願っていた。というのも、そこには「たくさんの貧者」がいたからなのだ。

こうしてみれば、シモーヌは二人の曽祖母に似て、失業者に自分の給料を配るという若き哲学教師となり、まさしくこの曽祖母たちの紛れもない子孫となった、と私は結論づけるのである。

シモーヌは「福音書は、隣人愛と正義との間になんの区別もつけていない」と書き、「ギリシャ人の眼にも、嘆願者ゼウスに対する尊敬の念こそ、正義を得るための第一の義務として映った。」と続ける。彼女はここに、ユダヤではなく、ギリシャの遺産を見ている。これはおそろしく公正さを欠いていると言わざるをえない。

ヘブライ語でツェデクという言葉は、慈善《チャリティ》を意味するが、バ・アル・ツデックとは、正義の人、つまり義人を意味する。両者は同じ意味の言葉であり、慈善は正義の一つの形である。言い換えると、ツェデクは二つの意味を内包し、それは、ギリシャ語のアガペーと隣人愛で、すなわち憐れみであると同時に、実践という意味合いでの慈善の意味をもつことになる。貧窮にあえぐ人々にもたらされる救い、平等をうちたてる方法、つまり、それが正義の一つの形となるのだ。

シモーヌの祖先たちは、慈善の「理論」を持っていただろうか？　もちろん聖書は、「心の包皮を切り捨てよ。二度とかたくなになってはならない。」（「申命記」10章16節）と述べているし、多くのミドラシュ（聖書のラビの注釈書）や、よく知られているラビの伝説、とりわけラビの日常的な講話を通して、曽祖父たちは、それらを妻たちよりも知っていたし、タルムードを読んでいた。そしておそらくは、彼らの内には、ゾハール（トーラーの註解書）をも読んでいた者がいたことだろう。

いずれにせよ彼ら皆が知っていたことは、慈善が、ユダヤ主義において、完全な義務であるということだ。

大預言者イザヤは、「あなたの正義があなたを先導する」（「イザヤ書」58章8節）と言う。

私は、タルムードのズライーム巻ペアー篇で書かれている複雑な法については、指摘するにとどめよう。そこでは、ラビたちが畑に置いておき貧者に戻す物に関して議論を重ねているのだ。とりわけ、畑の隅と地面に接している全ての「忘れられた」小麦の束（ラビたちは長い議論に専念して、「忘れられた」という語の定義にたどり着いた)、そしてもちろん、レヴィ人と祭司たちへの「十分の一」の献納物について記されている。これら献納物の一部は、自動的に貧者に戻っていく。

タルムードは、すべてを一つの制度《システム》に整理している。つまり各共同体に設置される慈善箱、炊き出しのスープ、分配される金銭などは、申命記の戒めに従って「必要に応じて手を開き」、貧者に与える必要があるすべての場合に対応できるのだ。

「必要に応じて」という型通りの言い回しをもとに、様々な慈善について、いっぷう変わった行為の様相が事細かに語られる。たとえば、召使を前に走らせ馬に乗っていた、かつての金持ちで今は貧しい男に対しては、馬と召使を与えねばならない。さらに、タルムードは、「この召使が見つからないといった場合、その必要に応じた」やり方についても語っている。なんと、ラビ・ヒレルは、何時間も、馬の前を召使の代わりに彼自身が走ったというのだ。

私は、叔母シモーヌが、おそらくは、タルムードで賢者たちが細かな議論をすることに、軽蔑の念しか持たなかったであろうと思う。しかしシモーヌは、慈善のテーマに関してなら、彼らの「議論」を喜んで読んだのではなかっただろうか? たとえば、以下のような極めて愉快な議論がある。ラビたちは、全裸でいることと飢えることのどちらが悪いのか、を精査している。ラヴ・フナによれば、仮に全裸の物乞いを見たなら、その貧者が言いつのるだけ貧しいのかどうかを確かめることなく、直ちに衣服を与えなければならない。一方、ラヴ・イェフダによれば解釈は異なり、貧者が食物を乞う場合は、それ以上調査することなく、直ちに食物を与えなければならないが、その貧者が全裸であった場合には、真に全裸なのかどうかを、まず確認せねばならないのだ。

ル・ピュイでシモーヌはリセの教壇に立っていたが、石工たちのストライキの間、彼女は、ストライキをしている労働者が使えるようにと、カフェのカウンターに自分の給料を置いていた。ラヴ・アッバが、貧者がラヴ・アッバに見られることなく使えるように、お金が詰まったポーチの口を開けたまま肩にかけていた(「ババ・バトラ」10b)ことをシモーヌが知ったなら、おそらくは吃驚したにちがいないが、タルムードは、この行為は最も徳の高い慈善とは言えない、と続けて言及している。というのは、この場合、貧者からすれば、自分たちに施しをした者が誰であるかを知っていたからだという。

シモーヌはまた、タルムードの中に、ラヴ・フナが自分の食事をとるとき、家の扉をあけ、使用人に「飢えている人は、入って食べるように」(「タアニート」20b)と告げさせていたという記述を読めば、さぞ好意的な印象を持ったことであろう。

たとえ、シモーヌがラビたちの議論を喜んで読んでいたのだとしても、その議論では、飢えた人々に食を満たすのが問題なのだが、確かなことは、聖書やラビの文学でいたるところで見受けられる様々な報酬、つまり富、長寿、雨、収穫等々の暗示には、間違いなく反発を覚えただろうということだ。

日に二回唱えられる「聞けイスラエル《シェーマ》」(「申命記」6章11節と「民数記」15章)は、主なる神を「力を尽くして」愛する義人への褒美を列挙している。卓越した注釈者ラシ(1045-1105)は、「力」という語を、「金銭」を意味するものとして解釈して、「力」と「慈悲」の間のつながりを詳らかにしている。従って、力を金銭と捉えたとき、「力を尽くして神を愛せよ」とは、慈善を実践しなさいという意味である。

シモーヌ・ヴェイユは、キリストの示す報酬と感謝を受け入れながらも、なんとそれに条件をつけている。「神への愛ゆえに、飢えに苦しむ不幸な人にパンを与える者は、キリストから感謝されないであろう。というのは、与える者にとって、その慈悲深い想い、それ自体がすでに褒美なのです」(『神を待ちのぞむ』)。さらには「私たちが自主的に行う慈悲の行いは、キリストから受ける感謝の言葉には含まれない。というのは、それらの良き行いをしたという事実は、すでに、褒美を受けていることに値いするからである。」と語る。

イエスは、紛れもなくシモーヌよりも遥かに人間的である。というのは、イエスは、報酬について思うことを禁じてはおらず、その報酬は遠い将来に延期される。

宴会を催すときには、むしろ、貧しい人、体の不自由な人、足の不自由な人、目の見えない人を招きなさい。そうすれば、その人たちはお返しができないから、あなたは幸いだ。正しい者たちが復活するとき、あなたは報われる。

(「ルカによる福音書」14章13節)

ラビたちもまた、「報酬を約束された慈善にそもそも義はあるのか」という解決すべき倫理的疑問に応えるべく、しばしばそれを神秘的報酬に置き換えた。この下界の世界では、報酬は継続的に受けられるものではないことを認識するには、充分現実的な見解であった。タルムードは次の疑問を呈する。見返りを求めて与えようとするものは、例えば、息子を癒してもらうという見返りを得ようとした善意は、真のツェデクを実践したことになるのであろうか。多少の疑念はあるが、その答えは以下のようなものである。たとえ息子が癒されなかったという結果を得ても、自分自身の善意を「だったら、しなければよかった」と後悔することがないのであれば、慈悲とみなすことができる。(「ババ・バトラ」10b)

ル・トゥール(1269-1340)と呼ばれているル・バ・アル・ハ・ツーリン、ヤコブ・ベン・アシェル、は、ユダヤの法と慣習の最初の編纂の著者の一人であるが、ツェデクはすべての戒律の中で最も重要なものだと言っている。仮に、汝が与えなければ、貧者が死ぬかもしれない。この場合与えないという事実は、殺人を犯すことに匹敵すると暗示している。ル・トゥールは、ナフム・イシュ・ガムゾの話を引用しているが、この人物に関しては、後に触れることにする。

ル・トゥールは、さらにタルムードの次の一節を引用する。「ラヴ・ヒヤ・バル、ラヴ・ミ-ディフティは、ラビ・ヨシュア・ベン・コルハを引用して、次のように言う。『貧者の前で目をそむけるものは、偶像崇拝の罪をおかすようなものである。』」（「ケトゥボート」68 a）

律法学者たちは、どのようにして、このような考え方に至ったのであろうか。ゲゼラ・シャヴァ（構築に相当するもの）と呼ばれる解釈原理を用いることにより、この概念に至っていると言える。この作業は同じ単語が用いられている二つの聖典をリンクさせ、その言葉が現れる文脈間に一致を構築させることから成る。この種の「言語遊戯」は、律法学者の専門そのものなのである。

以下の二つの引用文では、belia'al（邪な《よこしま》）という語が問題となる。〔傍点は訳者〕

> よこしまな考えを持って、貧しい同胞を見捨て、物を断ることのないように注意しなさい。（「申命記」15章9節）

> あなたの中からならず者が現れて、「お前たちの知らなかった他の神々に従い、これに仕えようではないか」と言って、その町の住民を迷わせている……。（「申命記」13章14節）

こうして、belia'al（邪な《よこしま》）という語の「定義」を構築しようとしたのである。

この二つのテクストをリンクさせると、貧しい同胞を見捨てることは、他の神々を崇拝しているのと同じことだということになる。ル・トゥールは続けて言う。「あなたがたの財産は自分のものではなく、神から託された預かりものなのだということを自覚すべきである。それゆえ、『預けた者』の願いを果たさなければならない。あなたがたは、貧しい者たちに自分の財産を分け与えることが神の意志であるから。」

## 貧者への真の眼差しをもつこと

ジョー・ブスケ宛の書簡で、シモーヌ・ヴェイユは、「注意というものは、寛容さのきわめて稀で最高に純粋な形なのです。」と書いている。

タルムードもまた、注意と寛容という二つの概念を結び付ける。果たして、ツェデクは与えるという行為であると、ラシは説明している。しかし、ヘセド hesed（善意、憐れみ）は、貧者に対する真の施しを与えたと確信するような努力を必要とするものである。貧者たちを家に連れて帰り食事を与えるのは真の善意である。貧者が買うものが何もないのに、お金を与えるというのは、ツェデクではない（「スッカー」49b、ラシの注釈）。ラシは、卓越した実践家である。たしかに、彼の注釈は、貧者への真の眼差しをもつことが望ましいことも暗示している。

一方シモーヌ・ヴェイユは、哲学者であるから、『カイエ』で次のように記す。

> もし私たちが、飢えている人の立場に身をおけば、自身の感性の盲目的、かつ自発的行為の帰結として、飢えた人が食べられるようにとごく自然に願うはずである。さらに、私たちがそのような心持ちにあらがう理由は、（特別な事情が発生しないかぎり）全くない。しかし食べ物を与えるという行為は、単に心持ちを象徴する印《しるし》でしかなく、それ自体、飢えている個人の「私」という存在を認識したという印《しるし》にすぎない。その行為には、一つの印《しるし》以上の重要性はない。というのも、それは一つの兆候の十全な価値を持っているからだ。この認識が、飢えた人に食べ物を与えようとする、ほとんど抗いがたい心向けを伴わないのならば、飢えた個人の人格に内在する「私」の存在を認めているというのは、嘘偽りであり、想像上のこととなるからだ。

この施しと真の憐れみとの間の関係は、シモーヌ・ヴェイユの著作で繰り返し語られるテーマの一つである。

ところで、多くのミドラシュもまた、ラビたちに、慈善と注意をはらうという行為に緊密な絆が存在すると断言し明示している。ここに一つのすばらしい例がある。

> ナウム・イシュ・ガムゾに関して語っている。彼は盲目で、両手両足を失い、体は、膿疱で覆われていた。廃屋になった家に横たわっていたが、ベッドの脚は、蟻が這い上がってこないように、水の入った手桶につけられていた。ある日、彼の弟子たちが、この朽ちた家から彼を動かそうと思ったが、彼は弟子たちに言った。「弟子たちよ、まずは家具を動かすことから始めなさい。それから、私のベッドを運びなさい。というのも、私が家にいるかぎりは、家は消えてなくならないので、安心しなさい。」彼らは家具を移し、それから最後にベッドを運んだ。そのとき初めて廃屋は崩壊した。彼の弟子たちは言った。「師よ。あなたは、明々白々にツェデクの人、義人であるのに、何故そのような悲しい状態にあられるのでしょうか？」ガムゾは言う。「弟子たちよ。私は、私に起こったすべての原因なのです。

というのは、かつて私は、義父の家に向かうべく、荷を積んだ三頭のロバと共に旅をしていた。一頭には食糧、一頭には飲料、そしてもう一頭には菓子類を積んでいた。するとある貧しい男がやってきた。路上で私の前に立ち、次のように言った。『先生、食べ物をください。』私は答えた、『ロバからきちんと積み荷を降ろすまで、ちょっと待ちなさい。』私は彼の魂が去る前にロバから荷を下ろすことができなかった。私は彼のもとに行き、頬を寄せて言った。『あなたの目に憐れみを注がなかったこの目を見えなくさせてください。あなたの手に憐れみを施さなかった私の手を切り落としてください。あなたの足に憐れみをかけなかった私の足が切断されますように。』そして私の心は、次のことを言うまで安まることがなかった、『私の体中が、できものに覆われますように。』』

弟子たちは彼に言った。「ああ、このような姿の先生を見ることはなんて悲しいことでしょうか。」先生は答えた。「このような姿を目にすることがなかったとしたら、もっと悲しいことでしょう、つまり、この世で罰を受けた姿を見ることがなかったのならば、もっと悲しく残念に思うでしょう。」

（「タアニート」21 a）

「レヴィ記ラッバー」34には、もう一つ驚くほど現代的で且つ魅力的なミドラシュがある。貧者に対する言葉のかけ方がいかに重要であるかを示している。ラヴ・ハガイはラヴ・イエフダの名で語る。「その富は悪事によってほろびた。」これは富者が貧者に悪意をもって返答した事実をほのめかしている。

富者が「なぜ、食べ物を得るために働かないのか？　己の姿をとくと見よ。その腰を、その足を、その豊満な肥満したおまえの身体を……」と。

それに対して、「徳高きもの、彼の名が尊とまれんことを」――聖なる者は、富者に向かって言う。聖なる者が次のように言う。「貧者に自分のものを何一つ与えなかったことでは飽き足りず、神が彼に与えたものに対してまで、悪意の目をそそがなければならないのか。」

これは、「シラ書（集会の書）」5章13節の「名誉、不名誉も言葉しだい、舌は身を滅ぼすもととなる。」の以下の解釈に基づいたものである。「私が太陽の下で見た悲しむべき悪事がある、その富は、自らの不幸に対して所有者によって守られていた。そしてその富は、悪しき出来事・投資によって失なわれた。」ヘブライ語では、*Be-inyan ra* は、悪しき事を意味する。*Inyan* は、事を意味する。「悪しき出来事」とは、この場合、うまくいかなかった商取引や不幸、もしくはまずい返答を意味しうる。ラヴ・ハガイはこの後者の意味、「受け入れがたい返答」を選択する。

これは、シモーヌ・ヴェイユが、貧者に対してよく示される侮蔑的な態度について書いていることと比較できる。「パンを持っている人がそのパン一切れを飢えた人に与えるのは、驚くべきことではない。驚きに値するのは、その人が物を買う身ぶりとは異なった身ぶりで、与えることができるということだ。」(『神を待ちのぞむ』)

タルムードにおいて、ラヴ・ゼーラは言う。「イスラエルの土地の人々の日常の会話は、検証を必要とされる。このことは、どのように理解されるべきなのか。施しを求める貧者は、隣人に言うだろう。『私に施しを、もしくは慈悲をください、私を通じて功徳を得なさい。』」

ラヴ・ハガイは次のように言う。「貧者は時として言う。私を見なさい。私に注目しなさい。私が何者であったかを思い、私が何者であるかを観察しなさい。」(「レヴィ記ラッバー」34)

他のミドラシュでは、貧者に屈辱をあたえることなく、貧者に価値を見出せるような言葉遣いを奨励する。

「ラヴ・ヨハナンとレーシュ・ラキシュは、ガリラヤ湖の浴場へと下って行った。一人の貧者が彼らの方にやってきて言った。『私に施しをしてください。』彼らは答えた。『私たちが沐浴を終えたら、あなたを通して功徳を積むことになるであろう。』」と。

これは、物乞いを辱めないばかりか、彼の存在の大切さをよりわからせることを意味する。シモーヌ・ヴェイユの概念は、全く同じとは言えないが、酷似している。彼女は以下のように、いささか異なる方向性のある記述をしている。

キリスト自らの感謝を、慈悲を施してくれた恩人に、もたらすことができると知ることは、施しを受けるだけの不幸な人になんという尊厳を与えることだろう。(『カイエ』)

タルムードは、貧者を辱めないための彼らに対する礼儀の諸例を積み重ねて記している。ラヴ・ヨナは、かつて尊敬を集めていた家族がいたが、今は貧窮に瀕している者を救う段になって、その貧者に言った。「私は、あなたがどこか外国で遺産を相続する予定であると伺っています。私はいずれあなたが私にお返しになるだろう金額をあなたに差し上げに参りました。」

タルムードは、明らかにする。「物乞いに仰々しく施しを与える者は、つまり物乞いに恥をかかせることであり、それはあたかも物乞いを傷つけることなのだ。」

タルムードの他の箇所でラヴ・ヨナは、「詩編」41章で、「貧しいものに与えるものは幸いである」と言わず、「いかに幸いなことでしょう　弱いものに思いやりのある人は。」と言っていることを指摘している。つまり、彼(貧者)を見る(*maskil*)とは、彼を考慮するということだ。ラシにとって、動詞 ***maskil*** は、

「病人を見舞う」という意味である。アブラハム・イブン・エズラ（1190/92-1164/67）にとって、同じ動詞は、「寛容さをもって見る」を意味する。さらに後世十八世紀のラビ、ダヴィド・アルトシュラーによる注釈「メッツダト・ダヴィド」では、*maskil*「見る」、と、*sekhel*「頭脳、知性」の間の共通の語根を明らかにしている。そしてそれが「貧者を辱めることのないよう、自分の知性を使うものは幸いである。」という解釈につながる。

シモーヌ・ヴェイユにとって、このような議論は必ずや神秘的な意味を帯びてくるに違いない。「キリストは、私たちに超自然的な隣人愛こそが、人格を備えた人と人格を奪われた人との間に一瞬にしておこる憐れみと感謝の交換なのだと教えてくださった。」（『神を待ちのぞむ』）

## 物体《モノ》へと隷属させうるのは力である

言うまでもなく、憐れみに繋がるテーマが、私たちをシモーヌ・ヴェイユ思想の重要なテーマの核心に導いていくのだ。つまり、不幸な人々、不幸に陥った不運な人々の非人間化、そしてその存在が物体《モノ》に変えられる事態にいきつくのだ。このテーマは、シモーヌにとって、アルストンとルノーでの工場体験の後では最重要なものになる。つまりその後、彼女は烙印を押された奴隷、物体《モノ》と、自らをみなすのである。

あまりに大きな不幸に見舞われた人間は、憐れみの対象から外れてしまう。つまり彼らは嫌悪、恐怖、そして軽蔑を受けるのだ。

（『重力と恩寵』）

シモーヌ・ヴェイユから見て、自分自身と物乞いとの間に何らかの距離を意識しない者は、稀である。

彼らが与えるのは、食事や衣服、あるいは心遣いを遥かに超えるものである。援助を差し伸べる相手に、まさしく自分の存在を移送することにより、彼らは、物乞いから奪われた個の存在そのものを少しの間彼に与えるのである。不幸とは本質的に人格の崩壊であり、無名への移送である。

（『マルセイユのカイエ、神の愛と不幸』）

さらに『イリアッドと力の詩編』で、シモーヌ・ヴェイユは、この「人格の崩壊」について語っている。人格の崩壊、非人間、物体《モノ》への変換、敵に倒されようとしている最前線での戦士への変換、奴隷にされようとしている囚人、強姦される女囚、より一般的にいえば、征服されてしまった全てのものたちの変貌である。「力とは、支配下にある誰をも物体《モノ》へと隷属させうるのだ。」（『ギリシャの泉』）とシモーヌは語る。

例として、プリアモスが、息子ヘクトールを埋葬すべく、ヘクトールの亡骸を返してくれるようにアキレウスに懇願する面会が挙げられよう。最終的には極めて礼儀正しくなったアキレウスの態度は、どうも明快ではない。というのは、めったに使われない、接尾辞（*-ka*）のついた副詞は、さまざまに訳しうるからである。もっとも一般的な訳の選択肢は、「優しく」という意味である。

「彼は老人の手をとり、優しく彼を遠ざける。」

（ユジェーヌ・バレスト（1816-41））

あるいはまた、

「アキレウスは、老人の手をとり、そっとその手を離した。」

（ロベール・ブラジャック（1909-45））

シモーヌ自身は、「老人の腕をとり、アキレウスは老人をほんの少し押し退けた。」と訳している。ギリシャ語原典にはない、アキレウス側の粗暴さを含む意味合いのある翻訳である。そして、彼女はさらに次のようにコメントしている。「アキレウスが彼の両膝にすがりつく老人を地面に押し退けたのは、決して、無神経からではない。プリアモスの言葉が、アキレウスに自身の老父を思い起こさせ、涙したのである。アキレウスは膝に、嘆願者ではなく、反応の乏しい物体《モノ》が触れたように感じただけだったので、それによって態度や行動が制約を受けることもなかったのだ。」（『ギリシャの泉』）

シモーヌ・ヴェイユが眼差しと憐れみの間に打ち立てた、非常に強固な繋がりこそ、シモーヌの書いた悲劇『救われたヴェネツィア』の中心テーマである。主人公ジャフィエとその仲間は、ヴェネツィア共和国を掌握するという、この種の企てが結果として伴う完膚なきまでの残忍さで陰謀を謀る。しかしジャフィエは、ヴェネツィアとその住民に憐れみ《ピティエ》を催し、ヴェネツィア共和国を救うためにその身を捧げる。

シモーヌが構想した唯一実践的な壮大な計画、つまり一九四〇年の「前線看護婦編成計画」は、単に実践的であっただけではなく（戦場で、自らの命の危険を顧みず負傷者の応急手当と精神的癒しを与える看護婦）、とりわけ、想像を掻き立てるある種の憐れみ《コンパシオン》の演出である。残忍な暴力、人間を物体《モノ》に変えるナチズムの野蛮さの舞台に対抗して、フランスは戦時下にあってすら、母性愛と憐れみ《コンパシオン》の満ちた烈婦《ヒロイン》という眼に見える存在によって、人間性という一大スペクタクルでもって応じることになったであろう。

また、シモーヌ・ヴェイユが大切に育んできた「前線看護婦編成計画」には、誰もまともに取り合わなかったことに、シモーヌがどれほど絶望したかも忘れてはならない。

## ツェデクを通して、貧者は「神の臨在」となる

シモーヌ・ヴェイユは、タルムードを読むことを自制していた。しかしながら、彼女が晩年に書いた、隣人愛と慈愛に関する美しい文章は、まさにタルムード的なものを含んでいる。ラビたちのように、彼女は様々な場合を検証し、あらゆる角度から観察する。そしてまたラビたちのように、彼女は、単なる慈善家の実践を大きく越える絶対的な展開に、慈善の概念を組み入れるのだ。

ラビたちもまた霊的修行を実践していたことを、しかもその霊的修行を、あらゆる慈善家が利用できるように開放したいと願っていたことをシモーヌが知ったとしたら、さぞ驚嘆したことだろう。

タルムードの賢者たちは、「王に貢物をもってくる人」を想像する。王の従者たちが、その貢物を受け取り王に渡すことを受け入れるのかは定かではない。従者が受け入れるとしよう。それでも貢物を持ってきた男が王に拝顔できるかどうかはわからない。しかし、「徳高き者、彼に祝福あれ」――聖なる者の場合は、事情は異なる。

貧者に何かを与える者は賞賛に値し、シェキナー、神の臨在を受けるであろう。というのは、「わたしは正しさを認められ、御顔を仰ぎ望み」(「詩編」)と書かれているからだ。ある人が物乞いに小銭を与えた。彼には、この施しを受ける権利があり、シェキナー、つまり神の臨在を受けるのである。なぜなら、次のように述べられているからだ。「正義《ツェデク》の中でのみ、私はあなたの顔を見るであろう。」(「ババ・バトラ」10 a、「詩編」17章15節)

ここで私は、ゾハールについて少々触れておきたい。数名のヴェイユ研究者とは異なり、私は、シモーヌがゾハールを読んでいたとは思わない。私が知る限りは、叔母の『カイエ』にも、読書ノートにもゾハールへの言及は何もない。私が間違っているかもしれないが、シモーヌがゾハールを読んでいた、あるいは参照していたのだとしたら、有り余るほどのノートをとり、この書が真にユダヤの書ではなく、ギリシャのテクストと結論づけたに違いないと、私は確信している。(シモーヌは全く間違っていたわけではないだろう。というのは、実際ゾハールには、新プラトン派の影響が見受けられるから。)

カバラのテーゼの一つであり、また逆説の一つは、無限で卓越した神が、それでもなお、常時、創造と修復《ティックン》、つまり宇宙の修復を必要としているということである。人類は神からの万物の流出つまりエマナティオを修復《ティックン》し「創造する」能力を与えられた。エマナティオは、「神の属性」を現すセフィロト *Sefirot* と呼ばれるものであるが、その中には「位階《ヒエラルキー》」がある。

私は、ここでゾハールによって「ツェデク」に付与された重

要性の非常に単純化された一例を挙げよう。

ラビ・シモンが嘆き悲しみ次のように言った。「神の栄光を無視し顧みないものに禍あれ、御名を日々創造するのは誰か？　それは、貧者にツェデクを施すものである。」

（『ゾハール』3、p.113b）

ラビ・シモンのこの言葉は、ツェデクが、御名に、「その名が尊とまれんことを」に繋がっている「美《ティフェレト》」に相当するという事実で説明される。

現世で不幸な者たちに施しをすることは、すなわち御名の十全性を回復することであり、「美《ティフェレト》」を成就させ、そのすぐ下に位置している王国《マルクト》と美《ティフェレト》との関係を修復《ティックン》することである。「美」は、その王国の方へ、恩寵を伝える。王国は、次にそこで、この世で惜しみなく恩寵を与える。

（ある種の循環がある。つまり、神《シェ》の臨在《シュヒナー》でもある王国は、エマナティオの最下位のものであり、高位のエマナティオとこの世の紐帯の役目を果たす。）

ここでもまた、推論が「ラビたちの言語遊戯」次第となる。

以下二つを関係づける。

（1）「あなたたちがわたしの掟に従って歩み、わたしの戒めを忠実に守るならば、わたしは時季に応じて雨を与える。」

（『レヴィ記』5章3節4節）

（2）「わたしがアブラハムを選んだのは、彼が息子たちとその子孫に、主の道を守り、主に従って正義を行うよう命じて、主がアブラハムに約束したことを成就するためである。」

（『創世記』18章5節19章）

どちらの節にも、ある種の冗長さが注目されよう。それは、動詞 *assah* には、「創造する」と「行う」という二つのニュアンスが込められており、この動詞の使用に意味があるからだ。従ってゾハールは、この二つの節を結び付け、神の戒律を「行い」、神の道に従うものは、ツェデク、つまり「美《ティフェレト》」を、ひいては、聖なるものを創造するという教えを引き出している。（これゆえ、シャルル・モプシック（1956-2003）が、自著を『神をつくる典礼』と題したのである。）

ツェデクは、「美」*la sefira Tiferet* に譬えられ、貧者は「神の臨在」*la sefira Shekhina* となる。それは何故か？　他者が与えるものしか持ち合わさない貧者は、太陽から受ける光しか持たない月と同様である。そして、*Shekhina* すなわち神の臨在もまた、美 *Tiferet* から光を受けるのである。

貧者に喜捨することは、それゆえ、光と恩寵の大雨、すなわち氾濫を惹き起こし、美《ティフェレト》から神《シェ》の臨在《シュヒナー》である王国《マルクト》へ、さらには、神《シェ》の臨在《シュヒナー》から地上へと善意の夥しい、言うなれば大雨のような拡がりが惹き起こされる。そして、それは、神《シェ》の臨在《シュヒナー》がこの世に雪崩れこむような拡がりなのである。報酬という考えが、神秘的な概念に変貌しているのを目のあたりにする。つまり、「聞け《シェーマ》イスラエル」を唱えるカバラ学者は、雨を文字通りの意味ではなく、高みから降り注ぐ「光」としてとらえている。雨は、惜しみなく降りそそがれる神の恩寵が豊かに与えられることを象徴しているのだ。

ゾハールは、さらに別の複雑な構造へと進んでいく。つまり貧しき者は死者と見做される（裁きや死にも結びついている神《シェ》の臨在《シュヒナー》の虜）、そして貧者に喜捨《ツェデク》を施す人は、肉体的生命のみならず、霊的にも命を与えているのだ。と言うのは、天にあっては、美《ティフェレト》を伴う神《シェ》の臨在《シュヒナー》の再結合に、強い照応があるからだ。それがまさしく命の木なのである（「箴言」10章2節「慈善《ツェデク》が死から救う」）。

総じていえば、ゾハールは次のように明言する。「天のいと高き所に臨在する聖なる御名を創造するに値するものは幸いである。ツェデクがあらゆる掟に勝っているのはこの理由からである。」

私は、同様の考えを簡潔かつ見事に表現したシモーヌ・ヴェイユの言葉で、この文章で締めくくりたいと思う。

「創造」の神秘は、われわれの内にも類似するものがある。それはわれわれの行いの内にある慈善の神秘である。

シモーヌ・ヴェイユ

---

Sylvie Weil, « Simone Weil et les rabbins : compassion et tzedaka », *Approches*, N° 148, "Simone Weil. Mystère et lumière", 2012.

（訳者注記）本稿は、訳者解題にあるように、シルヴィ・ヴェイユ氏が二〇一二年に発表したものを、本誌発刊に際し許諾を得、翻訳掲載したものである。なお、各ラビに関しては原注を必要に応じて参考にしたが、名前のカタカナ表記は、一部フランス語発音に基づいている。また、引用の訳文は、聖書に関しては新共同訳聖書（日本聖書協会）、フランシスコ会訳聖書、ユダヤ教に関しては、『古典ユダヤ教事典』（教文館）、『タルムード』（東京三貴）等を参照している。また、シモーヌ・ヴェイユのテクストは、既訳を一部参照させていただいたうえで、拙訳であることをお断りしておく。

## 訳者解題

シルヴィ・ヴェイユによる本論考は、二〇一二年一月一日発行の *Approches*, Nº 148, « Simone Weil. Mystère et lumière » に仏文で、さらには、*Awaiting God*, Fresh Wind Press に英文で掲載されたが、シルヴィ・ヴェイユの快諾を受け、本稿は、初の日本語訳である。

シルヴィ・ヴェイユ(1942-)は、数学者のアンドレ・ヴェイユ(1906-98)の長女で哲学者シモーヌ・ヴェイユ(1909-43)の姪にあたる。シルヴィは、一九四二年にアメリカで生まれ、父アンドレ・ヴェイユの赴任に伴い、ブラジルのサンパウロ、次いでシカゴで幼少時を過ごし、後、シモーヌ同様にパリで中高等教育を受ける。主にニューヨークの大学で「フランス文学」を講義、教員生活を送る傍ら、一九八一年、八三年と *Trésors des expressions françaises, Trésors de la politesse française* を出版、さらに一九八四年には、*À New York il n'y a pas de tremblements de terre* で作家としての活動もスタートさせた。そして一九九一年に、小説 *Les Reines du Luxembourg*, Flammarion (『リュクサンブールの王妃たち』、『たあぶる・ろんど』一九九八年一部掲載)を、父アンドレの猛反対を押し切って出版する。この作品は、主人公エレーヌ (=シルヴィ) が、追想の中で、シモーヌも含む家族ひとりひとりになりきり、パリのリュクサンブール公園に面したヴェイユ家のアパルトマンで家族の物語を生きなおして日々を過ごしているというものだ。父アンドレと同様に、ヴェイユ研究者にとっても、シルヴィが叔母への憧憬および、尊敬の念に欠けていると映ったようである。

シルヴィにとって、シモーヌは、自分の誕生後一年足らずで英国で客死した叔母であり、祖父母を始めとする一族や周囲から常に、シモーヌの生まれ変わりのように見られ、育てられてきた。この作品は、家庭内でも社会的にも自立を完璧に果たした四十代になっての満を持しての抵抗、自己確立の証しではなかったか。

さて、二〇〇九年は、シモーヌ・ヴェイユ生誕一〇〇年の年にあたり、とりわけフランス本国では、さまざまな企画や出版物が頻出した。二〇冊余りの出版物があったように思う。筆者自身も、日本で、「シモーヌ・ヴェイユ生誕一〇〇年記念の会」を開催、(金田潮兒作曲、筆者翻案翻訳の『救われたヴェネツィア』の演奏会を伴う「シモーヌ・ヴェイユの午後」)と、論考「シモーヌ・ヴェイユ生誕一〇〇年を祝う」(カリタス女子短期大学紀要『Caritas』第44号)で、生誕一〇〇年の意味を振り返っている。

その流れの中で、姪であるシルヴィ・ヴェイユは、自ら二〇〇九年を「シモーヌ年」と位置づけ、どちらかといえば退けてきたいくつものメディアのインタヴューを積極的に受け、叔母シモーヌを語り、討論会にも参加した。さらに、*Chez les Weil – André et Simone*, Buchet et Chastel を、二〇〇九年に出版、この作品は、英語、イタリア語、ドイツ語、スペイン語、日本語（『アンドレとシモーヌ――ヴェイユ家の物語』拙訳、春秋社、二〇一一年）に相次いで翻訳された。シモーヌ・ヴェイユ研究者にとっては、この作品は文字通り異色の証言集となった。シルヴィにとっては、「生誕一〇〇年という節目の年に書かなければ、二度と書くことはない」と、自ら認識した上での覚悟の行動によって、ヴェイユ家の真実、実態を語り、それまで語られてきた事象に「異議申し立て」をしたことになる。

一方、シモーヌ・ヴェイユ研究者にとっては、兄アンドレに対するほどの畏怖はないにしても、シモーヌの自筆原稿をアンドレに次いで管理したシルヴィとは、必ずしも親密な関係とはいえない。あるいは、余りに高圧的だった大天才アンドレ亡きあと、シルヴィに対して逆風が吹いている印象も個人的には受ける。シモーヌの生まれ変わりとして扱われたシルヴィだが、ここでも、ヴェイユ家を代表して受けてたっているのだ。

だが一方、単なる親族という位置には甘んじない、大学教員で作家でもあるアグレジェ（リセ以上の教授資格取得者）のシルヴィ・ヴェイユの発言には、学会を左右する力が当然あるからだ。学会といえば、L'Association pour l'étude de la pensée de Simone Weil は、アンドレ・ドゥヴォー教授の下一九七八年に設立したが、聖職者を初めとして、キリスト教（カトリック）との親和性が高い研究者が多く、この論考において終始問題とする、シモーヌ・ヴェイユとユダヤ教、あるいはユダヤ的なるものとの密接な関連は、学会において、あるいは研究者にとっては、微妙で不可侵の領域の感すらある。むろん、二〇〇〇年頃から、ハンナ・アーレントなどの哲学者との比較において語られたり、ユダヤ的なるものを学会誌のテーマに二〇〇七年には、Simone Weil antisémite ? Un sujet qui fâche? として扱ってはきているが。

最後に触れておくべき人物は、シモーヌ・ヴェイユを語る第一人者であり、シモーヌの高等師範学校受験クラス以来の学友でもあり学者でもあったシモーヌ・ペトルマン（1907-92）である。ペトルマンの記した *La vie de Simone Weil*（『詳伝シモーヌ・ヴェイユI・II』田辺保・杉山毅訳、勁草書房）は、いわゆる伝記であるが、他の伝記作家とは一線を画すほどの、文字通りの詳伝である。ヴェイユ家の宗教性などもこの詳細な記述を基に語られることが多い。アンドレと両親、とりわけ、アンドレと母親とのシモーヌを巡る確執は、夙に有名だが、不思議なことに、ペトルマンは、ヴェイユ家の敵対するこの双方から信頼を得ていた稀有な存在である。シルヴィによれば、ペトルマンは、シモーヌの母セルマへのインタヴューを重ね、ヴェイユ家のユダヤ的なるものを否定する言質を得たという。つまり、シモーヌの母セルマの、婚家先のヴェイユ家のユダヤ的要素を排除することを意図した発言の上に成り立っていたペトルマンの記述は、*Chez les Weil – André et Simone* でシルヴィによって指摘され明らかにされたのだ。これは、大きな論争、もしくは展開になるかと思いきや、学会ではそれほどの波紋を表面上はもたらしていない。この点を筆者が、学会などで指摘すると、「様々な見方がある」という後ろ向きの一般論に落とし込もうとする研究者たちがいることには驚愕した。

このような意味でも、「シモーヌの正義のありよう、隣人への愛情の注ぎ方、ツェデクがユダヤ教のものの系譜に連なるもの」とする本稿「シモーヌ・ヴェイユとラビたち」は、キリスト教ともユダヤ教とも一定の距離を保てる日本人が、日本語で読む価値があると判断し、翻訳を掲載する次第である。

※本稿が出版される二〇二四年六月においては、イスラエルを巡る政局は複雑化し混迷を極めており、シルヴィ・ヴェイユの指摘がより一層の意味をもってきた。ヴェイユ研究者のこの一〇年の動き、とりわけ「シモーヌ・ヴェイユとユダヤ的なるもの」を語る時間は、筆者には与えられていないが、現会長の Robert CHENAVIER が、*Simone Weil, une Juive antisémite?*, Gallimard を二〇二一年に出版したことは銘記しておく。シルヴィの証言にも言及しているこの大部の研究書は、学会での今後の動きに少なからず影響を与えていくものと注視していきたい。

**（稲葉延子）**

# 教会の敷居で

木崎さと子

●きざき・さとこ　一九三九年生。小説家。一九八〇年「裸足」で文學界新人賞、八四年「青桐」で芥川賞（共に文藝春秋刊）、八八年『沈める寺』（新潮社）で芸術選奨文部大臣新人賞。主な著作に『跡なき庭に』（文藝春秋）など。

自分だけ〝救われる〟ことは望まない、私は不幸な人の側にあって共に苦しむ。

幼いときからイエスに祈り、教会に憧れながら洗礼を受けずにいた私は、シモーヌ・ヴェイユの「教会の敷居に留まる」理由をこう解釈した上で、自分の個人的な思いと重ねて深く共鳴した（つもりであった）。

今から振り返っても、私は幼いときに〈不幸〉の実態にある程度は触れた、と思う。母の病死に続いて敗戦後の厳寒の満洲で体験したことなど、幼い子にとっては解析不能の事態で、老いた現在もなお見つめ続けている。しかし〈不幸〉〈奴隷〉〈犠牲〉など、今ではヴェイユ研究のキーワードともされている言葉を、日常のなかで繰り返しては嘆き苦しむ姿を幼い私にさらし続けたのは、父が再婚した、私にとっては継母にあたるひとだった。上品な〝お嬢さん育ち〟の子供のように無邪気なひとで、私は大好きだったが、彼女は〈不幸〉だった。抽象的な思考法を知らず口下手な彼女は、無意識の裡に、存在の不如意、無力感、魂の苦痛を、幼い私に浸み込ませた。漠たる不安に閉ざされた私は、童話の一節から知った〈イエスさま〉にひそかに祈っていたが、何を祈ったのか、「自分は救われてはならない」のに。

魂を深く傷つける〈不幸〉。その〈不幸〉に沈潜し黙する〈奴隷〉。そうと感じる余裕すらない絶対的な抑圧状態……。

ヴェイユの多岐にわたって深い思索の跡を辿ることはできなくても、キリスト教はすぐれて奴隷の宗教である、という言はまっすぐ私の胸底に落ちる。幼児の宗教、と言い替えては、ヴェイユの思いとは違うのだろうか。

人はみな赤ん坊のときに〈不幸〉と〈奴隷〉の状態を体験する。空腹だろうと寂しかろうと、誰かが気づいてくれないかぎり、自分ではどうしようもない。泣きわめいて力尽きるしかない。（どれほど恵まれ愛された子でも、本質としては絶対的に無力である。人は自分の赤ん坊時代を記憶してはいないが、泣く子をみればしぜんに湧く哀憐の情は、そこに由来するのだろう。）

ヴェイユは天才によくあるように、幼児の魂を最期までもち続けたひとであろう。子供は体が虚弱なゆえに敏感である。無垢な共感能力のゆえに無謀な追求を企て、自らを破壊さえする。旅人に供する食物がなければ火に飛び込んで自らを呈する兎にもなる。〝捨身〟説話の旅人は仏さまだが、子供が自らを犠牲にする相手は、身勝手な〝おとな〟だ。

フランスで暮らしていた若いころ、カトリックの司祭との雑談のなかでヴェイユの話が出た。対独抵抗運動の感触がまだ生々しい当時だから、実践的闘士の面が語られたが、ふいに私は生身のヴェイユに出会ったような気がした。イエスに似たひと……。

現代インテリ女性の姿をとったイエス。典型的なユダヤ人と見える痩せた顔に深く刻まれた大きな目。その目が私の無力感をレンズとして、生と社会の深部をみるよう促した。〈こども〉の無力、憐れさ、惨めさ、無垢の激しさをもって迫る。

それまで私にとってイエスは義母と深く結びついていた。何の罪もない無垢なひとがなぜ苦しまなければならないのか。義母自身は宗教に無関心だったが、私の内部では〈苦痛〉を接点として、ひとつになっていた。社会の様々な問題にも目がむかないほど、私はその苦痛に囚われていた。そして、そんな自分を嫌悪し、無力感を募らせていた。

ヴェイユの著作を読むうちに、私は自分の小さな問題に普遍的な意味を見出すようになった。先鋭化されたそれを錐として、外界をみる穴が開けられ、逆説的な結果となった。神秘的、信仰的にいえば恵みとしての〈聖体〉を頂くための受洗だったが、この世に即して言えば、キリスト教、それも地上に大きな組織と歴史をもつカトリック教会という、一つの認識装置、鏡とレンズを用いなければ、この複雑な世界に接することはできない、という実感に促された。裸眼で世界を探る習慣は身について離れないが、教会はそれを許容する、どころか歓迎する時代である。

私的な狭い小径を辿って私が〝出会った〟ヴェイユとは誰だったのか。教会の敷居にあって、彼女は人をその奥深い聖所に導く。

女工体験を通して奴隷の不幸を知ったヴェイユ、言葉をもたない無力な人々の不幸を自らのものとし、そこに真理を感じとったひと。東西にわたる古代哲学まで遡って現代知識人としての責任を負い、同時に神から直接の啓示を三度まで与えられた信仰のひと。

極限まで追求する思索と心身の激甚な体験を魂に還元したヴェイユが、〈主の祈り〉の一節ごとに思いをひそめた文章は深くうつくしい。私にとってヴェイユは、どこまでもイエスとの関連にあり、技術の急激な発達とともに世界が大変動しつつある今、彼女なら何を言い、どう行動するだろう？　という想像は、現代のカトリック教会を見るレンズともなっている。

# 幕間　シモーヌ最後の日々

シモーヌ・ヴェイユは一九四三年四月十五日、ロンドンの下宿で倒れ緊急入院した。前年十一月に亡命先のニューヨークから到着、十二月より、レジスタンス・グループの一員として執筆活動に打ち込む生活を始めたのだが、昼夜を問わない労働による慢性的疲労と栄養不足により、在米中にすでに罹患していた模様の肺結核が急激に悪化したのであった。

入院後、彼女は四か月間をその病院で過ごした。しかし病状は回復せず、結局、八月半ばにロンドン近郊のアッシュフォードに緩和ケア移行のため転院、その一週間後の八月二十四日に世を去った。

ここに訳出する三通は、病床からニューヨークに滞在する両親に宛てたもので、彼女が生前に書き残した最後の手紙になる。驚くほど明るい調子で書かれているものもあり、両親に入院中であることを悟られまいとする堅い意思、またすでにかなり重い病状であるのにそれを感じさせまいとする配慮が感じられる。

ガリマール社刊『シモーヌ・ヴェイユ全集』の発行が進み、これまで未公開だった家族間の手紙がすべて公開された。その中から初邦訳を含む最後の三通を訳出した。

（編者）

# 家族間の手紙——父母への最晩年の書簡

訳＝西　文子

## ロンドン、一九四三年七月二十八日

愛するお二人へ

たった今手紙を二通受けとりました（七月七日付と十四日付のです）。これでやりとりがしやすくなります！

誤解がありました。私には何も変わったことはありませんし、新しい命令が出るまで何も変化はないと思います。[1] 自分の部屋で相変わらずたいへん穏やかに暮らしています。私の本は自室と事務所とに分散していますけれど。

お二人の方でうまく行ったら——いったんそれが既成事実となったら——私も仲間に知らせましょう。そうすれば彼らも、何をしなければならないかわかってくれるでしょう。彼らがそうできるよう私も手助けします。私の仕事の能力がうんぬんとか言って[2]。

それに実際のところ、こうしたことは皆、理由として、お二人のためにすでに彼らに説明したのです。

私自身については、フランスの側ではどんな障害にも出合わないと思います。事態を難しくするようなことは何も見当たりません。しかし、いったん書類上事が運んだとしても、まだまだとても長い間待たなければならないかもしれません。（あるいは短い間か。すべてはことが起きる時期とその時の状況にかかっています。）

アンドレは（こちらにいるアンドレです）[3]、お二人の方でも、とても長い間待ってもらうことになるかもしれないと思っています。

何日か前にクロゾン[4]に会って、もう一度お二人のことを話しました。そしたらクロゾンは、ここにちょっと滞在していたアンドレに、このことを話してくれました。アンドレは何の不都合もないと見ていますし、障害があるとも考えていません。アンドレとクロゾンは、フランスの側では事は非常に簡単だと考えています。（これは大変好都合なことなのですが、気をつけてください。アンドレはあまり正確な人ではないですし、おそらく彼次第というだけではないかもしれないからです。ですから、あまり早くから喜ばないようにしましょう！）

いずれにせよアンドレには懸念していることがあります（上に書いたようなことです）。

私がお二人なら、あの白髪の、温情にあふれた老紳士のところに、どうなっているかすぐに聞きにいくことでしょう。覚えていますか？

しかし別の見方をすれば、もっとずっと重要なのは、マンハッタンの一番南にいるあのとても親切な人たちに会いに行くことです。（あるいはすでにそうしたでしょうか？）

私がお二人なら、フランスの役人がとても効率がよくなったというのでないかぎり、あの人たちと一緒になって、前もって事柄をどんどん先に進めようとするでしょう。その場合、あらがいがたい魅力をもったお母さんの微笑みが助けになるわ。以前何度も私と一緒に訪問したことがあるのを思い出してもらうのです。

マンハッタンと言えば、ウォルト・ホイットマン[5]がブルックリン生まれで、ニュージャージーにて死去とどこかで見ました。ホイットマンは、三十代にニューオリンズへ旅した時と、南北戦争中に何年間かワシントンに滞在したほかは、ニューヨークを離れたことがなかったんですって。ワシントンでは事務仕事で生計を立てながら、自由時間には軍の病院で福祉の仕事（Welfare Work）[6]をしていたそうですよ。

それまで、そんなこととは思いもよらなかったのです！（それが本当か確かめてみてください。）

ああ、ベツレヘムにいるアンドレ[7]について言えば、いわゆる「奔走」することが私にはエヴェレスト登山と同じくらいできないことだとよくわかっているはずです。どちらも同じくらい無理なのです。私が思うに、アンドレにもっとも関心を向けてくれそうなのはシューマン[8]です。ごく近日中にシューマンには会うつもりです。状況を彼に説明しておきましょう。もし可能なら、またその気があれば、動いてくれることでしょう（この頃は、人々がどんな反応をしてくれるか、予測するのがとても難しいです）。クロゾンはお父さんお母さんお二人のために取っておきましょう。それにシューマンと違い（シューマンは、高等師範を経なかったことで、際立って高等師範卒のような傾向を身につけました）、クロゾンはほとんど知識人的ではないですし、時には反知識人的でさえあります。クロゾンは、数学の天才を守ることが重要だとはほとんど感じていないと思うのです。シューマンは、私のように自分に関係のない知識の断片を集めようとはついぞ思ったことがなく、科学についてまったく無知なため、科学的なことといえば何でも夢中になって感心しています。シューマンは私などよりずっとすぐれた精神の持ち主で、それにずっと若いのです。そしてたいへん親切です。

　不幸なことに、私が反抗的でないのは科学に対してだけです。いつの日か彼を苦しめることになるでしょう。おそらくすでにそうなっているでしょうが、二ヶ月来会っていないのです。[9]

　望んでいるものをアンドレが得られるようにと心から願っています。それは言うまでもありません。アンドレが今置かれている状況はよくありません。

　クロゾンは、もう一人のアンドレに会ったらすぐにお父さんお母さんの件を引き受けましょう、と約束してくれました。実際、事態があまりに長引くようなら、代表部[10]に頼んで、ご自分たちの件についてアンドレ・フィリップ宛に電報を打ってもらうようにすることが必要でしょう。ですがそれもアンドレのそばにクロゾンがいる時に限ります。私も同時にクロゾンに電報を送りましょう。もしもの時には、お二人に海底電報でお知らせしますね。

　あまり望みをもちすぎないようにね！

［手紙の最後の頁の余白に］

　私の最愛なるお二人に、幾千万のキスを送ります。

シモーヌ

［一枚目の手紙の余白に］

　追伸：シルヴィを思って私の心は痛んでいます。[11] でも少なくとも、どうなってもシルヴィはきっとすてきなアフリカ人になるでしょうね。他の家庭では、妻と子どもたちだけで田舎に出かけたりもするでしょうが、それはできない相談でしょうか？　あるいはアンドレとエヴリンはそう望んではいないのでしょうか？　もしシルヴィがニューヨークに来ることがあったら、洗礼のこと忘れないでくださいね。もしクーチュリエ神父[12]がいなかったとしても。

［二枚目の手紙の余白に］
再々伸：かわいそうな［名前は削除されている］べ××××[13]！　父親と妹と一緒に残っていればどんなによかったでしょう！　そのことを思うと胸が張り裂けそうです。

**注**

（1）七月十四日付の手紙で、シモーヌの母セルマ・ヴェイユは、娘の北アフリカ行きについて触れている。当時自由フランスが足場としていた北アフリカのアルジェリアで、両親と合流しようという話が持ち上がっていたのである。

（2）七月二日付の手紙では、ヴェイユ夫人は娘に次のように書いている。「アンドレは、こちら［ニューヨーク］ではどういう結果にもいたらないだろうと思っていて、あなたがあちら［北アフリカ］に行って、私たちのために何かしてくれるしかないと思っています」。シモーヌは反対に、両親が北アフリカに行った暁にはじめて自分も動くことができると述べて、この「誤解」を解こうとしている。

（3）アンドレ・フィリップのこと。アンドレ・フィリップは、リヨン大学法学部教授（一九二六）、社会党選出議員（一九三六）で、一九四〇年七月にペタン元帥への全権委任に反対票を投じ、レジスタンスに参加した。一九四二年七月にロンドンに合流し、八月には労働委員に就任、一九四三年六月まで続け、同年同月には内務委員に任命された。モーリス・シューマンはそれ以前に彼にシモーヌ・ヴェイユのことを話し、アンドレ・フィリップは一九四二年十月にニューヨークへ行き、ヴェイユと面談し、彼女にロンドンに来させてあげられることを告げる。こうした決定をシモーヌ・ヴェイユに知らせる手紙が、ヴェイユ選集の巻末の「参考資料」の中に掲載されている（*Œuvres*, collection « Quatro », p. 1246）。

（4）フランシス＝ルイ・クロゾン（1910-1998）とは、兄のアンドレが、一九四一年のニューヨーク到着後知り合う。クロゾン夫妻にアンドレは大きな敬意と友情を抱いており、夫妻がロンドンに行ったため、ロンドンに行くシモーヌに彼らとコンタクトを取るよう勧めた。この手紙の頃クロゾンは、ジャン・ムーランに従ってフランスに行った第一任務の後、次いで、ドゴール将軍のアルジェ行きに同行し、ロンドンにまた戻っていた。このまさに同じ七月二十八日に、ヴェイユは彼に辞職願の手紙を送り、その中身をアンドレ・フィリップに伝えて欲しいと頼んでいる（その手紙については、シモーヌ・ペトルマンによる評伝を参照『詳伝シモーヌ・ヴェイユII』（シモーヌ・ペトルマン著、田辺保訳、勁草書房、一九七八年）、四一六―四一九頁）。

（5）アメリカの詩人（1819-1892）。『草の葉』（*Feuilles d'herbe*, 1855）の著者。

（6）社会福祉・民生の仕事のこと。

（7）アンドレ・ヴェイユが七月前半の手紙13で、妹に頼んでいる奔走のことをほのめかしている。

（8）モーリス・シューマン（1911-1998）のこと。シモーヌ・ヴェイユがすでに高等師範学校の学生でいながらまたアランの授業に通っていた時（一九二八）、シューマンはリセ・アンリ四世校の高等師範準備級でアランの生徒だった。アヴァス通信社のロンドン特派員、次いでパリ特派員（一九三五―一九三九）だったが、一九四〇年六月十九日以後は、のちに「自由フランス」となるものを集結させ、シューマン自身は、ロンドンからの「フランス人がフランス人に語る」というラジオ番組で、一九四四年までスポークスマンを担当した。

（9）おそらく八月の初めに、シモーヌ・ヴェイユはシューマンに会うことだろう。シューマンはその頃アルジェから戻ってくる。その彼と会ったヴェイユは、彼と激しく、苦しい議論をした（『詳伝シモーヌ・ヴェイユII』、四二〇頁）。

（10）在ニューヨークの自由フランス代表部のこと。

（11）七月十四日付の手紙で、ヴェイユ夫人は孫娘のシルヴィが夏を田舎で過ごせないことを嘆き、少なくともニューヨークのヴェイユ夫妻のところに来てくれればと述べている。アンドレ・ヴェイユと妻のエヴリンが、休暇を取るのを断念しなければならなかったからである。

（12）ジャック・マリタンの友人で、ドミニコ会の神父。宗教美術が専門で、一九四〇年以降ニューヨークに滞在していた。シモーヌ・ヴェイユもニューヨーク時代に知己を得、アンドレの妻エヴリンの息子アランの宗教教育などを相談する相手だった。そして、現在『ある修道者への手紙』と題して公刊されている、キリスト教と教会についての三五項目の質問状を、シモーヌ・ヴェイユはロンドンへの出発直前クーチュリエ神父に渡している。

（13）削除により、ここで言われている名前も読めなくなっている。

## ロンドン、一九四三年八月四日

愛するお二人へ

時折滝のようなにわか雨が降ることもありますが、ふたたび暑い日が続いています。しかしそれも長くは続きません。九月はたいてい乾燥していて、晴れの日も多いようですが、暑さはたぶんそれほどでもないだろうとのことです。その後春まで、どんより曇った灰色のイギリスが続くのです。

夕方、公園では野外でダンスをしています。あまりお行儀のよくないロンドン子（cockney）[1]の娘たちは、途中で見つけてきた男の子たちと毎晩、公園やパブに繰り出します。これには母親たちもひどく落胆しています。そんなところより教会に行きなさいと言っても無理なのですから。娘たちにしてみれば、教会が何の役に立つのか分からないのです。

複数形で書いていますが、もちろん私の頭にあるのはある一人の娘さん。みずみずしくて健康で、かわいらしくとても親切な十九歳の少女です[2]。身の回りの世話をしにやって来てくれています。言葉の壁があるにもかかわらず、この子と時折おしゃべりをすることがあります。彼女はよく長々と話してくれるのですが、私には一言も聞き取れないのに、意見を求めてきたりします。私も勢いよく同意してから、とても冒涜的な、不道徳な言葉に同意してしまったかもしれない！と考えて身震いします。それにこの娘は自分でも言っていますが、男の子たちといる自分というのを、たいそう気にかけているように思います。自由時間の中でももっとも晴れやかな時間は、男の子にそれが取られているのでないかぎりは、美容院に行っています。頭には二つと考えがない、いや一つとしてないと言った方がいいかもしれません。生粋の「ロンドン子」の家庭です。住まいはロンドン中心部、父親はタバコ工場の労働者で、日曜の朝はパブ通い（と言っても飲み過ぎることはないようです）。母親はとても敬虔なメソジスト信者。十九歳から九歳まで六人の子どもがいて、うち二人は男の子。一番下の九歳の女の子が（メソジスト）教会で日曜日の一日を過ごしています。母親とともに教会に行っているのは、家族の中ではこの子だけ。この子は教会に行くのが好きなのです。家族の中で新聞を読むのは父親だけのようです。一番上の少女は（私が知り合った子ですが）、戦争については、自分の上に爆弾が落ちてくるかどうかということでしか考えません。何が起きているかについてはまったく知らないのです。

前にお伝えしていたことが間違っていたので、訂正しますね[3]。こちらではたまに、漉して何も混ぜていないリンゴの砂糖煮をデザートに食べます。私たちと同じね。

何か混ぜてあるものは「フルーツフール」と言って、漉したリンゴの砂糖煮少々に、（化学的な）カスタードクリームやゼラチンなどをたくさん混ぜ合わせたものです。この名前、なかなか結構なものよね！

でもこの「フール」は、シェイクスピアに出てくるような「阿呆《フール》」とは違います。「フルーツフール」の「フール」は自分を果物であるかのように思わせてだましますが、シェイクスピアでは、阿呆だけが真実を述べる登場人物なのです[4]。

こちらで『リア王』[5]を観たとき、阿呆の耐えがたいまでに悲劇的な性格が、どうして長い間人々の目に明らかでなかったのだろうと思いました（私も例外ではありません）。その悲劇性は、時に阿呆について言われるような感傷的な面にあるのではありません。次のような点にあるのです。

この世では、乞食よりはるか下の、屈辱の最後の段階に落ちた存在、社会的におもんぱかられないだけでなく、人間の尊厳をなす第一のものである理性も失ったと皆から思われている存在だけが、実のところ、真実を述べる可能性を有しています。他の人々は皆うそをつくのです。

『リア王』はこの点際立っています。ケント伯[6]やコーディリアでさえ、真実を述べるか完全に嘘をつくか強いられないかぎりは、真実を弱め、ぼかし、和らげ、オブラートで包み、真実に対してのらりくらりするのです。

他の作品がどうなのかは知りません——こちらでは他の作品を観たり再読したりしていないのです（『十二夜』は別です[7]）。お母さん、シェイクスピアを少しこんな考えで読み直してみたら、新たな面を見つけることができるかもしれませんよ。

悲劇の最たることは、教授の肩書も司教の僧帽もない阿呆の語る言葉の意味に、いくらかでも注意を向けなければならないとは誰も知らされず、むしろ阿呆だから気に留めなくていいと皆はなから思っていて、阿呆が真実を語っても聞かれさえしないということです。シェイクスピアの時代の読者や観衆を含めて四世紀このかた、阿呆が真実を述べていると知っている人は誰もいません。私が言うのは、皮肉やユーモアを交えた真理ではなく、真理そのもののことです。純粋で混じりけがなく、光に満ち、深く本質的な真理です。

ヴェラスケスの描く阿呆の謎もそこにあるのでしょうか[8]？ 彼らの目に浮かぶ悲しみは、真理をいだいている苦しみなのか？ 名づけようもない失墜と引き換えに真理を述べることができるようになった苦しみなのか？（ヴェラスケスは別としても）誰にも聞いてもらえないという辛さなのか？ こう問いかけながらなら、もう一度この阿呆たちを見てみる価値はあるでしょう。

お母さん、こうした阿呆と私の間には近いもの、本質的に似た点があると感じませんか？「「阿呆」という言葉を私について（また私の考えについて）使うのをよしとするのは、二人のアンドレ[9]がそう言うからです[10]。」私は高等師範卒で、教授資格をもち、「知性」を称えられもするわけですが——。

このことは、「私がもっている何か人に与えるべきもの[11]」についての一つの答えでもあります。私の場合、高等師範卒とか何とかというのは、まったくの皮肉でしかありません。すぐれた知性というのはしばしば逆説的で、少し常軌を逸している場合もあることはよく知られています……

私の知性にたいする称讃には、「彼女は真実を言っているのかどうか？」という問いを避けるねらいがあります。私に「知性」があるという評判は、この阿呆たちに貼られている阿呆というレッテル（阿呆だという評判）と実際には同じものなのです[12]。阿呆というレッテルの方がどんなにいいでしょう！

私が最後に手紙を出して以来（七月二十八日付の手紙です。もし受け取っていなかったら海底電報で知らせてください）、お二人については何も進展はありません。私についても同様です。

［ここで六行ほど、念入りに消されている。］

ラプキン[13]は、ことによれば、たとえばアルジェにいるキャピタン[14]に手紙を送って、あらゆる点から見てアンドレのことをどう思うか伝えてくれるでしょうか？　アンドレは知っていますが、ロジェ[15]はアルジェの大学区長だと思います。

お二人の家にシルヴィが来て、お二人が彼女を少し独占できたらとどれほど思うことでしょう！　でもお願いですから、彼女をちやほやする人たちとシルヴィが微笑みかわさないよう守ってくださいね！　シルヴィの性格形成はすでに始まっているのですから。この魅力的なおちびさんは、（相変わらず魅力的でありながらも）心ないエゴイストにだって簡単になりうるのです。こんなふうに考えるのはいやですが、でもシルヴィを楽しむだけではいけない義務を私たちは負っています。アンドレのことを思ってあげてください。アンドレも悪いですが、彼も苦しめられているのです。

［四枚目の手紙の余白に］

愛するお二人に、たくさんのキスを送ります。希望をもっていてください。でもほどほどにね。幸せでいてください。何度でもお二人を抱きしめます。

シモーヌ

［一枚目の手紙の余白に］

追伸：アンドレへの賛辞でもっとも重要なものとしては、アンドレはまったく誠実であるという擁護の他に、次のようなことがあります。すなわち、数学における創造活動は西洋科学全体の命脈にとって間接的に不可欠なものであると、フランス内外の一流の数学者たちは考えているということです。私はシューマンをその点に巻き込みたいと思います。

**注**

(1) このcockneyという言葉は、ロンドン東部に住む庶民階級のロンドンの人たちのことで、彼らのしゃべり方や典型的ななまりも指している。

(2) ヴェイユがいる病院の職員のこと。

(3) 七月五日付の手紙を参照。その手紙には、ベリー系の果物やプディングの他には、デザートと言えばゼラチンを使ったものだ、という説明がある。

(4) ［訳注］英語のfoolには、歴史上王侯貴族にめしかかえられた「道化師」の意味がある一方、「愚か者」という意味もある。これにあたるフランス語としてヴェイユはここでfouという語を使っているが、そもそもフランス語でいうfouは「狂人」を意味する。以下fouは、シェイクスピアとヴェラスケスの文脈でもシモーヌ・ヴェイユ自身に関わる箇所でも通用するように「阿呆」と訳した。いずれにせよfouは、常人が言わないような「真実」を率直に言い放つ存在、しかししばしば理解されない存在として言い表され、シモーヌ・ヴェイユはそこに自身を重ね合わせている。

（5）シェイクスピアの『リア王』は、ヴェイユが特に称賛していた悲劇。

（6）この悲劇の中心人物のひとり。

（7）シェイクスピアの喜劇『十二夜、あるいは御意のままに』のこと。

（8）ヴェラスケス（1599-1660）には、小人や宮廷に仕える道化役者を描いた一連の絵画がある。

（9）ひとりは兄のアンドレであり、もう一人は友人のアンドレ・フィリップを指す。

（10）この部分は、手紙の紙片の余白部分に書かれている。

（11）一九四三年七月十八日付のシモーヌから両親に宛てた手紙を参照。

（12）〔訳注〕ほとんど常人には理解されないがゆえに「狂っている」と評される自分を人々が「知性」という言葉で片づけて、彼女が預かったと考える「真理」の方に目を向けない事態を嘆いている。

（13）ラプキンというのは、ロシア出身でフランスに移った生物物理学者のルイ・ラプキン（1904-1948）で、一九四〇年八月末にニューヨークに渡り、ロックフェラー財団やNew School for Social Researchと繋がって、後述のアンリ・ロジェとともに、アンドレ・ヴェイユを含むフランスの科学者たちの招聘計画実現のため大きな役割を果たした。

（14）キャピタンというのは、法政治学の教授だったルネ・キャピタン（1901-1970）で、元々はストラスブール大学の法学・政治学教授だったが、一九四〇年にクレルモン＝フェランでレジスタンス活動に身を投じ、一九四一年にはアルジェリアのアルジェ大学の教授となってCombat Empireという運動を創始し、一九四三年六月にはアルジェでドゴールを迎えた。一九四三年にはアルジェで国民教育委員となり、一九四四年九月から一九四五年十一月まで暫定政府国民教育大臣をつとめた。また一九六八年の五月から一九六九年四月まで法務大臣をつとめた。

（15）アンリ・ロジェ（1883-1973）は生理学者で、一九四〇年六月にロンドン、次いで八月にはラプキンとともにニューヨークに渡り、一九四一年にはフランスから三十数名の研究者を脱出させた。その後一九四三年に自由フランス政府が作られると、アルジェリア全土で教育を再編する任務をドゴールより与えられた。七月三十一日付の手紙でシモーヌ・ヴェイユの母であるヴェイユ夫人は次のように書いている。「アンドレからの伝言で、現在アルジェで大学区長をしているロジェは、アンドレ関係のエドゥアール（・ダラディエ）の政令を無効にする権限はないとのことです。」この政令とは、一九四〇年一月に出された政令で、アンドレ・ヴェイユについてストラスブール大学教授を罷免するというものだった。これは一部不正確な在フィンランド・フランス大使館による報告にもとづく決定だったが、この政令のためアンドレは一九四五年までフランスの大学で職に就くことはできなかった。

## 全集にある付記より

六月末にシモーヌ・ヴェイユは、サナトリウムに移りたいという願いをすでに申し出ていた。[1] ベネット医師は彼女に人工気胸という新治療法を提案したが、強く断られたため、彼女をそのサナトリウムに送ることにしたのだった。[2]

次の手紙は、ケント州アシュフォードのグロヴナー・サナトリウムへの出発前夜に書かれた。そのサナトリムへは、クロゾン夫人に付き添われて救急車で運ばれた。[3] 彼女の健康状態は憂慮すべき状態と判断されていた。[4] 自分の部屋に入るときに、彼女は次のように言ったという。「死ぬのに素敵なお部屋。[5]」

テレーズ・クロゾンは八月二十二日の日曜日に再びサナトリウムを訪れ、八日後にまた来るとシモーヌ・ヴェイユに約束した。同じ日、ヴェイユはシモーヌ・デーツ[6]の訪問も受ける。八月二十四日火曜日、まさにヴェイユが亡くなろうとしていた日、マルタ・ジョーンズ[7]はクロゾン夫人に書いている。「四時半、ブロドリック医師に会ったばかりですが、「残念ですが、もはや打つ手はありません」とのことです。私も残念です。シモーヌはもう最期のようです。[8]」午後五時頃昏睡状態に陥ったヴェイユは、夜十時半頃、眠っている間に息を引き取った。

彼女の葬儀は八月三十日、アシュフォードの新墓地《ニュー・セメトリー》の、カトリック信者に限定された区画で行われた。出席者は七人だった。[9]

アンドレ・ヴェイユは自著『修業時代の思い出』（邦訳『アンドレ・ヴェイユ自伝——ある数学者の修業時代』稲葉延子訳、シュプリンガー・フェアラーク東京、一九九四年）の中で次のように書いている。「親友のクロゾン夫人の電報に対して（…）何の準備もできていなかった。その電報は私の記憶の中に刻み込まれている。「シモーヌは昨日、穏やかに亡くなりました。彼女は皆さんに決して知らせたくなかったのです。」クロゾン夫人の海底電報は本当に予期していなかったものなので、これは信じていいものなのかと自問せずにはいられなかった。クロゾン夫人が鬱になったことがあるのを知っていたからだ。もちろん電報はあまりに真実でしかなかった。」アンドレ・ヴェイユは、フィラデルフィアにいたベルシェ医師に、ニューヨークの両親宅に一緒に行くのに、ニューヨークで合流してほしいと頼んだ経緯を語っている。両親が受けることになる

「ショックを和らげる」ため、アンドレ・ヴェイユとルイ・ベルシェは、共通の友人であるルイ・ルジエ(10)にセルマとベルナールに電話してもらうのがいいと思った。ルジエは、シモーヌ・ヴェイユの健康状態について「いやなうわさ」を知っていた人で、両親に対してどうですかと尋ねた。彼らは、娘は元気だが、と答えつつ、この電話ではっとして、電報を送りに出かけようと準備した。アンドレ・ヴェイユとルイ・ベルシェがベルナール・ヴェイユに会ったのは、ちょうどベルナールがその電報を送りに家を出たところで、彼らはベルナールにこのひどい知らせを告げたのだった。

**注**

(1)『詳伝シモーヌ・ヴェイユⅡ』、四一二頁。
(2)同書、四一九―四二〇頁。
(3)同書、四二三頁。
(4)『シモーヌ・ヴェーユ最後の日々』(ジャック・カボー著、山崎庸一郎訳、みすず書房、一九七八年)、一〇二―一〇三頁。
(5)『詳伝シモーヌ・ヴェイユⅡ』、四二三頁。
(6)『シモーヌ・ヴェーユ最後の日々』、一〇六頁。シモーヌ・デーツ(1914-1999)とはマルセイユで知り合い、親友となり、ニューヨーク、ロンドンと一緒だった。
(7)マルタ・ジョーンズはフランス人で、グロヴナー・サナトリウムの長だったロバーツ博士の義母。ヴェイユが入院していたミドルセックス病院まで彼女を見に行き、自分の娘婿を説得して、グロヴナー・サナトリウムに受け入れさせた。
(8)ヘンリエッタ・ブロドリック博士は、シモーヌ・ヴェイユがアシュフォードに到着したとき受け入れた担当医。
(9)『詳伝シモーヌ・ヴェイユⅡ』、四二六―四二七頁。
(10)ルイ・ルジエ(1889-1982)はブザンソン、カイロ、カーンの大学で哲学教授をつとめた。一九四〇年十月二十二日以降、一九四〇年九月二十日にペタン元帥に提示していた計画を実行に移すところにこぎつける。すなわち、ひそかにイギリスに渡り、チャーチルと会って、英連邦が一九四〇年七月以降フランスに対し行っていた封鎖をゆるめさせ、イギリスのラジオで行っていた元帥への攻撃をやめさせようとするという計画である。そうなれば代わりにフランス国家は、アフリカの自由フランスとの現状関係を尊重することになっただろう。実際にはヴィシーとロンドンの間では何の秘密協定も結ばれなかった。一九四一年一月に元帥に報告書を提出後、ルジエはニューヨークに渡り、ロックフェラー奨学金を得て、New School for Social Research で教えるようになる。

## ロンドン、一九四三年八月十六日（最後の手紙）

愛するお二人へ

今は手紙を書くにも自由になる時間がほとんどありませんし、考えもほとんど浮かびません。短くて、間のあいた、不定期な手紙となるでしょう。しかしお二人には別の慰め(1)があります。

お二人がこの手紙を受けとる頃（もしこの手紙が早く着かなかったら）、もしかしたら待ちに待った海底電報も受けとることになるかもしれません（確かなことは何もないのですが(2)……！）。

クロゾン(3)はますます、真にすばらしい、真に価値ある人になっています。その価値は増すばかりです。ますます本当の仲間になっています（私たちのアンドレは、むろん、彼のことをまったくわかっていなかったのです）。ゼット(4)もますます私の友となっています。

二人の友情は私にとってこの上なく貴重な支えです。唯一の支えです。というのも、シューマンは親切なのですが、まったく真面目にとりあってくれないからです(5)。

さようなら、愛する人たち。かぎりない愛をこめて。

シモーヌ

［封筒には、ヴェイユ夫人の手書きで次のように書かれている］

シモーヌの死を告げる電報の到着後に受けとった最後の手紙。

**注**

（1）シモーヌの両親にとっては孫にあたる、アンドレの娘シルヴィのこと。

（2）ここで言われているのは、両親の北アフリカ行きのことである。両親はそれに望みを置いていたし、シモーヌも両親のためにその実現を願っていた。シモーヌの母セルマ・ヴェイユは一九四三年七月三十一日付の手紙で次のように述べている。「あなたの（七月二十五日付の）電報に急いで返事をしようと、今日まで、私たちの出発についてワシントンから返答があると期待しながら待っていましたが、これまで何も来ていません。いずれにしても、あなたは変わらずロンドンにいるのですから、それほど急いではいませんが、私たちはあなたと合流するのをとても望んでいますから、その合流があまり遅くならないようにという点については、ぜひとも確かでいたいのです。」

（3）七月二十八日付手紙の注（4）を参照。クロゾンは戦争でアメリカ合衆国に来ていて、ド・ゴール主義の人々を結集させていた。レジスタンス運動で頭角を現し、「自由フランス」でも財務関係や警察関係の指揮をになった（クロゾン夫妻についてと、クロゾン夫人からシモーヌの死の知らせを受けた時の模様を、兄アンドレは自著で述べている。『アンドレ・ヴェイユ自伝――ある数学者の修業時代』、二二五―二二六頁）。この手紙の直前の付記も参照されたい。

（4）クロゾン夫人のテレーズ・クロゾンのこと。

（5）七月二十八日付手紙の注（9）参照。

●訳者紹介　西文子（にし・あやこ）六一頁参照。

# V ヴェイユ研究をひらく

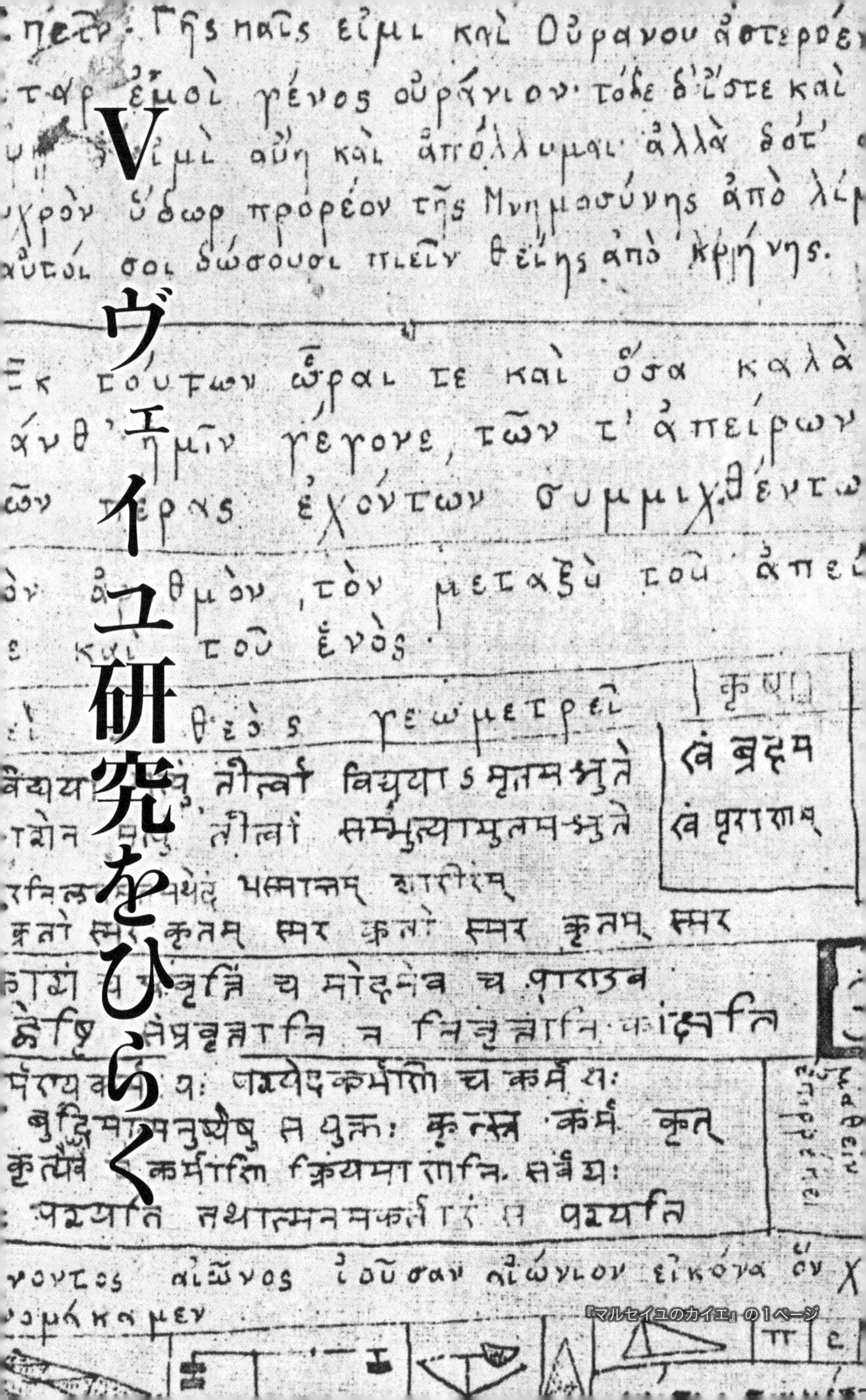

『マルセイユのカイエ』の1ページ

# シモーヌ・ヴェイユ研究におけるいくつかの傾向

## 【ヴェイユ研究史概観】

ロベール・シュナヴィエ
訳・解題＝鈴木順子

●Robert Chenavier　哲学者、作家。博士（哲学）（グルノーブル第二大学、1997）。主な著作に、Simone Weil : Une philosophie du travail, Paris, Le Cerf, coll. « La nuit surveillée », 2001 ; Simone Weil, une Juive antisémite ? Éteindre les polémiques, Paris, Gallimard, coll. « Hors série Connaissance », 2021 ; Simone Weil : L'attention au réel, Paris, Michalon, coll. « Le bien commun », 2009.

哲学的主題は、美的主題と同様、時代の流れに伴い、解釈する読者、注釈者、批判者の変化とともに変わる。そしてテクストの意味は変遷する。それはなぜなら、「受容美学」を展開したハンス・ロベルト・ヤウスの表現によれば、各時代には「期待の地平」があるからだ。読者の態度、該当する分野（芸術、哲学）における読者の経験、読者の社会的もしくは心理的経験が、著者についての解釈を左右する。それでは、シモーヌ・ヴェイユが書いていた時代の「期待の地平」はいかなるものだろうか。彼女が読まれ始めた時代のそれはどうだったのだろうか。われわれの時代はどうだろうか。これらの「地平」の再構築については、ここでは大変部分的な概略しか紹介できないが、この再構築によりはじめてわれわれは、作品が答えているところの問題を、また異なる時代の読者たちがどのように作品を理解したかを知ることができるようになるのである。

哲学的著作の受容について、例えばシモーヌ・ヴェイユの哲学的著作の受容について考える際には(1)、それが著作という物質を対象とする以上、いくつかそれ特有の問題が提起される。すなわち、原文の校訂、出版、注釈、資料考証がどのようになされたかを考えることは、作品の受容を正しく理解するにあたって欠くことができない。たとえば、『根をもつこと』を別とすれば、シモーヌ・ヴェイユがはじめて世に知られたのは、アルベール・カミュによって編集されたヴェイユ選集(2)によってであった。それはまだ、作品を切り刻み断片を組み合わせ配置した『重力と恩寵』によってヴェイユが知られる前のことである。その『重力と恩寵』が長く影響を与え続けていることは周知のことであろう(3)。これらテーマ別に編集された最初期の著作と比較すると、執筆年代順に編まれた『シモーヌ・ヴェイユ全集(4)』は、われわれに、シモーヌ・ヴェイユに対して、今までとは異なるやり方で接近し、知ることを可能にしてくれる。例えば、『マルセイユ期著作集』の読者は、これまでのテーマ別に編集された選集の中ではばらばらだった、哲学的著作の執筆、科学に関する著作、霊的で政治的なテクストの相対的同時性を発見するのである。

哲学者や哲学史研究者によって初期に示された、シモーヌ・ヴェイユに対する関心の薄さには驚くべきではないだろうか？一九七一年、ミクロス・ヴェトーは、次のように指摘した。ヴェイユについて書かれた大部分の本と論文は、幅広く多様な大衆が抱く興味を反映し、彼女の思想の基礎を体系的に論じるよりむしろ、理想社会や、宗教的混交主義についてより多くの関心を払っていると。長い間、注釈者や批評家たちの大部分は「とりわけ魅力的か、もしくは大変な嫌悪の念を催させるか、どちらかに評されるテクストを選び、次にそれらを文脈から切り離して扱うことに努めてきた、それらがまるでシモーヌ・ヴェイユ全体であるかのように(5)」。一九八九年でもまだ、ピーター・ウィンチが次のように指摘していた。「われわれがシモーヌ・ヴェイユを知るのは、彼女の傑出した人生、驚くべき宗教的洞察、いくつかの社会、政治関係の思想的見地を通してであることが最も多い」と(6)。実存的な伝記(7)が多くの読者を得て成功を収めたことを見れば、ウィンチが述べたこの時期の特徴が的を射ていることがなお一層確かに感じられることだろう。ヴェイユの社会的、政治的著作の読解(8)については、シモーヌ・ヴェイユの生の流れと著作の間の相互的影響関係を無視するわけにはいかない。

作家や組合運動家は、哲学者のように及び腰ではなかった。たとえば、日本では、シモーヌ・ヴェイユについて最初に書いたのは医師であり詩人でもあった加藤周一だった(9)。イタリアでは、大学教員でキリスト教左派の闘士、機械化や労働組織論についての研究書を書いているフェリス・バルボが、五〇年代というシモーヌ・ヴェイユが紹介され始めた最初期における紹介者の一人であった。クリスティナ・カンポによる最初のイタリア語訳が出版されたのもその頃である。「革新的」実業家のアドリアーノ・オリヴェッティはシモーヌ・ヴェイユの著作を編纂し、彼が率いる工場の経営においてそれを模範とした(10)。アメリカでは、ヘルマン・ジャーソンやドワイト・マクドナルドのような、急進的社会活動家でありジャーナリストである人々のおかげで、シモーヌ・ヴェイユの六つの論文の翻訳が一九三六年から一九四六年の間にいくつかの小さな独立系の雑誌において出された[11]。

ミクロス・ヴェトーが、シモーヌ・ヴェイユの思想の基礎について、体系的に論じた最初期の哲学史学者の一人であることには議論の余地はない[12]。彼は、「(プラトン的意味における)転回の観念的研究、そしてその形而上学的‐神学的背景」[13]に集中して、すなわち「『イリアス』もしくは力の詩」によって始まる「成熟期」のテクスト[14]を対象として、論じた。ピーター・ウィンチの一九八九年刊の本を取り上げ論じた円卓討論会《ターブル・ロンド》上で、ミクロス・ヴェトーが彼自身の研究手法を明らかにしたことは、決して偶然ではない[15]。結局、ウィンチの著作こそ初めて、厳密な意味で哲学的観点から、シモーヌ・ヴェイユの思想に対して敬意を払った取り組みだったと言うことができるだろう。ウィンチは、超自然が、シモーヌ・ヴェイユにおいては、「いくつかの概念を形成するやり方を」指示するということを示そうとしたのだった[16]。彼は、ヴェイユが宗教的な意味を持たせて用いた幾つかの概念に対し、「世俗的」解釈を決然と提起したのであった。

シモーヌ・ヴェイユの哲学を扱った最も重要な研究の中では、一九八九年のロルフ・クーンの著作『脱創造的読解――宗教哲学的解釈によるシモーヌ・ヴェイユの思想総論』[17]を取り上げねばならない。著者は特にシモーヌ・ヴェイユの思想がどのようなやり方でラニョーとアランの反省哲学の伝統の中に根付いているかを示した。彼の試みの中心は、知覚の記号論、社会的なものの象徴論、また超自然の詩論を発展させることだった。知覚、労働、および注意の重要性を強調しつつ、ヴェイユが用いた「読解」と「脱創造」という観念が、実在を解釈する際の鍵語として用いられた。

二〇〇〇年以降は、ロルフ・クーンの研究を二つの次元に方向を変えつつ同時に深め批判する解釈が行われることとなった。すなわち贈与の哲学のそれ[18]と、労働の哲学のそれ[19]である。前者の解釈は、エマニュエル・ガブリエリによるもので、「存在」の中心にある「贈与」をめぐる問題意識から出発し、現象学的アプローチからシモーヌ・ヴェイユの著作全体を描くことは可能であるということを示した。著者は、人間存在のあらゆる側面に神秘的解釈をほどこす研究としてシモーヌ・ヴェイユの思想を明らかにするという意図を有し、この意図のもとで、ヴェイユ最初期の哲学的著作からすでに宗教的主題を引き出してみせている。後者の解釈は、ロベール・シュナヴィエによるもので、労働の概念を導きの糸として扱いながら、著作の一貫性を示そうとした。シモーヌ・ヴェイユにおいては、労働の哲学があるだけではない、彼女の哲学が労働の哲学なのだ。労働の観念は、作品全体を通して顕著な不変性を示しており、たとえば、知覚、時間、自由、必然性、注意、存在、超自然も含め全次元において考えられた実在性、などの様々な観念全体の中心に存している。

シモーヌ・ヴェイユの生誕一〇〇周年を祝った二〇〇九年は、多数のシンポジウムが開催されたことで印象深いが[20]、実はそれ以前の何年かの間にも、いくつもの重要な会議がすでにひらかれていた[21]。さまざまな方向性をもちそれぞれが研究の発展に貢献したすべての会議から、ある一つの傾向を引き出すことは不可能である。逆に、記憶に留めるべきは、今日では、シモーヌ・ヴェイユの哲学的、政治的、宗教的省察の一貫性に関しては全員が一致した認識を持っているということである。この認識の下、今日ではすべての研究者が、シモーヌ・ヴェイユの作品を、組合闘士・無神論者・物質主義者としての「青年期」と、宗教への傾倒で印象づけられる「成熟期」の間で分割する、というようなことは拒否している。北米を例にとると、三〇年前は、主題は限定的でもっぱら宗教的な問題に向けられていたが、今では、取り組まれる主題全体が、社会的、政治的な思想にまで拡大している[22]。

ここでは、シモーヌ・ヴェイユに関する研究の調査を世界各国について網羅的に行うことはできない[23]。ただここで最も重要だと思われる研究のみをわれわれは取り上げたわけだが、それらの研究は解釈の仕方は多様ではあるものの、すべてが同じ基準に基づいて行われている。すなわち、シモーヌ・ヴェイユの著作は、『カイエ』が持つ文学的形式のせいであまりにも長い間そのように思われてきたのであるけれども、決して断片的記述の寄せ集め的総体ではない、という基準である。

この五〇年間にシモーヌ・ヴェイユ研究が印象的に発展したという明白な証拠がいるだろうか？　それには次のことを言えば十分だろう。今や誰も、シモーヌ・ヴェイユの著作に対して下された次のようなガブリエル・マルセルの一九六四年における不幸な判断を共有したいとは思わないはずである。「彼女がいわばある種の知的整合の埒外に――私はけっしてそのこちら側にとは言わない――とどまるように召し出されていたのは、彼女が絶対の証人であった度合にまさしく比例しているのだと言えないであろうか。〔…〕とにかくこの点にこそ、シモーヌ・ヴェイユを哲学者のなかに分類しようとするなら、まちがった方向にすすむことが避けがたくなる深い理由があるのである[24]。」誰もシモーヌ・ヴェイユが「絶対の証人」であったことを否定はすまい。しかしわれわれは、彼女が言う通り、まさに「ある種の狂人は極端なまでに論理的」であると、また「真の神秘家もまた極端に論理的であるのにちがいない[25]」ということを想起し認めないわけにはいかない。半世紀の研究を通観するということはすなわち、シモーヌ・ヴェイユの思想が「体系の見地からではなく、過程（itinéraire）の見地から検討されねばならない[26]」という見解に同意するに至ることである。哲学か神秘神学かを問わず、いかなる次元であっても、常により厳密（rigueur）

であること、「今日、人びとの思いもおよばぬような新しい厳密さ」[27]が必要とされていることを強く感じながら。

## 注

（1）シモーヌ・ヴェイユの思想の各国における受容については、二〇〇三年にパリで開催された国際ヴェイユ学会についての報告が、*Cahiers Simone Weil* に四号にわたって（septembre et décembre 2004, mai et juin 2005）掲載されたのを参照のこと。

（2）『抑圧と自由』『歴史的政治的著作集』『労働の条件』。カミュは、ガリマール社の「エスポワール選書」の企画編集を率いていた。

（3）*Cahiers Simone Weil*, XXVIII-3, septembre 2005 を参照。

（4）ガリマール社から一九八八年以降、刊行が進み（アンドレ・A・ドヴォー編集、フロランス・ド・リュシー補佐、次いでロベール・シュナヴィエ）、現時点で予定されている全一六巻中一二巻が発行されている〔訳注：二〇二四年現在、一三巻が発行済〕。この出版を率いたのは、ヴェイユ研究の先駆者で、数多くのヴェイユに関する論文があるアンドレ・A・ドヴォーである。また、出版の観点から見て、ジャンカルロ・ガエタとその周囲のグループによってなされアデルフィ社から刊行された、S・ヴェイユ作品のイタリア語翻訳の偉業も特筆すべきだろう。

（5）Miklós Vetö, *La métaphysique religieuse de Simone Weil*, Paris, Vrin, 1971, pp. 9-10 (rééd. Paris, L. Harmattan, 1997). 邦訳『シモーヌ・ヴェイユの哲学——その形而上学的転回』今村純子訳、慶應義塾大学出版会、東京、二〇〇六年。

（6）Peter Winch, *Simone Weil: « The Just Balance »*, Cambridge University Press, 1989, p. 5.

（7）伝記作家たちのアプローチの意義を過小評価するつもりはない。ジャック・カヴォーの草分け的業績（*L'Expérience vécue de Simone Weil*, Paris, Librairie Plon, 1957〔訳注：邦訳『シモーヌ・ヴェーユ伝』山崎庸一郎・中條忍訳、みすず書房、一九七四年、新装版一九九〇年〕）とシモーヌ・ペトルマンの手による伝記（*La vie de Simone Weil*, Fayard, 1973, 1997〔訳注：邦訳『詳伝シモーヌ・ヴェイユ』1、2巻、杉山毅・田辺保訳、勁草書房、一九七八、二〇〇二年〕）は、ヴェイユ研究者であれば必ず持っているものだ。これらは各々のやり方で、ヴェイユによって生きられた経験と彼女の著作が意味するものとを結びつけている。このカテゴリーに含まれるいくつかの作品は、シモーヌ・ヴェイユ著作の概念的構築にまで深く分け入っている。例えば、ダヴィッド・マクルーランが素晴らしい彼の本の中でやってみせたように（*Simone Weil. Utopian Pessimist*, London, Macmillan, 1989）。同じく、ガブリエッラ・フィオーリの著作も参照のこと（Gaberiella Fiori, *Simone Weil. Biorgrafia di un pensiero*, Milan, Garzanti, 1981, 邦訳『シモーヌ・ヴェイユ——ひかりを手にいれた女性』福井美津子訳、平凡社、一九九四年）。

（8）この読解のいくつかの優れたものの中には、例えばドメニコ・カンティアーニの著作がある（Domenico Cantiani, *Simone Weil. Il coraggio di pensare. Impegno e riflessione politica tra le due guerre*, Rome, Edizioni Lavoro, 1996, 増補改訂版 *Simone Weil. Le courage de penser*, Paris, éd Beauchesne, 2011.）。同様に、より古い年代のもので、重要ではあるものの異論の多い、フィリッ

プ・デュジャルダンの著作（Philippe Dujardin, *Simone Weil. Idéologie et politique*, Grenoble-Paris, P.U.G. et Maspero, 1975）。

（9）加藤周一「不幸ほど知ることの困難なものはない」『世界』一九五七年十一月号（「シモーヌ・ヴェーユと工場労働者の問題」『現代ヨーロッパの精神』所収、岩波書店、一九五九年）。一九五八年、石川湧がヴェイユ著作の邦訳を初めて出版する。選集『抑圧と自由』東京創元社である。この邦訳は、政治や組合運動に関心をもつ層に多大な影響を与えた。近年、権代敦彦、三枝木宏行の作曲により日本では音楽分野にもヴェイユの影響が見られる。以下参照。Nobuko Inaba, « Présence de Simone Weil au Japon », *Cahiers Simone Weil*, XXVII-4, décembre 2004, pp. 325-334. 付録には、シモーヌ・ヴェイユ作品とヴェイユに関する著作の要約、ならびに哲学関係の日本人研究者による出版の要約がある。〔訳注：稲葉延子「シモーヌ・ヴェイユの日本における受容——その特質と方向性」本書参照。〕

（10）参照：Domenico Cantiani, « Lecteurs et lectures de Simone Weil en Italie », *Cahiers Simone Weil*, XXVII-3, septembre 2004, pp. 201-221.

（11）参照：E. Jane Doering, « La réception des premiers écrits de S.Weil lors de leur parution aux Etats-Unis », *Cahiers Simone Weil*, XXVII-1, mars 2005, pp. 49-60.

（12）シモーヌ・ヴェイユの哲学思想についてなされた最初期の分析の中で、記憶に留めておくべきはやはり、ディナ・ドレフュスによって書かれ、一九五一年に *Les Etudes philosophiques, Mercure de France* に掲載された優れた論文である。以下再録。Dina Dreyfus, *Ecrits*, Paris, Hermann, 2013, pp. 85-139.

（13）ヴェトー、前掲書（Miklós Vetö, *La métaphysique religieuse de Simone Weil*, Paris, Vrin, 1971）、p. 13.

（14）ヴェトー、前掲書、p. 15. ヴェトーは、シモーヌ・ヴェイユの著作を三つの時期に分ける。第一期は学生時代の一九二五—一九三一年、第二期は一九三一—一九三九年である。

（15）ウィンチ、前掲書（Peter Winch, *Simone Weil: « The Just Balance »*, Cambridge University Press, 1989）。この円卓《ターブル・ロンド》討論会はケンブリッジ大学でリチャード・ベルの司会で行われた。この会議でのヴェトーの発言は、以下所収。*Cahiers Simone Weil*, XIII-3, septembre 1990, pp. 317-324.

（16）ウィンチ、前掲書、pp. 322-323. ウィンチによれば、超自然について語ることはシモーヌ・ヴェイユにとって「われわれの『自然な歴史』の領域に属する、すべての態度、興味、努力、願望の間に存在する多様な関係性を表現するための方法」（同書、p. 211）だという。超自然という語を厳密に哲学的に用いる試みについては、ディオジェヌ・アレンとエリック‐O・スプリングステッドとの間で交わされた議論を参照。*Spirit, Nature and Community. Issues in the Thought of Simone Weil*, State University of New York Press, 1994, pp. 77-93.

（17）原題は、*Deuten als Entwerden : Eine Synthese des Werkes Simone Weils in hermeneutisch-religionsphilosophischer Sicht*, Herber, Fribourg-en-Bisgau, 1989. これは、一九八五年にパリ・ソルボンヌ大学で博士号を授与された論文（*Lecture décréative. Une synthèse de la pensée de Simone Weil*）のドイツ語版である。

（18）Emmanuel Gabellieri, *Etre et Don. Simone Weil et la philosophie*, Louvain-Paris, éd. Peeters, 2003.

（19）Robert Chenavier, *Simon Weil. Une philosophie du travail*, Paris, éd du Cerf, 2001, et *Simone Weil : L'Attention au réel*, Paris, éd. Michalon, 2009（英訳：E. Doering, *Attention to the Real*, University of Notre Dame Presse, Indiana, 2012）.

（20）生誕一〇〇周年記念のコロックは、二〇〇八年十一月スペイン・マドリードのメネンデス・ペラヨ国際大学で行われた、エミリア・ベア・ペレス主催のものを皮切りに、二〇〇九年ブラジル（マリア・クララ・ビンゲメール、フェルナンド・レイ・プエンテ主催）、イタリア（アッティリオ・ダネゼ、ジウリア・ディ・パオラ主催）、フランスのパリとアンジェ（国際ヴェイユ学会主催）、リヨン（エマニュエル・ガブリエリ主催）、ナント（アラン・シュピオ、ナディア・タイビ主催）で、それぞれ開かれた。

（21）これらの学会での討議内容を収録した刊行物は以下の通り。*Simone Weil et les langues* (M. Broc-Lapeyre éd.), dans *Recherches sur la Philosophie et le Langage*, Grenoble, Cahier nº 13, 1991 ; *Simone Weil's Philosophy of Culture : Readings toward a Divine Humanity* (R. Bell éd.), Cambridge University Press, 1993 ; *Simone Weil : Philosophe, historienne et mystique* (G. Kahn éd.), Paris, Aubier Montaigne, 1978（一九七四―一九七七年の間にフランスで開催されたコロックの記録）; *Politica e Sapienza : In questione con Simone Weil* (A. Marchetti éd.), Bologne, Pàtron, 1993 ; *The Christian Platonism of Simone Weil* (E. Jane Doering et Eric. O. Springsted, éd.), University of Notre Dame Press, 2004.

（22）約三五年前からコロックを開催している、アメリカ・ヴェイユ学会のサイトは以下の通り。www.americanweilsociety.org

（23）ジョヴァンニ・トラブッコは博士論文の序章で、宗教的、政治的、哲学的秩序を、ヴェイユの思想の中でもっとも重要な解釈として紹介した。（Giovanni Trabucco, *Poetica soprannaturale. Coscienza della Verità in Simone Weil*, Milan, Glossa, 1997.）他の多くの研究の中から以下を紹介することができるかもしれない。日本では、田辺保、吉本隆明、冨原眞弓、稲葉延子、鈴木順子、柴田美々子。イタリアでは、アッティリオ・ダネゼとジウリア・ディ・パオラの共著（Attilio Danese et Giulia Di Paola, *Simone Weil. Abitare la contraddizione*, Rome, Dehoniane, 1991）、またマッシミリアーノ・マリアネッリの著作（Massimiliano Marianelli, *La Metafora ritrovata. Miti e simboli nella filosofia di Simone Weil*, Roma, Città Nuova, 2004）や、アンジェラ・プティノ（Angela Putino）のそれら、またアドリアーノ・マルチェッティ（Adriano Marchetti）の多数の研究と翻訳を記憶に留めておきたい。スペインでは、エミリア・ベア・ペレス（Emila Bea Perez, *Simone Weil, La Memoria de los oprimidos*, Madrid, Ed. Encuentro, 1992）、カルメン・レヴィッラ（Carmen Revilla, *Simone Weil: nombrar la experiencia*, Madrid, Editorial Trotta, 2003）の著作に注目を促すべきだろう。アメリカ合衆国では、リチャード・ベル（Richard Bell, *Simone Weil. The Way of Justice as Compassion*, Rowman & Littlefield Publishers, Lanham-Oxford, 1998）、E・ジェイン・ダーリング（E. Jane Doering）、エリック・O・スプリングステッド（Eric O. Springsted）の研究を参照すべきである。イギリスでは、ジャネット・パトリシア・リトル（Janet Patricia Little, *Simone Weil. Waiting on Truth*, Oxford, New York, Hamburg, Berg Publishers, 1988）の試論に言及しておきたい。

（24）Gabriel Marcel, *Prélude* au livre de Marie-Magdeleine Davy, *Simone Weil*, Paris, Éditions Universitaires, 1961, pp. 6-7.〔邦訳：

ガブリエル・マルセル「絶対の証人」（マリー＝マドレーヌ・ダヴィー『シモーヌ・ヴェーユの世界』序文）山崎庸一郎訳、晶文社、（一九六八）一九九二年、六―七頁。〕

（25）S. Weil, *Cahiers*, *Œuvres complètes*, Paris, Gallimard, t. VI, vol. 4, 2006, p. 175.〔シモーヌ・ヴェーユ『カイエ４』冨原眞弓訳、みすず書房、一九九二年、一二一頁。〕

（26）Augusto Del Noce, « *Simone Weil, interprete del mondo d'oggi* » [« Simone Weil, interprète du monde d'aujourd'hui], préface à S. Weil, *L'Amore di Dio*, Torino, Borla, 1968.

（27）S. Weil, *Cahiers*, *op. cit.*, p. 87.〔シモーヌ・ヴェーユ、前掲書、二三八頁。〕

---

Robert Chenavier, « Quelques tendances de la recherche sur Simone Weil », 2014.

# 訳者解題

本稿筆者ロベール・シュナヴィエ氏は、長年会長として国際ヴェイユ学会を率い、また一九八八年に刊行が始まり現在も続くガリマール社『シモーヌ・ヴェイユ全集』の編集責任の任をこの一〇年来担っている。パリ近郊パッシーにある高校の教授として哲学教育に携わりつつ（現在は退職）、毎秋に開かれる国際ヴェイユ学会の運営、年四冊発行される『カイエ・シモーヌ・ヴェイユ』誌の編集と、この四半世紀以上の間、文字通りヴェイユ研究興隆のために献身してきた。何より自らの研究成果もたゆまず上げ続け、率先して世界のヴェイユ研究を牽引してきたことから、ヴェイユ研究の中心的存在としてあまねく知られていると言って過言ではない。

国際ヴェイユ学会がさまざまな困難に直面しながらもこれまで求心力を保って運営され、ヴェイユ研究の先進的発信地となってきたのは、彼の包容力のある人柄、的確な判断力、手腕によるところが大きいことは誰もが認めるところである。何よりガリマール社から刊行されている『ヴェイユ全集』の学問的信用度の高さ、それは編集グループの中心として尽力してきた彼のテクストクリティークの正確さがもたらしたものと言えるだろうが、こうした彼の学問的に厳格な姿勢こそがヴェイユ研究者たちの彼に対する信頼を獲得してきたことは間違いない。この四半世紀のヴェイユ研究の前進は彼なくしてはなかったと考える者が多いゆえんである。

したがって当然ながら彼こそ現在のヴェイユ研究の動向を最もよく知る人物であり、今回、日本の一般的な読者のために戦後からのヴェイユ研究史の執筆をと依頼したところ、快諾の後、丁寧にわかりやすく具体的にメルクマールを示した寄稿を頂いた。以下、中でも特に注目していただきたい点を二つ指摘する。

一つ目は、ヴェイユ研究史の特徴である。初期には哲学者や哲学史家からの関心が薄かったヴェイユの著作であるが、ヴェトー、ウィンチ、クーンらの研究功績によって、次第に哲学テクストとして認められるようになった。二十一世紀以降は、「労働」と「贈与」の二つの主題が、それぞれシュナヴィエ、ガブリエリより提示され、ヴェイユの思想研究における主要なテーマとなり、またヴェイユの前半生と後半生、すなわち社会活動家としての側面と宗教的な側面として二分してとらえられてきたそれらを一貫してみる見方が一般的になった。

二つ目は、ヴェイユのテクスト群は、論理的一貫性を持つ哲学テクストとして扱いうるものであり、単なる哲学的記述の寄せ集めではない、ということ、またその際気をつけるべき点は、「厳密さ」の確保と「過程」の見地からのアプローチということである。

例えば、『重力と恩寵』について、今回シュナヴィエ氏は「作品を切り刻み断片を組み合わせ配置した『重力と恩寵』と、かなり突き放した厳しい表現をとっており、戸惑われた方もいるかもしれない。確かに同書は、シモーヌ・ヴェイユ本人から託されたとはいえ、彼女のノート（『カイエ』）をある人物（ギュスターヴ・ティボン）が編集を施しタイトルをつけて出版したもので、これが無批判に読み継がれることによってヴェイユの間違った印象が定着することを、すなわち哲学的エッセイストとしての印象が引き継がれてしまう危険があることを、シュナヴィエ氏は強く警戒している。確かに正確にヴェイユの思想を知るためには、ティボンの眼鏡を外して、ヴェイユのテクストそのものと向き合う必要があるため、研究者ならば『カイエ』の方を参照することは必須となる。ちなみに、ガリマール版全集には当然だが『重力と恩寵』というタイトルは見当たらない。幸い本邦における岩波文庫版『重力と恩寵』は、訳者冨原眞弓氏の配慮の行き届いた解説と丁寧な注により、ティボンの眼鏡をかけていると気付かぬままでヴェイユを読んだ気になることからは免れうる。ただもし、ヴェイユの思考の流れにあくまでも「厳密に」向き合いたい場合には、『カイエ』（邦訳はみすず書房刊、上記冨原眞弓氏も訳者の一人）をこそ読んでほしいというのがシュナヴィエ氏の言外のメッセージだろう。

もう一つの例は、ガブリエル・マルセルが述べたヴェイユ関連の言辞に対する批判的言及である。マルセルはフランスではいわば正統的なカトリック系の哲学者で、体系構築を重視している立場から、ヴェイユを哲学者とは呼べないとする。これに対しシュナヴィエ氏は、確かにヴェイユは体系構築こそしなかったものの、しかし彼女のテクストを「厳密」にかつ「過程」を追って読めば、徹底した論理性や知的発展を認めることはでき、彼女はその点において優れた哲学者である、と主張する。確かに、ヴェイユの生涯を追いつつ著作を読む時、また『カイエ』を年代順に読んでいくとき、すなわち「過程」に忠実に読んでいくと、ヴェイユが哲学者として論理的に一貫しかつ自らの思想を成熟させ続けた存在であることは納得がいく。ヴェイユのテクストを読む際の「厳密さ」の重視、思想生成の「過程」に注目して読むことの重要性を、シュナヴィエ氏はこの論考を通して改めて喚起しているといえよう。

最後に、この稿が書かれたのちに出た主要論考を紹介する。ロベール・シュナヴィエ『シモーヌ・ヴェイユは反ユダヤ主義的ユダヤ人か？』（*Simone Weil, une Juive antisémite?*, Paris, Gallimard, 2021）と、シュナヴィエ氏の前任の全集編集者であったフロランス・ド・リュシー氏による『シモーヌ・ヴェイユ』（文庫クセジュ、白水社、二〇二二年）である。全く性格の異なる両書ではあるが、後から振り返った際ヴェイユ研究史において見落とせない二点になると思われるため、付言させていただく。

（鈴木順子）

マルセイユにてジャン・ランベールと（1941 年）

# シモーヌ・ヴェイユの日本における受容

【その特質と方向性】

稲葉延子

●いなば・のぶこ　一九五〇年生。元カリタス女子短期大学教授、学校法人カリタス学園講師。専門はシモーヌ・ヴェイユにおける憐れみの概念。主な著作に、編訳『シモーヌ・ヴェーユ　その劇的生涯』（Cl・ダルヴィ他、春秋社、1991）、翻訳『アンドレ・ヴェイユ自伝』（シュプリンガーフェアラーク東京、1994）、翻訳『アンドレとシモーヌ——ヴェイユ家の物語』（S・ヴェイユ、春秋社、2011）など。

## I　時空を越えるシモーヌ・ヴェイユ

### はじめに　次世紀に語り継ぐべき思想家ヴェイユ

一九九二年十二月東京の小劇場ジァン・ジァンで、クロード・ダルヴィ演出の芝居「シモーヌ・ヴェイユ 1909～1943」が原語上演されたとき[1]、日仏双方の予想を見事に裏切って二日間とも立錐の余地もないほど劇場は年代を超えた客で溢れた。それには、芝居に先立つ吉本隆明[2]（1924-2012）の講演を理由に挙げるむきもあるが、やはり日本でシモーヌ・ヴェイユが様々なかたちで受容されてきたことの証左であったと言えよう。ヴェイユの生涯を、演出家で女優のクロード・ダルヴィ Claude Darvy (1942-) が、ヴェイユ自身の言葉やペトルマンの評伝[3]からコラージュしたテクストを作品として原語上演する試みに人々が押しかけたのは、ヴェイユが読む思想であるだけではなく、次世紀に語り継ぐ思想であるからではないか。それは日本特有の現象ではないが、筆者は、この上演を含む「シモーヌ・ヴェイユの夕べ」の企画代表者[4]として、ヴェイユを二十世紀前半の語り部として受けとめている日本人の受容の結果と解釈した。その一〇年後の二〇〇三年十一月にはフランスのパリで、《La réception des oeuvres de Simone Weil》をテーマにシモーヌ・ヴェイユ国際学会の定期コロックが開かれ、筆者は〈La présence de Simone Weil au Japon〉と題し日本でのシモーヌ・ヴェイユの受容の概略とその傾向を語る機会をもった。また、日本語でも纏めた[5]。

本稿第I部では、これらの発表を基盤にして、戦後から二〇一四年頃までの日本でヴェイユが誰によってどのように伝えられてきたかを辿ることで、日本におけるヴェイユ解釈の特質と特異性を明らかにし、さらにはその将来像を展望するものである。

## 一　ヴェイユ熱を牽引した翻訳書と解説書の出版

一般に外国の思想家の思想が受容されていく過程というのは、著作の翻訳出版が必須条件であり、またそれに加えて影響力のある国内の知識人の解説や紹介を兼ねた発言が受容の流れを牽引していくのが常であろう。ヴェイユの場合も例外ではなく、まずは翻訳書の出版が人々のヴェイユ熱に拍車をかけた。翻訳の出版の編年史的一覧表は**表1―1、1―2**のようになる。

### ヴェイユは「革命と挫折」を語るキーワードとなった

主に春秋社と勁草書房が翻訳書を出版していったわけだが、春秋社の『シモーヌ・ヴェーユ著作集I〜V』が一九六七年九月から六八年十二月の一年三ヶ月という短期間に出版されたことを見ると、この出版は六八年のフランスの五月革命に呼応する日本の学生運動の時期と重なることがわかる。六九年の東大安田講堂事件や七〇年安保闘争の活動家や周辺の学生たちは、すでにヴェイユの存在を知っており、「疎外」や「抑圧」といった語彙が時代を解釈するキーワードとなっていた一九六〇、七〇年代において、社会と政治とに正面から向かい合ったヴェイユの言葉を読むことや、ヴェイユの名前を挙げることなどは、その劇的な生涯を追うことと相俟って、純粋さのこれまた証しでもあったのだ。時として、ローザ・ルクセンブルク Rosa Luxembourg（1871-1919）よりも穏やかで政党色が薄く共産党との距離感もあり、程良い知的政治的証明となっていたのかもしれない。いわゆるノンポリと評された学生たちが、アイデンティティと自らの存在正当化のためにも、自室で読んだ思想家としてヴェイユは役目を果たしていたのではないか。この時代の雰囲気は、後述する五木寛之（1932-）の『デラシネの旗』でも示されている。これは、一九六八年のパリ、いわゆる五月革命をリアルタイムで描きながら、日本の六〇年代の学生運動に関わった者たちのその後を照射した作品である。「革命と挫折」

**表 1-1　シモーヌ・ヴェイユ著作一覧**

| année de publication (F) | titre | éditeur |
|---|---|---|
| 1947 | La Pesanteur et la grâce ① | Plon |
| 1949 | L'Enracinement ② | Gallimard |
| 1949 | L'Enracinement (extrait) ③ | Gallimard |
| 1950 | Attente de Dieu ④ | La Colombe |
| 1950 | La Connaissance surnaturelle ⑤ | Gallimard |
| 1951 | Lettre à un religieux ⑥ | Gallimard |
| 1951 | La Condition ouvrière ⑦ | Gallimard |
| 1951 | Intuitions pré-chrétiennes ⑧ | La Colombe |
| 1951 | Cahiers 1 ⑨ | Plon |
| 1953 | Cahiers 2 ⑨ | Plon |
| 1953 | La Source grecque ⑩ | Gallimard |
| 1955 | Venise Sauvée ⑪ | Gallimard |
| 1955 | Oppression et liberté ⑫ | Gallimard |
| 1956 | Chaiers 3 ⑨ | Plon |
| 1957 | Écrits de Londres et dernières lettres ⑬ | Gallimard |
| 1959 | Leçon de philosophie ⑭ | Plon |
| 1960 | Ecrits historiques et politiques (extrait) ⑮ | Gallimard |
| 1962 | Pensées sans ordre concernant l'amour de Dieu ⑯ | Gallimard |
| 1966 | Sur la science ⑰ | Gallimard |
| 1968 | Poèmes, suivi de Venise Sauvée / Lettre de Paul Valéry ⑱ | Gallimard |
| 1988 〜 | Les Œuvres Complètes ⑲ | Gallimard |

＊丸付数字は表 1-2 と対照

というテーマに、当時学生運動に関わったものたちはみな知っていたヴェイユを登場人物の話題としている。

## ヴェイユ神話が形成されていく

ところで、春秋社刊の『シモーヌ・ヴェーユ著作集I〜V』に携わった一〇名余りの翻訳者は仏文学者からジャーナリストまで多方面にわたるが、編集者として全体を纏め上げたのは橋本一明（1927-1969）と渡辺一民（1932-2013）である。橋本はランボーやヴェルレーヌなどの詩の翻訳者でもあったが四十二歳で惜しまれつつ亡くなった。その著書『純粋精神の系譜』[6]に「不幸への捨身」と題したヴェイユ論が掲載されている。「夭折した橋本一明が強くひかれたシモーヌ・ヴェイユ」ということも当時の知識人や文学者には意味があったと思われる。同時期の若き仏文学者たちは、その後文学界の重鎮となっていくのだが、橋本を通してシモーヌ・ヴェイユを知ったという者が多い。一方、渡辺一民はその後ドレフュス事件の研究も手がけジョルジュ・ベルナノスの翻訳者としても知られる仏文学者であり、ヴェイユを初期に翻訳紹介した人物としてその後の研究業績は一貫性を大いに感じさせるものだ。この出版が、長老ではなく当時四十歳前後の新進気鋭の仏文学者たちの動きだったことは、時代の特徴でもあろうし、ヴェイユの

表 1-2　シモーヌ・ヴェイユ著書邦訳

| 出版年 | タイトル | 翻訳者 | 出版社 |
|---|---|---|---|
| 1958 | 抑圧と自由　⑫ | 石川湧 | 東京創元社 |
| 1967 | シモーヌ・ヴェーユ著作集Ⅴ（根をもつこと）　② | 山崎庸一郎 | 春秋社 |
| 1967 | シモーヌ・ヴェーユ著作集Ⅳ（神を待ちのぞむ、ある修道者への手紙）　④ ⑥ | 渡辺秀 | 春秋社 |
| 1967 | デラシヌマン　③ | 大木健 | 平凡社 |
| 1967 | 労働と人生についての省察（『工場日記』含む）⑦ | 黒木義典・田辺保 | 勁草書房 |
| 1968 | シモーヌ・ヴェーユ著作集Ⅰ　戦争と革命への省察――初期評論集　⑮ | 橋本一明他 | 春秋社 |
| 1968 | シモーヌ・ヴェーユ著作集Ⅲ（重力と恩寵、救われたヴェネチア）　① ⑪ | 渡辺一民・渡辺義愛 | 春秋社 |
| 1968 | シモーヌ・ヴェーユ著作集Ⅱ　ある文明の苦悶――後期評論集（歴史的・政治的著作集、労働の条件、ギリシアの泉、前キリスト教的直観、ロンドンの著作と晩年の書簡集）　⑦ ⑩ ⑱ ⑬ | 橋本一明他 | 春秋社 |
| 1969 | 愛と死のパンセ　① | 野口啓祐 | 南窓社 |
| 1969 | ロンドン論集とさいごの手紙　⑬ | 田辺保・杉山毅 | 勁草書房 |
| 1971 | シモーヌ・ヴェイユ詩集　⑱ | 小海永二 | 青土社 |
| 1972 | 工場日記　⑦ | 田辺保 | 講談社 |
| 1973 | 神への愛についての雑感〈現代キリスト教思想叢書〉　⑯ | 渡邉義愛 | 白水社 |
| 1974 | 重力と恩寵　① | 田辺保 | 講談社文庫 |
| 1975 | 神を待ちのぞむ　④ | 田辺保・杉山毅 | 勁草書房 |
| 1976 | 科学について　⑰ | 福居純・中田光雄 | みすず書房 |
| 1976 | 超自然的認識　⑤ | 田辺保 | 勁草書房 |
| 1981 | 哲学講義　⑭ | 川村孝則・渡辺一民 | 人文書院 |
| 1988 | ギリシアの泉　⑩ | 冨原眞弓 | みすず書房 |
| 1992 | カイエ 4　⑤ | 冨原眞弓 | みすず書房 |
| 1993 | カイエ 2　⑨ | 田辺保・川口光治 | みすず書房 |
| 1995 | カイエ 3　⑨ | 冨原眞弓 | みすず書房 |
| 1995 | 重力と恩寵　① | 田辺保 | 筑摩書房 |
| 1996 | ヴェーユの哲学講義　⑭ | 川村孝則 | 筑摩書房 |
| 1998 | カイエ 1　⑨ | 山崎庸一郎・原田佳彦 | みすず書房 |
| 2003 | ヴェイユの言葉 | 冨原眞弓 | みすず書房 |
| 2005 | 自由と社会的抑圧　⑫ | 冨原眞弓 | 岩波文庫 |
| 2010 | 根をもつこと　上・下　② | 冨原眞弓 | 岩波文庫 |
| 2011 | 前キリスト教的直観　⑧ | 今村純子 | 法政大学出版局 |
| 2012 | シモーヌ・ヴェイユ選集Ⅰ　⑲ | 冨原眞弓 | みすず書房 |
| 2012 | シモーヌ・ヴェイユ選集Ⅱ | 冨原眞弓 | みすず書房 |
| 2013 | シモーヌ・ヴェイユ選集Ⅲ | 冨原眞弓 | みすず書房 |
| 2017 | 重力と恩寵　① | 冨原眞弓 | 岩波文庫 |
| 2018 | シモーヌ・ヴェイユ　アンソロジー | 今村純子 | 河出文庫 |
| 2018 | 工場日記 | 冨原眞弓 | みすず書房 |
| 2020 | 神を待ちのぞむ　須賀敦子の本棚 8　④ | 今村純子 | 河出書房新社 |

## 表２　シモーヌ・ヴェイユに関する著作（邦訳文献のあるもの）

<table>
<tr><th>刊行年</th><th>タイトル</th><th>著者</th><th>出版社</th></tr>
<tr><td>1952</td><td>Simone Weil telle que nous l'avons connue</td><td>J. M. Perrin<br>G. Thibon</td><td>La Colombe</td></tr>
<tr><td colspan="4">邦訳 1975『回想のシモーヌ・ヴェイユ』田辺保訳、朝日出版社</td></tr>
<tr><td>1954</td><td>Introduction au message de Simone Weil</td><td>M. M. Davy</td><td>Plon</td></tr>
<tr><td colspan="4">邦訳 1968『シモーヌ・ヴェイユ入門』田辺保訳、勁草書房</td></tr>
<tr><td>1957</td><td>L'expérience vecue de Simone Weil</td><td>Jacques Cabaud</td><td>Plon</td></tr>
<tr><td colspan="4">邦訳 1974『シモーヌ・ヴェーユ伝』山崎庸一郎・中條忍訳、みすず書房</td></tr>
<tr><td>1958</td><td>Brave Men : A study of D.H. Lawrence and Simone Weil</td><td>R. Rees</td><td>Victor Gollancz</td></tr>
<tr><td colspan="4">邦訳 1986『二〇世紀を超えて――D. H. ロレンスとシモーヌ・ヴェイユ』川成洋・並木慎一訳、白馬書房</td></tr>
<tr><td>1961</td><td>Simone Weil</td><td>M. M. Davy</td><td>Editions universitaires</td></tr>
<tr><td colspan="4">邦訳 1968『シモーヌ・ヴェーユの世界』山崎庸一郎訳、晶文社</td></tr>
<tr><td>1967</td><td>Simone Weil à New York et à Londres, 1942-1943</td><td>Jacques Cabaud</td><td>Plon</td></tr>
<tr><td colspan="4">邦訳 1978『シモーヌ・ヴェーユ最後の日々』山崎庸一郎訳、みすず書房</td></tr>
<tr><td>1967</td><td>Simone Weil, A Sketch for a Portrait</td><td>Richard Rees</td><td>Southern Illinois U. P.</td></tr>
<tr><td colspan="4">邦訳 1972『シモーヌ・ヴェーユ――ある肖像の素描』山崎庸一郎訳、筑摩書房</td></tr>
<tr><td>1973</td><td>La vie de Simone Weil: avec des lettres et d'autres textes inédits de Simone Weil</td><td>Simone Pétrement</td><td>Fayard</td></tr>
<tr><td colspan="4">邦訳 1978『詳伝シモーヌ・ヴェイユ I II』杉山毅・田辺保訳、勁草書房</td></tr>
<tr><td>1983</td><td>Simone Weil</td><td>Claude Darvy</td><td>inédit</td></tr>
<tr><td colspan="4">邦訳 1991『シモーヌ・ヴェイユその劇的生涯』稲葉延子訳、春秋社</td></tr>
<tr><td>1987</td><td>Simone Weil: Une femme absolue</td><td>Gabriella Fiori</td><td>Félin</td></tr>
<tr><td colspan="4">邦訳 1994『シモーヌ・ヴェイユ ひかりを手にいれた女性』福井美津子訳、平凡社</td></tr>
<tr><td>1987</td><td>Simone Weil: A Modern Pilgrimage</td><td>Robert Coles</td><td>Addison</td></tr>
<tr><td colspan="4">邦訳 1997『シモーヌ・ヴェイユ入門』福井美津子訳、平凡社</td></tr>
<tr><td>1997</td><td>Trois femmes dans de sombres temps :<br>Edith Stein, Hannah Arendt, Simone Weil</td><td>S. Courtine-Denamy</td><td>Albin Michel</td></tr>
<tr><td colspan="4">邦訳 2010『暗い時代の三人の女性――エディット・シュタイン、ハンナ・アーレント、シモーヌ・ヴェイユ』庭田茂吉他訳、晃洋書房</td></tr>
<tr><td>(Vrin, 1971)<br>1998</td><td>La métaphysique religieuse de Simone Weil</td><td>Miklos Vetö</td><td>2e éd<br>L'Harmattan</td></tr>
<tr><td colspan="4">邦訳 2006『シモーヌ・ヴェイユの哲学――その形而上学的転回』今村純子訳、慶應義塾大学出版会</td></tr>
<tr><td>2001</td><td>Simone Weil</td><td>F. P. Gray</td><td>Viking Press</td></tr>
<tr><td colspan="4">邦訳 2009『シモーヌ・ヴェイユ』上野直子訳、岩波書店</td></tr>
<tr><td>1989, 1996, 2001</td><td>Les Indomptables : Figures de l'anorexie</td><td>Ginette Raimbault<br>Caroline Eliachef</td><td>Odile Jacob</td></tr>
<tr><td colspan="4">邦訳 2012『天の食べものを求めて』加藤敏・向井雅明訳、三輪書店</td></tr>
<tr><td>2009</td><td>Chez les Weil : André et Simone</td><td>Sylvie Weil</td><td>Buchet / Chastel</td></tr>
<tr><td colspan="4">邦訳 2011『アンドレとシモーヌ――ヴェイユ家の物語』稲葉延子訳、春秋社</td></tr>
<tr><td>2009</td><td>Simone Weil : La quête de racines célestes</td><td>Sylvie Courtine-Denamy</td><td>Les Édition du Cerf</td></tr>
<tr><td colspan="4">邦訳 2013『シモーヌ・ヴェイユ――天上の根を求めて』庭田茂吉・落合芳訳、萌書房</td></tr>
<tr><td>2016</td><td>Simone Weil, coll. « Que sais-je ? »</td><td>Florence de Lussy</td><td>Presses Universitaires de France</td></tr>
<tr><td colspan="4">邦訳 2021『シモーヌ・ヴェイユ』神谷幹夫訳、白水社〈文庫クセジュ〉</td></tr>
</table>

**表3　シモーヌ・ヴェイユに関する著作一覧**

| 出版年 | タイトル | 著者 | 出版社 |
|---|---|---|---|
| 1964 | シモーヌ・ヴェイユの生涯 | 大木健 | 勁草書房 |
| 1968 | シモーヌ・ヴェイユ——その極限の愛の思想 | 田辺保 | 講談社現代新書 |
| 1969 | シモーヌ・ヴェイユの不幸論 | 大木健 | 勁草書房 |
| 1970 | 奴隷の宗教——シモーヌ・ヴェイユとキリスト教 | 田辺保 | 新教出版社 |
| 1972 | シモーヌ・ヴェイユ——真理への献身 | 片岡美智 | 講談社 |
| 1974 | シモーヌ・ヴェイユ<br>(『キリストの証人たち——抵抗に生きる 1』所収) | 田辺保 | 日本基督教団出版局 |
| 1976 | シモーヌ・ヴェーユと現代——究極の対原理 | 河野信子 | 大和書房 |
| 1978 | シモーヌ・ヴェイユの死と信仰 | 宇田達夫 | 教文館 |
| 1980 | シモーヌ・ヴェーユ研究 | 村上吉男 | 白馬書房 |
| 1984 | さいごのシモーヌ・ヴェイユ | 田辺保 | 御茶の水書房 |
| 1989 | カルカソンヌの一夜——ヴェイユとブスケ | 大木健 | 朝日出版社 |
| 1992 | 甦えるヴェイユ | 吉本隆明 | JICC 出版局 |
| 1992 | ヴェーユ | 冨原眞弓 | 清水書院 |
| 1997 | 本当の考え・うその考え——賢治・ヴェイユ・ヨブをめぐって | 吉本隆明 | 春秋社 |
| 2000 | シモーヌ・ヴェイユ力の寓話 | 冨原眞弓 | 青土社 |
| 2003 | シモーヌ・ヴェイユの言葉 | 冨原眞弓 | みすず書房 |
| 2004 | シモーヌ・ヴェイユの「善」について | 門脇洋子 | 新風舎 |
| 2010 | シモーヌ・ヴェイユの詩学 | 今村純子 | 慶応義塾大学出版会 |
| 2011 | シモーヌ・ヴェイユと神の愛 | 林裕之 | 梓書院 |
| 2012 | シモーヌ・ヴェイユのキリスト教 | 松原詩乃 | 教友社 |
| 2012 | シモーヌ・ヴェイユ「犠牲」の思想 | 鈴木順子 | 藤原書店 |
| 2012 | シモーヌ・ヴェイユ | 冨原眞弓 | 岩波人文書セレクション |
| 2013 | 待ち望む力 | 的場昭弘 | 晶文社 |

激烈な生き方に圧された結果でもあったのではないか。なお、春秋社は設立八〇周年の一九九八年にこの著作集を復刊させたことも付け加えておく。他方、勁草書房刊の翻訳書は主にパスカリアンでキリスト者の田辺保（1930-2008）によってなされた。このようにして著作の訳書と同時に生涯や思想の解説書が一九六四年から次々に出版され、ヴェイユ神話の形成が始まる。シモーヌ・ヴェイユに関する著作や生涯などの翻訳は**表2**を、解説書などは**表3**を参照されたい。

この中でも大木健と田辺保両氏の役割が、ヴェイユ思想解釈の方向性を定めた。それは大木の説くヴェイユの「不幸論」とキリスト者田辺の強調するヴェイユの「極限の愛の思想」であろう。日本のキリスト者の人口数値は一％にも満たないであろうが、ことヴェイユ研究に関わる人々のキリスト教信者ないしはそのシンパと思われる人々の比率は非常に高い。

当時のヴェイユ熱を語るときに欠かせない要素として、ヴェイユが神話化されやすい存在であったということだ。夭折した女性、出自の良さ、絶対への探求、自己犠牲と献身など、神格化される材料は充分だった。ユダヤ人として、時のヒトラー政権下では祖国フランスでのレジンスタンス運動が叶わず、異国で餓死同然の死を迎える。まさに貴種流離譚ではないか。それに加えて、弟子を絶賛する『幸福論』のアラン Alain（1868-1951）、ガリマール社にヴェイユのテクストの出版を働きかけた『異邦人』のアルベール・カミュ Albert Camus（1913-1960）、同時期に居合わせた『第二の性』のシモーヌ・ド・ボーヴォワール Simone de Beauvoir（1908-1986）らの名前が、ヴェイユの存在価値の裏付けとなっていく。ジャン＝ポール・サルトル Jean-Paul Sartre（1905-1980）が来日講演で、シモーヌ・ヴェイユの名前を挙げたと言われたことも推進力となったであろう。ジョルジュ・バタイユ Georges Bataille（1897-1962）がヴェイユとの絡みで出現するのは少々遅れるが、日本ですでに一定の位置を占めていた先の四名の言わば保証人ともいうべき存在が、ヴェイユ神話の形成に力を貸したのだろう。翻訳と解説と紹介の全分野に力を注いできたのは、田辺保であるが、ここで少々時間を戻してみよう。

## 二　はじまりは「マイノリティへのまなざしを持ったヴェイユ」

一九四三年に英国アシュフォードで客死したシモーヌ・ヴェイユの存在が、日本国内で語られ始めたのは、一九五〇年代のことであり、隣国のイタリア同様かなり早い時期から紹介され受け入れられたといえよう。この受容には、バスク出身でパリミッション所属のフランス人司祭カンドゥ神父 Sauveur Candau（1897-1955）がヴェイユの紹介者として大きな役割をはたしている。少数民族で固有の言語をもつバスク人司祭によって、第二次世界大戦直後の日本で、マイノリティへのまなざしを持ったシモーヌ・ヴェイユが紹介されていったことは、注目するに値する。一九二五年から来日していたカンドゥ神父は戦時中日本を離れたが、一九四八年には戦後の日本に早々にもどり、五二年からはこの神父の周りには、当時多くの知識人や学生のみならず実業家や政治家が定期的に集った。五〇年には戦後初のカトリック奨学生として、後に作家となる遠藤周作（1923-1996）がリヨンに、後にティヤール・ド・シャルダン Pierre Teilhard de Chardin（1881-1955）やガブリエル・マルセル Gabriel Marcel（1889-1973）の翻訳者となる岩瀬孝（1920-2002）はアンジェに留学している。この頃のカンドゥ神父は後に日本の精神的支柱となる人々に多大な影響を与えており、雑誌『心』五四年二月号ではヴェイユについて以下のように紹介している。

〔…〕シモーヌ・ヴェイユはユダヤ人で、パリで教育を受け、高等師範を出て女学校で哲学を教えていた。彼女が教壇を見捨てて自ら体験しようとしたのは、考える時間と力を持たぬ労働者の生活が、そうした条件にどのように影響されているか、ということであった。奴隷のような生活を送る者は、ただ生きる喜び以外に喜びを有しないとすれば、そこに幸福はあり得ない。幸福というものは、生命の営みの上に加わってくる何かでなければならぬ。純粋に労働者の生活を営みながら、人間らしい幸福を味わうことが可能か不可能か、ということを、実地に探究しようとしたのである。そしてその経験をこくめいに書きとめた。それをべつに世に発表する気はなかったらしい。しかし彼女の精神の気高さと稀な聡明さを高く評価し援助をおしまなかったギュスターヴ・ティボンや指導司祭ペラン神父がその手記を集めて発表したところ、非常な反響を呼んだ。たちまちにしていわゆるベスト・セラーとなって、今なお版を重ねているのである。(7)

当然のことながら、キリスト教聖職者としてのヴェイユ解釈ではあるが、また同時に当時カトリック界で大きなうねりとなっていた労働司祭の運動とも重ねて語られていることが特徴といえよう。こうして労働と精神との関係性が話題となる時代背景のもとに、石川湧(1906-1976)が *Oppression et liberté*『抑圧と自由』を一九五八年に翻訳出版し、日本におけるヴェイユ作品の初の翻訳書を世に問うこととなった。石川は、この経緯を以下のように記している。

〔…〕哲学者ティボンの名と同時に、シモーヌ・ヴェーユという特異な存在を訳者が知ったのは、今は亡いソーヴール・カンドー神父との対話によってだった。不信者のわたしが、この教養あるフランス人宣教師と親しくなったのは、運命のたわむれであったのか、それとも、奇蹟か神の恩寵かでもあるのだろうか? とにかく、わたしはそれ以来、ティボンやヴェーユについて、不信者に似合わない関心を抱くようになった。(8)

遠く西欧から離れユダヤ人問題からは程遠い極東の日本で、マイノリティによるマイノリティの紹介がなされたことは興味深い。それは、戦後自己喪失していたに違いない判官贔屓の日本人なら、マイノリティに目を向けるのは自然な流れであろう。さらに日本人のこの気質とシモーヌ・ヴェイユの受け入れは戦後の死生観とも関係があるだろう。それは、ヴェイユの「夭折と餓死」という二重の禁欲が象徴となる。ガンジーの無抵抗主義とのつながりをも連想するのは強引であろうか。

六〇年代七〇年代のヴェイユ作品の読まれかたは、ヴェイユの存在とその激烈な言葉や生涯を知っていることが、あたかも自分の政治的誠実さの証明であるかのような時代であった。たとえ作品を読んでいなくとも、ヴェイユの生涯の数々のエピソードを人々は知っていて、それは「政治」が学生生活に多大な影響を与えた時代の背景にまさに合致したのだ。

ところで、筆者は先述したヴェイユの国際学会で「パリミッションのバスク人の司祭の仲介……」と触れたのだが、それに対する聴衆の反応は必ずしも大きくなかった。こちらの思い入れに比してむしろ弱かったと言わねばなるまい。フランス人をはじめとする西欧のヴェイユ研究者にとって、日本へのヴェイユの伝道に、パリミッションのバスク人司祭の貢献があっても、意外性がないのであろう。多くの司祭がアフリカやアジアに伝道にいった歴史の一コマと捉えられているのである。

翻訳書の出版は、この一期とも名づけられる初期を経て、第二期と言えるのは、シモーヌ・ヴェイユ没後五〇年を前にして企画された先述の「シモーヌ・ヴェイユの夕べ」とも重なる一九九二年からの『カイエ』の出版であろう。冨原真弓（1954-）の力に負うところが大きく、これでひとまずヴェイユ研究の基礎資料が揃ったともいえる。これが言い過ぎなら、軌道修正の時期と言ってもいいかもしれない。『重力と恩寵』は、日本で一番よく読まれたヴェイユ入門書であろうが、これは周知のようにティボン版『カイエ』であり、やはりキリスト教カトリックの教えにひきつけた編纂ではなかったか。残念なことに、ブランシュビック版パンセのような体裁のこの『重力と恩寵』は、タイトルからして、ティボン色を感じさせる。しかしながら読者を想定せずに綴られた『カイエ』を、研究者以外の読者が読みこなすのは不可能に近い。来たるべき三期は、現在フランスで刊行中のシモーヌ・ヴェイユ全集[9]の翻訳出版であろうが、これにはまだ時間がかかるだろう。

## 三　ヴェイユを語る思想家の流れ

翻訳書の出版を追いかけるかたちで、今日まで多くの知識人がヴェイユを語ってきているが、中でも時代をリードしてきた思想家が語る場合が多い。だがその思想的立ち位置はさまざまである。初期には、加藤周一（1919-2008）と大澤正道（1927-）がいる。そして八〇年代に入ってからは、吉本隆明（1924-2012）、新しい世代では中沢新一（1950-）が挙げられよう。また、そのヴェイユ論を待たれていたのが大江健三郎（1935-2023）である。

### 「シモーヌ・ヴェイユと工場労働の問題」<br>——加藤周一と中岡哲郎、谷川稔

多岐にわたって活躍し発言した加藤周一が、原爆投下後の広島に医師として赴いたことは良く知られている。評論家となった加藤は、後に欧米でも発言しつづける国際的な論客[10]となったわけだが、世界に目を向けた加藤が、フランス国内にとどまらない視野を持っていたシモーヌ・ヴェイユをいち早く語りはじ

めたことは、今日振り返ればまさに相応しい紹介者であった。加藤はまず一九五七年に「シモーヌ・ヴェイユと工場労働者の問題[11]」を書いたが、その表題が示すように、「労働」の問題が哲学的に分析されている。「新しい人間という問題」とともにこの二論文が『現代ヨーロッパの精神』に収められ広く読まれた。この本は日本の戦後思想をリードしたと評価されたが、先述の橋本一明も大いに刺激されたのである。これらを受けて中岡哲郎（1928-2024）が、一九七一年に『工場の哲学』で以下のように記述する。

> シモーヌ・ヴェイユは、一九三〇年代の中頃、工場に入り女工として働くことによって、工場の中の労働者の内面的な意識についての貴重な記録をのこした。彼女の記録は今日の労働の特徴的な意識を先取りした内容を各所にはらんでいる。〔…〕こうした記述が、私がⅢ章に書いた古典的班作業の情景とはいちじるしく対照的であることに気がつかれるだろう。これはもう一つの極の中の意識である。シモーヌ・ヴェイユを現代のトランス組立て工場の中へおいたら、彼女はやはりこれと同じ記述をのこしただろう。彼女は、労働の部分化、特殊化、その中で機械と労働者とが少しずつはなれてゆくこと、その中で労働者が《苦しまないために》《考えなくなる》こと、について執拗に書いている。それが、今日の労働の中で、人間の最も集中している部分の労働の意識を支配している主要な特徴であることを誰しも否定できないであろう。それは前章で分析したオートメ工場の労働の中での全体とのつながりのたしかめようのなさなどとはまた異なった、しかし同一の過程の両極としてつながった現代の労働の意識なのである[12]。

さらに「労働」の問題は、谷川稔（1946-）の「シモーヌ・ヴェイユとサンディカリスム[13]」と題した一九八〇年刊行の論文にも繋がる。

## 「アナキズム思想史」——大澤正道の独自のヴェイユ論

一方スペイン戦争にCNTの義勇兵として参加したヴェイユに相応しい証言者は、大澤正道（1927-2022）であろう。バクーニンやクロポトキンを紹介し大杉栄を語る大澤正道は、『アナキズム思想史』の中で、独自のヴェイユ紹介の役割をはたす。

> 〔…〕それはとにかく、これらの思潮を作りあげてゆくのに大きな役割を果したのは、イギリスの詩人で美術批評家でもあるリード、フランスの文学者で実存主義者として知られているアルベール・カミュ、おなじくフランスの特異な女流思想家シモーヌ・ヴェーユ、ドイツに生まれたユダ

ヤ人哲学者ブーバーらであろう。〔…〕ウェーユはみずから国際アナキスト義勇軍に参加しているし、〔…〕彼らに共通しているのは、カミュが指摘しているように、「すべてのマルクス主義的革命以外の伝統に対する沈黙あるいは軽蔑」に対する抗議であり、それに対立してきたアナキズム的革命の伝統と、その現代でのあらわれともいうべきアナルコサンジカリズムへの注目である。〔…〕いま一つは、労働の問題である。これについてはとくにウェーユが鋭い発言を行っており、カミュもその著『反抗的人間』に引用しているが、もちろんそれは自由と関連している。カミュの論法を使えば、労働も自由と切りはなしてはならない。八時間あまりの非人間的労働ののちにレジャーを楽しむ、これが今日の労働者の一般的な状況だが、ウェーユはそこに批判のメスを入れている。[14]

### 「シモーヌ・ヴェイユの意味」——吉本隆明のヴェイユ論構築

ところで今日まで、ヴェイユ研究者でもキリスト教信者でもなくヴェイユを論じたのは、**表3**で見て取れるように吉本隆明(1924-2012)であろう。吉本の場合は、他の思想家に比してヴェイユ論の構築に長時間かけており、またその思想の拡がりも大がかりとなる。まず大和書房『吉本隆明全集撰』[15]の月報に一九八六年九月から一九八八年三月まで連載で「シモーヌ・ヴェイユについてのメモ」[16]としてヴェイユ論を書き続け、その後一九八八年には『〈信〉の構造2　全キリスト教論集成』[17]で「シモーヌ・ヴェイユの意味」と題した文章を、そして一九九二年には『甦えるヴェイユ』[18]としてまとめている。その間に私は、拙書『シモーヌ・ヴェイユ　その劇的生涯』編纂過程で、一九九〇年にインタビューする機会を得た。本稿は吉本隆明のヴェイユ論を分析する場ではないが、この時点での吉本氏のヴェイユ論のいくつかの特徴を列挙しておく。

①『カイエ』の翻訳出版以前であり、それまでの翻訳書のみで論じている。
②理系出身者としてシモーヌを知る以前に数学者の兄アンドレ・ヴェイユを先に知っていた。
③シモーヌの幼少期の病気を重んじ、その論には病理学の視座がある。
④ヴェイユ思想の解読に親鸞の「自己抹殺」の概念をもちだす。

①に関しては、吉本はむしろ翻訳者でもある研究者や専門家を叱咤している。
②に関しては、シモーヌを神格化することに抑制がかかる。ただしアンドレを知らずとも吉本が生身の人間を神格化することは考えにくい。またシモーヌの生真面目さを吉本は以下のよ

うに表現する。

吉本　〔…〕バタイユの笑い方というか茶化し方は、とてもヴェイユにたいしては当たっているようにおもえるんです。

稲葉　「月報」で「ヴェイユがもうすこし柔軟で怠惰だったら、資質的に好きな思想のひとつだ[19]」とお書きになっているところがありますが、そのことを指しているわけですね。

吉本　そうです。でも、そんなこと言っているけど、おまえは怠けたいだけじゃないのか、ただ楽しみたいだけじゃないのかという部分はどうしても出てきちゃうわけで、そういうことはそれとして注意しないといけないことなんですが、思想とか理念の型でいえば、ぼくは、あるところで真理が絶対化される軌道に入ったときには、どうしてもそれを笑っちゃうというか抑止力が強く働く。逆に、そうすることが真に近づくためにはとても重要な考え方だとおもっています[20]。

③に関しては、別の論文を用意せねばならないだろう。吉本はこだわりを持って幼少期の病気について書き、その論を終末論につなげていく。

④には、大きな問題提起が幾重にもなされている。

まず、ヨーロッパ知識人にとって、日本人の宗教とは仏教であり、皇室と一部政治家の神道である。次に宗教の範疇には入れず西洋の哲学とは異なると留保しながらも、まず挙げるのは禅であり、鈴木大拙（1870-1966）の *Essais sur le Bouddhisme Zen* のおかげで、一九三〇年代のフランス知識人にとって、またそれ以降の人たちにとっても、「禅」はその禁欲的な側面が強調されながら知識人に根づいている。清冽なイメージのヴェイユ像とむしろ重なるのはこの禅なのだから、実際その指摘もあり[21]、研究者の疑問は鎮静していたのだ。浄土真宗は le vrai bouddhisme de la terre pure と訳されており数冊の関係書籍もフランスで出版されてはいるが、禅に比して市民権はほとんどないに等しい。ここで吉本はヴェイユを自らの親鸞像と重ねていくわけだが、これを吉本流の解釈と切り捨てることはできないだろう。フランスに向けては「果たして禅なのか」という振返りと「自力と他力」の概念、そして「救済と恩寵」という問題に絡めて提起しているわけで、吉本の意に沿ってか反してか、フランスでは、これはヴェイユ思想における恩寵論にかかわることであり、その意味で筆者の国際学会発表時にキリスト教圏の研究者からは大きな反応があった。国内にあっても、従来のヴェイユ思想解釈の修正を迫るものでもある。

## 宗教とヴェイユ――中沢新一と松岡正剛、大原富枝

シモーヌ・ヴェイユに関心を抱く次世代の思想家には、宗教学者の中沢新一（1950-）がいる。中沢の場合は、自分の宗教学という領域にヴェイユを引き入れる意味を持つが、この世代では、ある種の距離感を持ちつつ、松岡正剛（1944-）のように「余裕」をもってシモーヌ・ヴェイユを語ることがある。

〔…〕本書の紹介は難儀である。ヴェイユに降りていけば、ヴェイユに拒否される。迂回すればヴェイユにならない。シモーヌ・ヴェイユという人がそういう人であるからだ。

　そこでなぜぼくがそのように難儀するかということを伝えるしかないのだが、その前に言っておかなくてはならないことがある。日本人にしか「無」がわからないとおもっていたとしたら、大まちがいだということだ。

　たしかに欧米の哲学や思想には「有る」に対するに「単なる無」が蔓延《はびこ》ることが少なくないが、「そこへ向かうとあるかもしれない無」を見ていた哲人は、何人もいる。そのなかでも最も潔く、最も勇気をもっていた一人がシモーヌ・ヴェイユだった。〔…〕シモーヌ・ヴェイユはぼくがいちばん語りたいくせに、とうてい語りえないと思っている女性である。〔…〕あーあ、今度もヴェイユをちゃんと説明できなかった。いつか捲土重来だ。せめてこれを機会にヴェイユを読む人が一人でもふえてくれることを期待する。[22]

このような松岡の発言を端的に表現する作家もいる。「シモーヌ・ヴェイユのこと」と題した随筆の冒頭で「シモーヌ・ヴェイユは私の気にかかる人である」[23]と語る大原富枝（1912-2000）の言葉は、知識人の素直な告白ではないのか。その存在が気になってしかたないのは、日仏共通と言えるだろう。バタイユもボーヴォワールも気になってしかたがなかったのだろう。

　自著で一部ヴェイユ論を披露するというパターンでは、シャルル・ペギーを専門とする仏文学者で評論家の饗庭孝男（1930-2017）が『絶対への渇望』[24]の一部でヴェイユ論を展開するような場合である。イエズス会神父ポール・リーチ（1912-1995）の『神に問う思想家たち』[25]『神の道を歩んだシモーヌ・ヴェイユ』などの例も挙げられよう。

## カトリック思想とヴェイユのかかわり――須賀敦子

カトリック思想に近いところにいたシモーヌ・ヴェイユに当然惹かれたであろうカトリックの二人の知的女性は、今は亡き神谷美恵子[26]（1914-1979）と須賀敦子（1929-1998）であろう。

　須賀敦子が「シモーヌ・ヴェイユを芯にして」小説を準備していたとは、いくつもの証言がある。池澤夏樹は、このあたり

のいきさつを以下のように語る。

> 湯川豊　それをシモーヌ・ヴェイユでやらずに、ユルスナールを選んだ。
>
> 池澤夏樹　ヴェイユは近過ぎたんじゃないかしら。こういう形での自己表現もあるという試みだったんじゃないか。須賀さんの周到さみたいなのがあって、けっこう遠回りしていきますよね。だからヴェイユとかエディット・シュタインなんかでは、あまり自分が出過ぎちゃうと思ってたんじゃないかな。

これらの証言から想像するに、私たちは須賀敦子のシモーヌ・ヴェイユ論もしくは小説を既のところで逃したらしい。フランス語にも強くカトリックの右から左まで知り尽くし、第二バチカン公会議以前も以後のカトリック世界も体験し突き抜けた須賀の言葉はさぞ重たかったろう。

『トリエステの坂道』には、湯川豊の証言が見られる。

> 　初めてお会いしてから一年ぐらい経った頃だったと思う。須賀さんがとくに影響を受けた作家の話になった。ナタリア・ギンズブルグ、ユルスナール、それにプルーストなどの名前が挙げられた。ちょっと間をおいてから、
>
> 「シモーヌ・ヴェイユなんて、好きじゃないでしょうね」
>
> といったときの、須賀さんのはにかんだような、奇妙に素気ないような表情が忘れられない。シモーヌ・ヴェイユを愛読している（あるいは愛読した）ことは、須賀さんにとって何か複雑な心情がまつわっているらしかった。〔…〕シモーヌ・ヴェイユについては、みすず書房の『カイエ』の第一巻の月報に寄稿した短い文章[27]があると、最近になって編集部の尾方邦雄氏から教示された。そこでも須賀さんはヴェイユからの深い影響を認めながら、なおヴェイユについて語ることに口ごもっている感じがある。いつかもっと腰を据えて語らなければならないと、留保を付けているような文章であった。とにかく、けっして短くはない須賀さんとのつきあいで、ヴェイユの名前が出てきたのは先にいった一回きりで、それだけに僕はいっそう須賀さんとヴェイユの関連が気になっていた。
>
> 　ところが最近、新潮社の鈴木力氏に見せてもらった須賀さんの「創作メモ」に「シモーヌ・ヴェイユ」の名前があった。
>
> 　須賀さんは亡くなる一年ほど前から、初めて本格的な小説を書こうとしていた。自分でも「小説を書く」と明言し、その担当が鈴木氏だった。まず大筋をメモしたシノプシスができ、それから三十枚ほどの書き出しの章ができたとこ

ろで健康をそこねた。「創作メモ」のタイトルには『アルザスのまがりくねった道』とある。

　フランスのアルザスに生まれ、修道女になり、日本にも長いこと滞在して奉仕活動にたずさわった女性が主人公のモデルである。むろん須賀さんはその女性と深いつきあいがあり、須賀さんの生き方の二重性と映しあうようにして、彼女の生き方が語られるはずだった。女主人公について、現実のモデルとはずらして「たとえば、シモーヌ・ヴェイユを芯《しん》にして、つくってゆく」とメモされている。そこでヴェイユの名を目にしたとき、やはりそうだったのかと思った。キリスト教の信仰は現実の世界とどうかかわることができるか。若いときから須賀さんのなかにあったこの切実なテーマは、脈々と生きつづけていた。「シモーヌ・ヴェイユ」という名前はそのことを象徴している。須賀さんは最初の長編小説ではじめて真っ向からそのテーマを書こうとしていたと推察できる。宗教という難題を書く時機がきていたし、その気持ちは高まっていた(28)。

須賀敦子本人の言葉も確認しておこう。

> 「ユダヤ人が教会のそとにあるかぎり、じぶんはキリスト教徒にはならない」という、ヴェイユの信条に、息もできないほど感動していた時代があった。たぶん、それは、大学院を中退して、二年のフランス留学をおえたあと、いよいよひとりで模索しながらの生活をはじめたころのような気がする。宮沢賢治の「世界が幸福にならない限り、自分ひとりの幸福はありえない」という言葉に、私はヴェイユを勝手に重ねあわせ、それを彼女のやさしさ、と解釈したのだったが、いま彼女の著作の文脈に照らして考えてみると、それは厳しい論理と深淵な知識のうえに立った力づよい選択だったにちがいない。シュタインにせよ、ヴェイユにせよ、高度の教養を、まるでふだん着のように身につけていた人たちを、私はまったく抒情的に解釈して、勉強のほうは怠けていた(29)。

　ここで、ヴェイユの名を自著の中で登場させる別の例をあげておく。

　単純に知的背景としてヴェイユの名前を持ち出す人類学者の山口昌男（1931-2013）のこの譬えは全くの事実誤認なのだが、ヴェイユの名前を何であれ、七〇年前後は持ち出したくなる時代であったのだ。

> 〔…〕彼〔シェーンベルク〕はもともとユダヤ教徒であったが、一度カトリックに改宗した。これはフッサールが、ベルグ

ソンが、マックス・シェラーが、シモーヌ・ヴェイユがたどった行程であった。(30)

## 四　作品の登場人物が語るシモーヌ・ヴェイユ

次に通常の思想家の受容とは異なる状況を紹介しよう。何人もの作家が、自らの作品の中でシモーヌ・ヴェイユを登場人物に語らせていることだ。

無論フランスでも、ヴェイユをモデルにしたといわれるシモーヌ・ド・ボーヴォワールの『他人の血』のマドレーヌやジョルジュ・バタイユの『空の青み』のラザール、シルヴィ・ヴェイユ Sylvie Weil（1942-）の『リュクサンブールの王女たち』(31)があるわけだが、この三人の作家のうち前者二人は直接ヴェイユと出会い言葉も交わしていただろう。場合によっては生き証人として語る役割も担うはずの人物である。(32)そして、シモーヌの兄アンドレの娘シルヴィは、ヴェイユ家ではシモーヌの生まれ変わりのように扱われて育ったが、同時に作家であり、自らの叔母シモーヌをこの作品に描いた。これに比して、日本では、ヴェイユとの出会いがないにもかかわらず、否だからこそ、いわば登場人物として加工せずに、生の形で、シモーヌ・ヴェイユを作品に投入する作家がいる。このことは、登場人物の見識と作品の政治性、時には霊性を物語り、文学者の政治社会的立場の披瀝ともなっているのだ。実はこの現象こそ「シモーヌ・ヴェイユ思想の受容」での日本特有のものではないか。ほかの思想家がこのように扱われていないという確証はないが、その激烈な生き方が、「記号化している」ということがよくわかる現象と言うべきかもしれない。また、フランスにおいては、この現象は小説ではなく、ジャン・クロード・ブリソー監督の一九八九年公開の映画『白い婚礼』*Noce blanche* やジャン＝リュック・ゴダール監督の『愛の世紀』*Éloge de l'amour*（二〇〇一年）で見られるものだ。『白い婚礼』は、四十九歳のリセの哲学教師エノーと十七歳の教え子マティルドの恋愛を描いている。哲学教師は『シモーヌ・ヴェイユの神秘哲学』を著したヴェイユの専門家という設定である。(33)

それでは代表的な例を検証しよう。

**例1：五木寛之『デラシネの旗』**

〔…〕人間が変るのは当り前よ。あのシモーヌ・ヴェーユでさえスペイン戦争の現実を見てからは革命の神話を理想主義的には信じなくなったわ。だけどそれは変節したこととは違う。あなたは――(34)」

**例2：三浦綾子『雪のアルバム』**

〔…〕ちょっと話は前後しますが、加奈崎の倒産を知る幾日か前、私は『三分の黙想』という本に、〈不幸な人の不幸に気を配ることは、実は稀《まれ》な、困難な能力である〉という、シモーヌ・ヴェイユという人の言葉を見ました。その時私は、この言葉がよくわかりませんでした。誰だって、人の不幸を見たら同情すると思いました。道端で怪我《けが》をしている人を見たら、救急車を呼んでやるだろう、飢《う》えた人々のためのカンパを求められたら、カンパするのは当然だろうと思いました。まちがっても、不幸な目に遭っている人に、冷たい視線を浴びせるとは、思ってもみませんでした。(35)

**例3：木崎さと子『幸福の谷』**

「〔…〕宗教家は一応別としても女性ではシモーヌ・ヴェイユの神秘体験が有名だし、最近でも時々そういうことを発表する人がいますよね。インテリの合理主義と別に矛盾しないんじゃないですか」

〔…〕

「シモーヌ・ヴェイユの神秘体験って、どんなことなのかしら」

この女性哲学者について直子は、多くのことは知らなかったが、インテリといっても特別の才能に恵まれながら弱い躰に鞭打って労働者と共に働き、〈不幸〉というものの本質を捉えた、などという略歴の紹介などから、つよく惹《ひ》かれるものを覚えてはいた。

「『神を待ち望む』って題でまとめられている本に出ていたと思うけれど、じかに神に触れられた、という瞬間が生涯に三度もあったようですね、ポルトガルの海岸で黒い衣を着た漁師のおかみさん達の聖体行列を視た時とか……、ソレームの修道院でグレゴリオ聖歌を聴いていた時とか」

「それでいて、彼女は洗礼を受けなかったんでしょう？」

「ええ、教会の外に不幸な人々がいるのなら、自分もその人達と共にあるために教会の敷居に留まる、って」

パスカルにしてもペギーにしてもシモーヌ・ヴェイユにしても、〈悲惨〉ということが鍵なんですね、野村が独り言のようにつけ加えた。

「それと〈不在〉か……」(36)

**例4：髙村薫『レディ・ジョーカー』**

根来史彰は〔…〕自宅から唯一持ち出してきたシモーヌ・ヴェーユ著作集五冊のうち、適当な一冊を手に布団に入った。学生時代に手に取ったとき、〈無人島に持っていく十冊〉の半分はこれだと思った五冊だったが、四半世紀経った今、あまり迷うことなくその五冊を選び、隠れ家の友にしていた。〔…〕マルクス主義思想の中身は根来には受け入れられない点も多いが、言葉の一つ一つ、ページの一行一行から溢《あふ》れ出る一人の人間の、とてつもない息吹、信念、情熱、優しさ、脆さ、危うさ、美しさに打たれ、人間が物を考えることの偉大さに触れ、生きていてよかったと思わせる悦びに満ちているのだった。だから、開くのはどのページでもよく、ストライキの話であれ、神の話であれ、自分に書き送られてきた手紙のようにして数ページを読み、その真剣な眼差しを受け取って心が洗われ、半世紀も前に死んだ一人の女性に感謝しつつ、それではおやすみと本を閉じるのだ。〔…〕こうして人間が無意識へ沈んでいくのを、ただシモーヌ・ヴェーユは恐れていたっけなと思いながら、しかし貴女、この国ではほとんど誰も飢えていないんだ、そこそこ食える生活の蔓延がこの温んだ日向水のような穏やかさだ、と根来は独りごちた。

**『晴子情歌』**

　郷里の見舞いを喜びながら、そのこころはもはや何かを喜んでいる自分を知らないかのようだった。しかしそれは、シモーヌ・ヴェイユが肉と魂に入り込むと称した労働の不幸ではなく、ましてや資本主義が強いる機械的生産と人間性疎外の関係などでもなく、たんにイカ釣り船や漁港の揺り身工場に流れていたのと同じ、あの単純な時間があるというだけのことではなかったか。(37)

**例5：大江健三郎『燃え上がる緑の木』**

　――マユミさんが持って出て行った本のことを岡君に聞いておいたよ。シモーヌ・ヴェイユの“Attente de Dieu”の翻訳だといっていた。あいにく訳本はないけれど、もとの本ならば二種類持ってるから一冊送ってあげよう。

〔…〕

　――いや、いまのはシモーヌ・ヴェイユのお兄さんの偉い数学者が、BBCで作ったドキュメントでしゃべっていたことですよ。(38)

〔…〕

　ヴェイユという名が出たのに驚いたのだ。

〔…〕シモーヌ・ヴェイユが、《ひとりの子供が足し算をして、間違いをすると、その間違いには、子供の人格の特徴が現われる。正しい答えの時、その計算の操作に子供の人格の特徴はどこにも姿を現わさない》といっているが、それは本当だろうか？　正しい答えの秀れた出し方にこそ、かれの人格の積極的な特徴が見られるのではないか？

〔…〕

　――シモーヌ・ヴェイユならアメリカでも当時は誰でも読んでいたから。政治的な論文を中心に読むやつと、後期の手紙ほかに惹かれているやつと、二派があったけれども……(39)

以上五作品のそれぞれのシモーヌ・ヴェイユの導入方法とその効果、また語られている内容の精度などを論じる価値はあると思うが、ここではこのような現象を指摘するに留めておく。確かに今日、五木は、『デラシネの旗』執筆時にはふれなかった仏教へ傾斜した作家となっているし、三浦（1922-1999）はプロテスタント、木崎（1939-）はカトリックの信者であり、髙村（1953-）にいたっては、この脇役に過ぎない登場人物の根来以外にも二名をキリスト教信者の設定で作品を構築しているし、大江はさらに既成の宗教を超えた宇宙をもっているようにも見える。このようないわば「信仰」を抱えている作家たちだけではなく、つまり一部の読書家しか手に取らない小説でのみシモーヌ・ヴェイユが記号化されているのではないことの例として、片山恭一（1959-）のベストセラー小説『世界の中心で、愛をさけぶ[40]』を挙げておこう。この小説は、映画化されるなど中学生にいたるまで若年の読者も巻き込んだ、文字通り二十一世紀メディア主導型の作品であるが、片山自らが語るように、シモーヌ・ヴェイユの考えを生のかたちではなく、ヴェイユの言葉を登場人物の語りの中に溶かしている。それをあえて種明かししており、この「告白」にこそ、片山のペダンティスムが感じられるのだが、別の言い方をすれば、片山は告げる読者を巧みに使い分けているということだ。

W　そうして蓄積されてきた読書歴が、片山さんの作品世界にも影響しているんですね。

片山　そうですね。ただ、新人賞をもらったときに編集者から、「あなたの今後の課題はペダンチックなところをいかに消すかということです」と言われたのが、妙に応えてまして。哲学的な思索が、小説としての感興を削いでいるというんです。だから現在も、理屈っぽいところはあまり出さないようにしています。『世界の中心で、愛をさけぶ』でもエマニュエル・レヴィナスやシモーヌ・ヴェイユを使いましたが、直接的ではなく、たとえば祖父の台詞に紛れ込ませるとか、それなりに工夫はしているんです[41]。

## 「記号化したヴェイユ」を超えた投入を試みる笠井潔の場合

これら六作品でのヴェイユの投入は、ブリソー監督の場合と同様に、作品の「舞台装置」とも受けとめられるが、さらに踏み込んで、シモーヌ・ヴェイユの存在そのものを作品の中央に据えている書き手は笠井潔（1948-）であろう。笠井の場合は、著書『サマー・アポカリプス[42]』と『薔薇の女』があるが、どちらも前六作品とは違い、ヴェイユとおぼしき人物を主要な登場人物に据えている。この大胆な構図は、先にあげたフランスのシモーヌ・ド・ボーヴォワールの『他人の血』のマドレーヌより遙かに重く、ジョルジュ・バタイユの『空の青み』のラザールよりも複雑であろう。フランスで実在のヴェイユに出会ったひとたちが作品にヴェイユを投入していくのとは事情が異なる。笠井の自作品へのヴェイユの投入は一筋縄ではいかず、ひとつの作品で、登場人物にヴェイユを語らせることもすれば、同時にヴェイユがモデルと思しき登場人物を設定もする。笠井の作品では、ジョルジュ・バタイユ以外なにものでもないと評されるジョルジュ・ルノワールという登場人物と絡めて、シモーヌ・ヴェイユの存在がひとつの役割を果たしている。笠井は、ほかにもハイデッガーを意識した登場人物やフーコーを意識したといわれる人物など、その哲学思想を自分の作品の中で語らせることに余念がない。一例をあげよう。

「〔…〕いわばマチルドは、あなたのいう普遍経済学の原則を恣意《しい》的に飛び越えようとして破滅したのでした。マチルドとはまったく逆方向だったとはいえ、普遍経済学の原則への挑戦者という意味では、あなたが御存知のシモーヌ・ヴェイユにしても同じことだったはずです」

　ここで、第二次大戦中にロンドンで客死した高名な女性思想家の名が突然にカケルの口から洩れたため、わたしは軽いとまどいを感じた。しかし、考えてみれば、そこに特に理解できないような不思議なことはなかった。ルノワールはシモーヌ・ヴェイユを主人公にした短い小説を書いているのだし、生前のヴェイユとルノワールのあいだに親交があったということは、広く知られている事実だった。そしてまた、夏のモンセギュール事件でカケルが真に闘ったのは、このシモーヌ・ヴェイユと、ヴェイユの再来だったといっていいシモーヌ・リュミエールという、二人のシモーヌの思想だったのだ。こんなわたしの思いとは無関係にカケルは続けていた。

「しかしムッシュ・ルノワール。僕にはあなたの議論にどうしても納得できないところが残るのです。そしてそこにこそマチルドが躓《つまず》き、ヴェイユが落ち込んだ陥穽《かんせい》があるのだろうと考えているのです」

「わたしの議論のなかにある陥穽……。もう少し説明してもらわなければ、君が何をいいたいのかは理解できないな。マチルドという女性のことは知らないが、ヴェイユに関していえば、暴力あるいは悪として以外に存在しえない過剰なるものの爆発から、彼女は本能的に身を遠ざけたのだ。それへの嫌悪、拒否、拒絶の身ぶりの著しさは、抗い難い暴力から必死になって身を守ろうとする臆病な小動物の惨めな本能に、ほとんどよく似たものだった。肉体と精神における生のエネルギーの病的欠乏という深い意味での貧血症が、ヴェイユにそれを強いたのだろう。そうすることによってヴェイユは、彼女が狂おしいほどに渇望した聖なるものから自身を引き剥がす結果になったのだ。過剰の蕩尽、つまり暴力と悪のなかにしか聖なるものは存在しないのだからな。この愚かな、しかも無惨な自己分裂の果てに、ヴェイユは自ら望むようにして難破してしまったのだよ。シモーヌ・ヴェイユ……、あの涙っぽい濡れ雑巾、他人の不幸にたかる黒い鳥、忌々しい宗教気違い、しかし深い場所で私の魂を捉えてしまった奇妙な魅力の持ち主だった……」

　鋭い眼を細めるようにして、老人は呟くようにいった。そこにはどこか矛盾したものが窺われた。強い言葉でヴェイユを否定しながらも、その裏にはただの否定とは違ったものがあった。男と女の関係に由来したものではないとしても、そこには、若い頃の手に負えなかった恋愛の相手を思い出すような優しさと忌々しさが同居しているように感じられるのだった。過去の思いから身をもぎ離すようにして、それからルノワールは鋭い口調でいった[43]。

　笠井潔の二作品でのシモーヌ・ヴェイユの出現は、たいそう興味深いものがあるが、その分析は本稿では扱わない。まだまだ笠井作品は書き続けられて、その中で笠井の「ヴェイユ」は変貌し続けるのではないだろうか。ただ先述の作家のように、「不幸、他者への痛み、革命の挫折、真理への献身」といったおなじみのテーマではなく、中世の異端カタリ派やバタイユとの絡みをもってくるなど、前述の諸作品に比してはるかに手が込んでいる。笠井のディレッタントの域を超えた知識と専門性は、探偵小説という枠組みの中では窒息しそうな状況にある。ただ単純にシモーヌ・ヴェイユ思想を作品の背景や舞台装置に据えるのではなく、小説という虚構の中にこそ、そしていくつもの「死」が当然のこととして語られるミステリだからこそ、シモーヌ・ヴェイユを現存させる空間にふさわしいと意識しているのではないだろうか。笠井自身によると、シモーヌ・ヴェイユをパリ滞在中（1974-76）に読んだということだ。

　パリ滞在時代に繰り返し読み、『テロルの現象学』執筆の参考としたのは、フーコーが「外の思考」と呼んだバタイユやブランショ、あるいはシモーヌ・ヴェイユなど大戦間の異端フランス思想でした。一九三〇年代のラカンやレヴィナスも、この「否定神学」グループに属します。とはいえ「神は存在しないと考えながら祈ること」というヴェイユの痛切な自己分裂を、ゲーデル的脱構築という項目に過不足なく整理できるのでしょうか。東君に以前、ヴェイユのように外部に直面し続け、最後には餓死自殺してし

表4　シモーヌ・ヴェイユに関わる公演他

| 開催年 | タイトル | 主催者他 | 講演者他 |
|---|---|---|---|
| 1992 | 「甦えるヴェーユ」<br>「シモーヌ・ヴェーユ 1909 〜 1943」 | シモーヌ・ヴェイユの夕べ<br>(講演・上演)<br>於：渋谷ジァンジァン<br>企画：稲葉延子他 | 吉本隆明　講演<br><br>クロード・ダルヴィ<br>ダニエル・ネッテール<br>ドニ・ダニエル |
| 1996 | ドイツ文化会館『力の詩編』 | 国際現代音楽祭 | 権代敦彦　作曲 |
| 1997 | 『救われたヴェネチアより』<br>“かくも麗しき日よ” | 日本音楽コンクール | 三枝木宏行　作曲 |
| 2009 | 『救われたヴェネツィア』 | 新作歌曲の会　第 11 回演奏会<br>東京文化会館小ホール | 金田潮児　作曲<br>稲葉延子　翻案・訳<br>鎌田直純　他　演奏 |
| 2009 | 『救われたヴェネツィア』 | シモーヌ・ヴェイユ生誕 100 年記念の会<br>カリタス女子短期大学 | 金田潮児　作曲<br>稲葉延子　翻案・訳<br>鎌田直純　他　演奏 |

まった人間に、否定神学批判は有効なのか、と問いかけたことがありました。僕が影響された外部の思考は、「中心に欠如としてのファルスを想定することで一種の全体性が確保され、そこから安定的に言説が紡ぎ出されるようなタイプの、いわゆる超越論的な思考パターン」（斉藤環『郵便的不安たち#』解説）とは、根本的なところで違っている。ヴェイユは神学的言説を安定的に紡ぎ出すために、「不在の神」を想定したわけではない。あるいはこれを、「否定神学」的言説と「否定信仰」的実践の相違と捉えることもできます[44]。

## 五　音楽の領域——日本での受容の特徴的側面

笠井潔の場合は日本における受容の特徴というには、個人の資質に負うという可能性を捨てきれない。さまざまな側面をそれぞれに切り取って自分のサンクチュアリに持ち込む思想家や研究者を尻目に、日本での受容の特徴のもうひとつは、音楽の領域であろう（表4参照）。これは、フランスはもとより他国でも見られない現象で、権代敦彦（1965-）と三枝木宏行（1962-）という二人の現代作曲家が、ともにヴェイユを題材に曲を作っていることは、先の国際学会でもかなりの驚きをもって迎えられた。三枝木宏行の作品の一部を聴衆に聞かせることができた。

容易に理解できることだが、音楽の世界では、ヴェイユ思想は更なる昇華がなされている。三枝木宏行は音楽を学ぶ前にフランス文学を学んでいるという経歴を持つ。作品は、シモーヌ・ヴェイユの『救われたヴェネツィア』の終幕のヴィオレッタの Le jour qui viens si beau で始まる台詞に曲をつけたもので、水と光のイメージを追いかけて作ったと語っている。特にヴェイユの神秘体験に興味をひかれ、権代も Cantium 1 という楽曲に、Le jour qui viens si beau を含め、二〇〇〇年には、舞台音楽 **Venise sauvée tragédie musicale** を作曲している。一方ヨーロッパでも精力的に活動し、東京のカトリック教会のオルガニストでもある彼はカトリックの雰囲気の中で育ってきていることが、ヴェイユとの出会いの前提となっている。また、彼は長谷正富のシモーヌ・ヴェイユ論までも読書の幅を広げており、シモーヌ・ヴェイユ思想に着想を得たオペラ制作を考案中と聞いている。実は先の「四　作品の登場人物が語るシモーヌ・ヴェイユ」で例をあげたシモーヌ・ヴェイユの記号化とこの音楽作品には共通性がある。つまり、思想をその言葉から切り離し、更なる昇華を重ねて、「記号と音」というレベルでわれわれ日本人がシモーヌ・ヴェイユを受けとめているということだ。

## おわりに

シモーヌ・ヴェイユ国際学会での日本人研究者は少なくもフロアで目立つ存在である。そのほとんどが女性であるということは、女性の哲学者を女性が研究するということ以上に、昨今の日本の文学や哲学研究者事情とも重なっているし、また彼らを育てる側の事情にもよっているのだろう。心情や信仰の問題よりは、哲学のテクスト研究という取り組みをする研究者たちに今後の成果は大いに期待できるだろう。一方でヴェイユ神話の中からヴェイユが記号となって、さまざまな作品や言説の中で出現する状況は続くだろう。今後の日本での展開に方向性を決めていくことがあるとすれば、以下の二つが大きく舵をとると思われる。

1. ガリマール社発刊のシモーヌ・ヴェイユ全集の翻訳
2. 大江健三郎のシモーヌ・ヴェイユ論

大江のシモーヌ・ヴェイユ論は、未だまとまった形にはなっていないが、講演などでもさまざまな形でヴェイユの言葉への関心と読書を表明している。一九九四年のノーベル賞受賞時にシモーヌ・ヴェイユについてたびたび発言していることも記憶に残るところである。祈りと不幸がキーワードになっており、大江作品においてもシモーヌ・ヴェイユが挿入されているのはすでに見たとおりだ。大江のヴェイユに関する発言を羅列する。

①今日、私はある言葉をご紹介して、そこから話を進めようと考えておりました。それは、フランスの女性の哲学者シモーヌ・ヴェイユの言葉です。ヴェイユは一九四三年だったと思いますが、こういう意味のことを書きました。人間にとっていちばん大切な態度というのは何か？それは他人に向かって、あるいは隣人に向かって、「あなたはどのようにお苦しいのですか」と問いかけることだ。そうヴェイユはいったのでした。彼女のフランス語はQuel est ton tourment? です。英語の翻訳では、少しニュアンスが変ってくるようにも感じられますが、What are you going through? と訳されていました。そのように問うことが人間にとってもっとも美しい、そしてもっとも人間らしいことであるし、そこから行動も始まる、とヴェイユはいっているのでした[45]。

②〔…〕私は四十代の初めからあらためてブレイクを読み続けていた。それは息子と暮すことを軸とする私の日常生活に、端的に必要なことと感じられていた。その読書が、すぐにもダンテへ、そしてイェーツへと発展してゆくことになり、どうしても必要な脇からの援助のように、フラナリー・オコナーやシモーヌ・ヴェイユ、アウグスチヌス、そして広くグノースティックに関わる読書をみちびきこむことにもなった……[46]。

③学生時代のサルトルをはじめ、ドストエフスキー、フローベール、メルヴィル、ラブレーなど。近年はブレイク、イエーツ、ダンテからアウグスティヌス、シモーヌ・ヴェイユを集中的に読んでいる。

とくに教会には入らず、信仰の外にあって神と魂の問題を考えたシモーヌ・ヴェイユは、今の大江の問題と重なるという[47]。

④ヴェイユは、なにより注意力を育てるのが学問の基本で、それは祈る力をきたえることでもある、といいました。まず、じっと見つめることだ、とも。夜の川面を流れて行く、死者の名を書いた灯篭を目で追いながら、日ごろ祈ることに抵抗感のある自分が、自然に祈っていたのを私は認めます[48]。

スーザン・ソンタグSusan Sontag（1933-2004）との往復書簡では、ソンタグが大江に向かってシモーヌ・ヴェイユの名を口にする。

〔…〕でも、独善的にならずに正しくあるにはどうすべきか。どうすれば「私」を放棄できるか。なんであれ、自分はこのことなら知っているとの判断は、この「私」をとおして得るものではあるのですが。（シモーヌ・ヴェイユは、「私たち」よりひどい唯一のもの、それは「私」だ……と語りました。）

私たちは二人ともナショナリズムの強硬な反対者です。[49]

大江のシモーヌ・ヴェイユ論がまとまった形で発表されたときに、筆者は、吉本のシモーヌ・ヴェイユ論とともに国際学会で再度「日本におけるシモーヌ・ヴェイユの受容」として問うものとなると考えていた。

ところで、日本で今日まで問題視されてこなかったヴェイユの「イスラエル」への憎悪を研究することは、多くの場合ユダヤ人問題をホロコーストの犠牲者として、あるいはユダヤ資本の世界支配といった際物としてしか取り上げてこなかった日本では、すでにパレスチナ問題をも視野に入れての問題設定となれば、さらに困難な取り組みとなり遅れることだろう。ユダヤ人問題にこだわりをもたない日本人が、『イエルサレムのアイヒマン』を著し、その立場を表明するハンナ・アレント Hannah Arendt（1906-1975）と「イスラエル」憎悪ともいえる言葉を残したシモーヌ・ヴェイユとの対比をするのは、その問題意識のありようにかなり距離があるかもしれない。

労働の問題はどうなるのか。「労働」そのものの形態が大きく変わり、IT化があらゆる領域で進み、目に見えない「労働」が、ヴェイユの労働に関する省察とどのように重ねて考えていけるのか、どこかで再考する必要があろう。

また、宗教はどうか。過去の翻訳者や紹介者の大半がキリスト教徒であったという日本の事情は、キリスト教に「ナイーブな」日本の読者に対して、確かにシモーヌ・ヴェイユの思想や生涯をキリスト教側へと引き寄せ過ぎたかもしれない。今日の日本での宗教離れとカルトへの傾斜、カルトへの寛容さと既成宗教への無関心。ここにもヴェイユ出現の必然性はあるだろう。しかしながら、日本人のたとえ知識人であっても、既存のキリスト教への相変わらずの知識の欠落した状態が、ヴェイユをエディット・シュタイン Edith Stein（1891-1942）との比較という視点を持たせないのだ。先のハンナ・アレント同様、フランスでは既に注目され論文や研究書も発表されている。[50]

九〇年代のヴェイユの『カイエ』の翻訳は、今後どのように活かされていくのか、翻訳出版第二期をいまだ充分活かしきれていないのではないか。この意味でも須賀敦子を失ったことは大きな痛手と言わねばならない。ここにも分岐点はあるのだろう。おそらくは『カイエ』の読解の註釈本が必要なのかもしれない。シモーヌ・ヴェイユが、神話から記号へと姿を変えつつ、音楽にまで昇華されながら、ヴェイユはまだまだ日本国内で甦えることだろう。その意味では普遍性のある問題提起と、人々が受け入れざるを得ないほどの率直さを兼ね備えたシモーヌ・ヴェイユは、吉本の言う「自己抹殺」、笠井が括る「否定神学」の言葉を浴びながらも、二十一世紀の日本人の心情に刻まれていくだろう。

一研究者として自戒をこめて現況に望むべきは言うまでもなく、シモーヌ・ヴェイユのテクストそのものが読まれ続けることである。

## II 現存するシモーヌ・ヴェイユ

本稿第I部でシモーヌ・ヴェイユの日本における受容を辿ってみてきたわけだが、二〇〇三年からの一〇年、そしてそれ以降において、どのような位置づけにあったか、そしてあるのか、改めて検証してみよう。田辺保、渡辺一民、吉本隆明、加藤周一といった日本におけるヴェイユ受容の功労者たちが鬼籍に入るのもこの時期である。出版物に関しては各表に二〇〇三年以降のものも加えたので参照されたい。

この間の大きなことは、やはり二〇〇九年のシモーヌ・ヴェイユ生誕一〇〇周年であろう。フランス本国では多くのヴェイユ論が出版され[51]、この年を「シモーヌ年」として位置づけた姪のシルヴィ・ヴェイユは、各種メディアのインタビューにも積極的に数多く応じたうえ[52]、*Chez les Weil, André et Simone* (Buchet Chastel)[53] を上梓した。

このような、フランスでの状況に対して、日本独自の動きとしては、冨原眞弓による多数の翻訳[54]も含め『シモーヌ・ヴェイユ』(岩波人文選書)が出版されたこと、また新進の研究者として、私が本稿第I部で紹介した二人がそれぞれ、今村純子は『シモーヌ・ヴェイユの詩学』(慶應義塾大学出版会、二〇一〇年)、鈴木順子が『シモーヌ・ヴェイユ「犠牲」の思想』(藤原書店、二〇一二年)を出版し、発表や講演を含めて、今後のヴェイユ研究を大きく発展させ拡げる成果が続いたことである(**表1〜3**参照)。さらには、大学院生レベルでも、シモーヌ・ヴェイユ研究者を志すものがいたことも注目されよう。

二〇〇四年十月には、京都大学で、ミクロス・ヴェトーを招聘しての講演会とヴェイユ研究者との間の討論会がポール・リクールを専門とする哲学者杉村靖彦により開催されている[55]。これは、後に挙げる、東京大学、明治大学でのフランスからの研究者招聘講演会の先駆けとなった。

さらに特徴的な動きとしては、カミュや、バタイユ、レヴィナスらを専門とする研究者たちが、本格的にヴェイユを論じはじめたことである。例えば、雑誌『水声通信』の同三四号「特集:『社会批評』のジョルジュ・バタイユ」(二〇一一年)では、

表5　シモーヌ・ヴェイユ特集（雑誌）

| 刊行年 | タイトル | 媒体 | 出版社 | 編集 |
|---|---|---|---|---|
| 2011 | シモーヌ・ヴェイユ　詩をもつこと | 現代詩手帖特集版 | 思潮社 | 責任編集＝今村純子 |
| 2017 | シモーヌ・ヴェイユ　〈聖なるもの〉と〈ポリティック〉 | 別冊水声通信 | 水声社 | 岩野卓司他 |

岩野卓司の「死と破滅をめぐって　社会批評時代におけるバタイユとヴェイユの対立、そしてそのひとつの帰結」と題する論文があった。二〇一七年には、「シモーヌ・ヴェイユ」特集号が水声社から出版され、執筆陣は、岩野卓司を始めとして、有田英也、渡名喜庸哲等の上記思想系を専門とする一線の研究者たちである。

ところで、エディット・シュタインとの本格的な比較研究は、未だ散見することはないが、ハンナ・アレントやエマニュエル・レヴィナスとは、比較して論じる研究者が日本でも出てくる状況にある[56]。つまり、ヴェイユ思想に他の思想家を照射することで、その政治観や労働観などを語るようになってきたということだ。

本誌も含めて、ここ数年で、シモーヌ・ヴェイユ特集ともいえる雑誌が複数出版され、執筆者の多くが、先のレヴィナスやバタイユらを専門にする研究者たちであることも、今日の日本のヴェイユ受容の状況を物語っている（表5参照）。それは、フランスからのマルティーヌ・レボヴィッシ[57]やシルヴィ・クルティーヌ＝ドゥナミ[58]を招聘した講演会の企画にも現れている。前者は、レヴィナス研究者の合田正人が、後者は、ラカン研究者の原和之が中心的に動いていた。

キリスト教寄りの学者たちのみならず、そこから一歩二歩離れた立ち位置で、シモーヌ・ヴェイユを眺めることのできる学者たちが、声を上げ始めているのは、この時代にあって好ましい。だからといって、ヴェイユ受容の草創期をあの時代のブームと捉えてはならない。あのヴェイユ熱は一過性ものではないのだ。ただ、「大きな物語の終焉」後の思想界で、あらためて、まとまった作品一つ残さずに客死したシモーヌを注視するのは、必ずしも彼女の劇的な生涯にのみ拠っているのではないのだろう。

本稿第I部で紹介した、イコンとして働くシモーヌ・ヴェイユという、音楽の領域での受容の、その後はどうだろうか。二〇〇九年七月に金田潮児による作曲で、「救われたヴェネツィア」が初演され[59]、これは同年一一月のフランス、アンジェでのシモーヌ・ヴェイユ国際学会で、DVD上映し、多くのヴェイユ研究者の関心をひいた。また、続く十二月の「シモーヌ・ヴェイユ生誕一〇〇年記念の会」[60]では、改めて演奏された。昇華されていくイコンとしてのヴェイユは健在である。

さて、本稿第Ⅰ部の最後で、これからの日本における受容の転換を促す二つの要素として、シモーヌ・ヴェイユ全集の翻訳と大江健三郎のヴェイユ論とを、筆者は指摘したのだが、どちらも実現には至っていない。フランスでのガリマール社の全集の出版自体が完結しておらず[61]、その間、ヴェイユの国際学会会長は、アンドレ・ドゥヴォーから、ジョルジュ・シャロ、そしてロベール・シュナヴィエへと交代してきた。全集発刊に大きく寄与してきたフロランス・ド・リュシーは、ヴァレリー研究者として来日もしているが、この全集の翻訳出版に関しては、未だ見えては来ない。大江健三郎の発言はノーベル賞受賞後も散見されたものの、まとまったヴェイユ論は、待たれている状態が続いた。

全集の翻訳は別としても、大江の場合は、むしろ、大家に大部のヴェイユ論を期待する、という時代ではなくなっているということなのかもしれない。今村純子が責任編集をした二〇一一年十二月に出版された『シモーヌ・ヴェイユ　詩をもつこと』の巻頭言には、「本特集版は、以上のコンセプトに基づき、詩人、批評家、哲学者、文化人類学者、社会運動家、実業家、科学史家等々……」と多岐に渡る分野の人々が、「シモーヌ・ヴェイユの言葉を血肉化し、それぞれの現場において開花させている……」と記されている。今村氏の視野の広さとその手腕が結実した特集版であったが、これだけ多くの人たちが、シモーヌ・ヴェイユの生涯と思想を抱えているのだという事実に接して、筆者は小さな衝撃を覚えたものである[62]。じつは、兄アンドレが繰り返し発言し、筆者自身、直接聞かされていたことだが、アンドレが忌み嫌ったシモーヌの神話化、聖女伝説は、異なる形で生きているのではないか。

二〇〇九年の生誕一〇〇年は確かにひとつの区切りではあったが、日本では、それにとらわれることなく、「ヴェイユを知りたい」という思いが、人々の中に脈々と流れ続けていることを再確認するに至った。この夭折した女性の思想を知ろうという思いは、即答を期待するようなものではない。たとえ、回答が与えられたりしなくともよいのだ。この熱き想いは、レヴィナスやバタイユ研究者たちがヴェイユにもつ熱とは別物でも、二層になっている、というものでもない。「ヴェイユを知りたい」という思いは同質であり、レベルの違いというものは存在しないのだ。

そもそも、レヴィナスやバタイユ自身が「ヴェイユを知りたい」という思いから、それぞれヴェイユについて書き残したと言っても過言ではない[63]。そこには、キリスト教のみならず、日本人には知識として理解するにしても容易とはいえない、「ユダヤ教、もしくはユダイスム」を研究の前提に置く必要があるように見えることもあり、一部専門家だけが入場可能なサンクチュアリだという疑念もわく。では、キリスト教、あるいはカトリックといったものは、日本人に捉えやすいものだった――そう結論するのも早急に過ぎるだろう。むしろ、以前から、そして今日も続く、キリスト教は理解できているとする日本人研究者の陥りがちな誤解や無理解を思えば、むしろ、ユダヤ教への謙虚で慎重な接近のほうが、危険性は小さいと思われてくる。

他にも、ヴェイユ研究のアプローチとしては、摂食障害[64]やタナトロジーなどの切り口で、ヴェイユを知ろうとする人々もいるのだが、上記の二種の人々とその熱意において、こちらもそれほど違いはないと思われる。

大きな物語は消滅し、誠実さが疎まれ、規範が薄らぎ、はては大震災や原発事故を共有した日本人は、ヴェイユの不器用さと真摯さ、そこに何かを見つけたいのだろう。ヴェイユが残した言葉は、その行動とともに、そういうわれわれを裏切らない力をもっているのである。気になる存在であり続ける才能、人が公にあるいは私的に真理をもとめて苦悶する際に、シモーヌ・ヴェイユは常に比類なき証人なのだ。

### 注

(1)「Simone Weil 1909-1943」Histoire & Théâtre 来日公演　台本・演出＝クロード・ダルヴィ、出演＝ダニエル・ネッテール、ドニ・ダニエル、クロード・ダルヴィ、企画＝デゼスポワァル／稲葉延子、伊藤洋、高嶋進、於：渋谷ジァンジァン、一九九二年十二月十九・二十日。

(2) 本稿では、筆者の恩師を始め指導を受けた方々の名を多く引いているが、全員の敬称を略したことをお断りしておく。

(3) シモーヌ・ペトルマン著、杉山毅・田辺保訳『評伝シモーヌ・ヴェイユ』(全二巻) 勁草書房、一九七八年。

(4) 稲葉延子「クロード・ダルヴィ作・演出《Simone Weil 1909-1943》パリ・ユシェット座から渋谷ジァンジァンへ」カリタス女子短期大学研究紀要『CARITAS』第二七号所収、一九九二年。

(5) *Cahiers Simone Weil*, TOME XXVII-Nº 4 所収。L'Association de la pensée de Simone Weil は一九七八年六月フランスで結成。初代会長アンドレ・ドゥヴォー教授、現会長ロベール・シュナヴィエ教授。「シモーヌ・ヴェイユの日本における受容」カリタス女子短期大学研究紀要『CARITAS』第三九号所収、二〇〇四年。

(6) 橋本一明『純粋精神の系譜』河出書房新社、一九七一年。

(7) S・カンドウ『S・カンドウ一巻選集』春秋社、一九六八年、三二頁。

(8) シモーヌ・ウェーユ著、石川湧訳『抑圧と自由』東京創元社、一九六五年、二五三頁。

(9) Simone Weil, *Œuvres complètes*, Gallimard, 1988-. 一九八八年九月、パリのモンパルナスＦＮＡＣの講堂で、全集発刊記念のシンポジウムが開かれ、筆者も聴講した。出席者は、アンドレ・ヴェイユ、モーリス・シューマン、アンドレ・ドゥヴォ、ガブリエッラ・フィオリ、ジョルジュ・ユルダン他。一九八八年十一月二十九日『週刊読書人』に記事掲載。

（10）コレージュ・ド・フランスにて講演「徳川時代の主観主義と現代の日本」一九八三年、レジオンドヌール（officier）叙勲、二〇〇〇年。

（11）加藤周一「シモーヌ・ヴェイユと工場労働者の問題」『加藤周一著作集2』平凡社、一九七九年、所収。『世界』岩波書店、一九五七年十一月号初出。

（12）中岡哲郎『工場の哲学――組織と人間』平凡社、一九七一年、一六二―一六四頁。

（13）谷川稔「シモーヌ・ヴェイユとサンディカリスム」、河野健二編『ヨーロッパ――一九三〇年代』岩波書店、一九八〇年。

（14）大澤正道『アナキズム思想史』現代思潮社、一九六七年、三〇五―三〇七頁。

（15）吉本隆明『吉本隆明全集撰』大和書房、一九八六年。

（16）吉本隆明「シモーヌ・ヴェイユについてのメモ」1～6、大和書房、一九八六年九月～一九八八年三月。

（17）吉本隆明『信の構造　全キリスト教論集成』春秋社、一九八八年。

（18）吉本隆明『甦えるヴェイユ』JICC出版局、一九九二年。

（19）吉本隆明「シモーヌ・ヴェイユについてのメモ」5、大和書房、一九八七年十二月、九頁。

（20）稲葉延子編訳『シモーヌ・ヴェーユ　その劇的生涯』春秋社、一九九一年、一三三頁。

（21）Gaston Kempfner « La philosophie mystique de Simone Weil », David Raper, « L'interprétation des traditions hindoues et bouddhiques chez S. Weil », *Simone Weil – Philosophe, historienne et mystique.*

（22）二〇〇五年二月十九日　http://www.isis.ne.jp/mnn/senya/senya0258.html.

（23）大原富枝「シモーヌ・ヴェイユのこと」『息にわがする』朝日新聞社、一九九〇年、三一三頁。

（24）饗庭孝男『絶対への渇望』勁草書房、一九七二年、二五三頁。

（25）ポール・リーチ著、福嶋瑞江訳「神の道を歩んだシモーヌ・ヴェイユ」『神を問う思想家たち』みすず書房、一九八三年。

（26）神谷美恵子『神谷美恵子著作集5　旅の手帖より　エッセイ集1』みすず書房、一九八一年、所収（「シモーヌ・ヴェイユの軌跡」『神戸女学院大学新聞』一九七〇年、初出）。

（27）「シモーヌ・ヴェーユ　カイエ　月報」みすず書房、一九九四年。

（28）湯川豊「須賀さんについてのノート」、須賀敦子『トリエステの坂道』所収、新潮文庫、一九九八年、二六九―二七一頁。

（29）須賀敦子「世界をよこにつなげる思想」『本に読まれて』中央公論新社、二〇〇一年、一〇二―一〇三頁。

（30）山口昌男「ユダヤ人の知的熱情」『本の神話学』中央公論社、一九七一年、七一頁。

（31）シルヴィ・ヴェイユ『リュクサンブールの王女たち』梗概：エレーヌは、パリのリュクサンブール公園に面した家族のアパルトマンに一人残り、引きこもって暮らしている。彼女は追想の中で、家族のひとりひとりになりきり、家族の物語を生き直して日々を過ごしている。そこへ友人の依頼により、ロシア人の亡命者アレックスをアパルトマンに受け入れることになる。こうしてエレーヌの家族の物語とエレーヌとアレックスの愛の物語が同時に進行していく。

(32) 稲葉延子、前掲書、一七七頁、一八五―一八六頁。

(33) 稲葉延子「シモーヌ・ヴェーユと関わる人々（1）」『春秋』一九九一年八・九月号、春秋社、一九九一年。

(34) 五木寛之『デラシネの旗』『五木寛之作品集1』所収、文藝春秋、一九七二年、二五三頁。

(35) 三浦綾子『雪のアルバム』小学館、一九八六年、一九六頁。

(36) 木崎さと子『幸福の谷』文藝春秋、一九九〇年、一六六頁、一六八頁。

(37) 髙村薫『レディ・ジョーカー』毎日新聞社、一九九七年、上巻、四二〇―四二一頁。髙村薫『晴子情歌』新潮社、二〇〇二年、新潮文庫、二〇〇五年、上巻、一八七―一八八頁。

(38) アンドレ・ヴェーユ「妹シモーヌの思い出」、稲葉延子、前掲書、九七―一二〇頁。

(39) 大江健三郎『大江健三郎小説10　燃え上がる緑の木』新潮社、一九九七年、第三部第四章、四八〇―四八二頁、所収（『新潮』一九九五年三月号初出）。

(40) 片山恭一『世界の中心で、愛を叫ぶ』小学館、二〇〇一年。

(41) 二〇〇五年二月十九日 http://www.webdokusho.com/rensai/sakka/michi20.html.

(42) 笠井潔『サマー・アポカリプス』東京創元社、一九九六年。

(43) 笠井潔『薔薇の女』東京創元社、一九九六年、二二五―二二七頁。

(44) 東浩紀「第八信　八〇年代と『否定神学』の行方」笠井潔から東浩紀への手紙」、東浩紀・笠井潔『動物化する世界の中で――全共闘以降の日本、ポストモダン以降の批評』集英社、二〇〇三年、一〇六―一〇七頁。

(45) 大江健三郎「癒される者」一九九四年十月五日、読売新聞創刊一二〇周年記念「国際医療フォーラム」『あいまいな日本の私』岩波書店、一九九五年、一九頁。

(46) 『私という小説家の作り方』一六三頁。

(47) 『日本経済新聞』一九九四年六月五日、聞き手＝浦田憲治。

(48) 『朝日新聞』〝伝える言葉〟大江健三郎、二〇〇四年八月十日。

(49) スーザン・ソンダグ「未来に向けて　往復書簡」『朝日新聞』、一九九九年六月十六日夕刊。

(50) Sylvie Courtine-Denamy, *Trois femmes dans de sombres temps, Edith Stein, Hannah Arendt, Simone Weil*, Albin Michel, 1997.

(51) 2009. *ANNÉE Simone Weil Chronique* Pascal David, Cahiers Simone Weil, pp. 223-240.

(52) Réalisateur : Florence Mauro Auteurs : Francoise Mauro, Florence Mauro Producteurs : ARTE France en association avec CFRT, ZADIG PRODUCTIONS (*Simone Weil, L'irrégulière*) でも多くを語っている。

(53) 『アンドレとシモーヌ　ヴェイユ家の物語』稲葉延子訳、春秋社、二〇一一年。

(54) 『シモーヌ・ヴェイユ選集Ⅰ・Ⅱ・Ⅲ』みすず書房、他、**表2**を参照。

(55) 二〇〇四年十月十一日、ヴェトー氏の著書 *La metaphysique religieuse de Simone Weil* についての質問会（特定質問者：稲葉延子、加國尚志、柴田美々子、冨原眞弓、長谷正當：司会・通訳：杉村靖彦）。同十月十二日、ヴェトー氏講演会「シモーヌ・ヴェイユにおける善の欲望」（司会・通訳：杉村靖彦）なお、上記講演会の後、ヴェトー氏は、早稲田大学でも講演

（司会：支倉崇晴）をしている。

(56) Sylvie Courtine-Denamy, *Trois femmes dans de sombres temps*（『暗い時代の三人の女性――エディット・シュタイン、ハンナ・アーレント、シモーヌ・ヴェイユ』）、**表3**参照。

(57) 二〇一一年十一月十一日、東京大学、シルヴィ・クルティーヌ＝ドゥナミ講演会「創造と脱‐創造――シモーヌ・ヴェイユの解釈による〝愛の狂気〟」司会：原和之。

(58) 二〇〇九年七月十四日、明治大学主催、シモーヌ・ヴェイユ生誕年記念シンポジウム「シモーヌ・ヴェイユと来るべき倫理――パリ第七大学M・レボヴィッシ氏を招いて」。

(59) 新作歌曲の会第一一回演奏会、二〇〇九年七月二十日、バリトン：鎌田直純、ソプラノ：紙谷弘子、ピアノ：亀沢奈央、翻案・訳：稲葉延子、東京文化会館小ホール。**表4**参照。

(60)「シモーヌ・ヴェイユ生誕一〇〇年記念の会」二〇〇九年十二月五日（土）第一部：講演＝稲葉延子、第二部：コンサート、カリタス女子短期大学。

(61) 全一六巻の予定で、一九八八年から刊行され、二〇二四年五月現在残すところ三冊となった。

(62) 以下の講演会に通常の十数名を大きく超えて五〇名以上の市民が集まったことも、一ヴェイユ研究者としては驚きであった。二〇一三年度横浜フランス月間「講座フランスを知るⅣ　ヴェイユ家の人々」講演：稲葉延子。

(63) レヴィナス『困難な自由』には『聖書』に反対するシモーヌ・ヴェイユ」が収められている。バタイユには、論文「シモーヌ・ヴェーユ　呪詛する道徳の軍事的勝利と破綻」とヴェイユをモデルにしたと言われる小説『空の青み』がある。

(64) 加藤敏「シモーヌ・ヴェイユにおける摂食障碍と博愛思想――摂食障碍理解への一寄与」『精神雑誌』（二〇一〇）一一二巻四号。

モンタナでスキーを楽しむ（1935 年）

# 〈資料〉

◎シモーヌ・ヴェイユ略年譜(1909-1943)

◎文献一覧

Ⅰ　シモーヌ・ヴェイユの著作一覧

Ⅱ　シモーヌ・ヴェイユに関する文献一覧

# シモーヌ・ヴェイユ略年譜（1909–1943）

| 西暦 | 齢 | 月日 | |
|---|---|---|---|
| 一九〇九 | | 2月3日 | パリでユダヤ系の知識人家庭に生まれる。父親は軍医<br>父の転勤でフランス各地（東部ヌーシャトー、北西部マイエンヌ、中部シャルトル、西部ラヴァル）を転々とする |
| 一九一九 | 10 | 1月 | パリに戻る。名門フェヌロン校に二年飛び級で入学。それでもまだ同級生より知的に成熟していた |
| 一九二〇 | 11 | 10月 | 病弱により休学。個人教授を受ける |
| 一九二一 | 12 | 10月 | フェヌロン校に復学 |
| 一九二三 | 14 | | この頃、後に数学者になる兄アンドレの天才ぶりに強い劣等感を感じ、悩む |
| 一九二五 | 16 | | フェヌロン校卒業。名門アンリ四世高校に入学。アランの教えを受ける。哲学自由作文「グリムにおける六羽の白鳥」（OCI） |
| 一九二六 | 17 | <br>夏頃 | 哲学自由作文「美と善」「時間について」「存在と対象」（OCI）<br>サヴォワ県で休暇、兄と高山に登り、その際目にした景色から「純潔」の観念が自分の中に入ってくる |
| 一九二七 | 18 | 8月以降 | 労働者向けの民衆大学でボランティアで教える |
| 一九二八 | 19 | 10月 | アンリ四世高校卒業後、高等師範学校入学。アランの授業は引き続き聴講した |
| 一九二九 | 20 | <br>5月 | 組合活動や平和主義運動に参加。鉄道員向けにボランティアで授業をする。ジュラ山地で農作業<br>哲学試論「知覚について、あるいはプロテウスの冒険」（OCI）<br>12歳くらいから始まっていた頭痛の発作がこの頃より一層激しくなる |
| 一九三〇 | 21 | 7月 | 卒業論文「デカルトにおける科学と知覚」（OCI）を提出。ブランシュヴィック指導教授は厳しい評価（二〇点満点中一〇点の合格最低点） |
| 一九三一 | 22 | 7—10月 | 大学教授資格試験に合格。ル・ピュイ（フランス南部）の国立女子高等学校に哲学教授として赴任 |
| | | 秋 | サン＝テティエンヌで炭鉱夫向けの教養講座を組織、ボランティアで教える |
| | | 11月 | 共産党系（CGTU）と社会党系（CGT）に分離していた労働組合を統一しようと奔走する |
| | | 12月 | 小学校教職員組合活動、失業者支援に積極的に関与する。地方紙に取り上げられ批判されて大きな問題に |

| | | | |
|---|---|---|---|
| 一九三二 | 23 | | 「資本と労働者」（OC II 1）ほか多くの政治的論文を『ラ・レヴォルーション・プロレタリエンヌ』『レ・フォール』誌他左翼系雑誌数誌に投稿 |
| | | 8月 | ドイツに旅行し、ナチズム台頭を視察。全体主義的傾向が強まる状況を分析した論文「待機するドイツ」「ドイツの現状」（OC II 1）など数編を発表 |
| | | 10月 | オセール（フランス中央部）の国立女子高等学校に異動 |
| 一九三三 | 24 | 7月 | ボリス・スヴァリーヌ主宰の『社会批評』誌に参加。バタイユとも知己を得るが後に断交 |
| | | 8月 | 「われわれはプロレタリア革命に向かっているか」「ソ連の問題」（OC II 1）など、スターリン主義批判、ロシア革命の失敗を指摘する論文発表 |
| | | 10月 | オセール校における哲学講座閉鎖に伴い、ロアンヌ（フランス中央部）の国立女子高等学校に異動。『哲学講義』（生徒による講義記録） |
| | | 12月 | トロツキーをパリの自宅に数日泊める。その間にロシア革命、ソ連政治状況をめぐり激論をかわす |
| 一九三四 | 25 | 3月 | 「十四世紀フィレンツェにおけるプロレタリア蜂起」（OC II 1） |
| | | 6月 | 個人的研究目的で一年半の休暇取得 |
| | | 秋 | 『自由と社会的抑圧の原因をめぐる考察』（OC II 1） |
| | | 12月 | 休暇を利用し三カ所の工場（電気機器、鉄工、自動車）で八カ月間、単純肉体労働に従事する。「工場日記」「工場生活の経験」など（OC II 2） |
| 一九三五 | 26 | 4月 | 工場労働終了後、スペインとポルトガルに休暇旅行 |
| | | 8—9月 | ポルトガル旅行中、一回目の神秘体験（カトリシズムとの第一の接触） |
| | | 10月 | ブールジュ（フランス中央部）の国立女子高等学校に異動。『カイエ』執筆開始、しかし三冊目で中断（K 1～3）（OC VI 1） |
| 一九三六 | 27 | 3月 | フランス中部シェール県で農作業に従事 |
| | | 5月 | 「アンティゴネー」（OC II 2） |
| | | 6月 | 「冶金女工の生活とストライキ」（OC II） |
| | | 8月 | スペイン内戦にアナルコサンディカリスト側の義勇兵として参戦。野営中、足に火傷し帰国 |
| | | 9月 | 火傷治療のため一年間の病気休暇取得、この頃チャップリン『モダン・タイムス』を観て絶賛する |
| 一九三七 | 28 | | スイス・モンタナの病院で療養中にバッハのブランデンブルク協奏曲第4番2楽章（ブッシュ指揮）を聴き感動する |

| 西暦 | 齢 | 月日 | |
|---|---|---|---|
| 一九三七 | 28 | 5—6月 | イタリア旅行中、アッシジでモンテヴェルディ『ポッペアの戴冠』を聴く。二回目の神秘体験（カトリシズムとの第二の接触） |
| | | 9月 | 「労働の条件」（*OC* II 2） |
| | | 10月 | サンカンタン（フランス北部）の国立女子高等学校に異動 |
| 一九三八 | 29 | 1月 | 頭痛悪化により二年半の長期休暇取得 |
| | | 4月 | ソレム修道院でグレゴリオ聖歌を聴き、三回目の神秘体験（カトリシズムとの第三の接触） |
| | | 5—8月 | 二度目のイタリア旅行（ヴェネツィアほか） |
| | | 11月頃 | G・ハーバートの形而上詩「愛」の暗唱中にキリストの現存を実感する神秘体験 |
| 一九三九 | 30 | 3月 | ヒットラーのチェコスロヴァキア侵攻を境に、非戦主義と訣別 |
| | | 秋 | 「ヒットラー主義の起源に関する考察」「『イリアス』あるいは力の詩篇」（*OC* II 3） |
| | | 秋以降 | 宗教史関係の書物（旧約聖書、『エジプト死者の書』『アッシリア・バビロニア宗教文書選集』『マニ教講話』など）を多読する |
| 一九四〇 | 31 | 2—4月 | 徴兵忌避嫌疑で拘留された数学者の兄アンドレとの間で科学や宗教に関する往復書簡（*OC* VII 1） |
| | | 春 | 宗教史についての研究進める。『ギルガメッシュ叙事詩』や『バガヴァッド・ギーター』を読む |
| | | 春 | 「最前線看護婦部隊編成計画」構想開始（*OC* IV 1） |
| | | 6月13日 | パリ無防備都市宣言。両親と共にパリを脱出。翌14日、ドイツ軍パリ入城 |
| | | 7月 | 「救われたヴェネツィア」執筆開始 |
| | | 9月 | 両親と共にヴィシーを経て、マルセイユ到着 |
| | | 10月3日 | 「ユダヤ人排斥法」により教授資格喪失 |
| 一九四一 | 32 | 1月頃 | ルネ・ドーマルと会いサンスクリット語を習う。マルセイユの哲学サークルに参加 |
| | | 1月半ば | 中世南仏の異端カタリ派研究に没頭。「オック文化の真髄」（*OC* IV 1） |
| | | 1月末頃 | 五年ぶりに『カイエ』の執筆を再開（K4から） |
| | | 3月 | マルセイユ居留インドシナ難民の惨状に心を痛め、当局に改善を訴える手紙を書く |
| | | | 難民キャンプにいたスペインからの難民アントニオ・アタレスと文通、援助 |
| | | 4—5月 | 「科学とわれわれ」（*OC* IV 1） |
| | | 6月以降 | ドミニコ会士ペラン神父、農民哲学者ギュスターヴ・ティボンと交流。急速にカトリックに接近、しかし洗礼は受けず |

| | | | |
|---|---|---|---|
| | | 9月 | 『道経』『ウパニシャッド』、民俗学的文献を多読 |
| | | 9—10月 | ティボン所有農地ほかマルセイユ近郊各地で農作業（ぶどう摘み等）に従事。「主の祈り」を唱えているときにキリストの現存を実感する神秘体験 |
| | | 10月 | この頃『カイエ』K4〜5（*OC*VI 2）執筆 |
| | | 冬 | 「神の愛についての雑感」「科学の未来」「量子論についての考察」（*OC*IV 1）<br>「プラトン『ティマイオス』注釈」（*OC*IV 2）など論文多数<br>「海」「星」などの詩（『ヴェイユ詩集』所収） |
| 一九四二 | 33 | 2月半ば | 鈴木大拙を読み、禅仏教に興味持つ、また『ギーター』への関心さらに深まる（友人S・ペトルマンに手紙） |
| | | 3月末 | 重度の身体障害をもつ詩人ジョー・ブスケをカルカソンヌに訪ね対話 |
| | | 4—5月 | マルセイユに戻り、「前キリスト教的直観」（*OC*IV 2）、「主の祈りについて」「ノアの三人の息子と地中海文明の歴史」「神の愛についての雑感」「神の愛と不幸」（*OC*IV 1）ほか多くの論文を書く<br>この頃『カイエ』K6〜11（*OC*VI 2, 3）執筆<br>ラビナ版聖書購入 |
| | | 5月12、14日 | ブスケ、ペラン神父へ別れの手紙（「精神的自叙伝」『神を待ち望む』所収） |
| | | 5月14日 | ティボンにそれまで書いた『カイエ』を託し、両親と共にアメリカへ亡命 |
| | | 7月 | ニューヨークでカトリック哲学者ジャック・マリタン、クーチュリエ神父と知り合う |
| | | 7月 | 『ある修道者への手紙』執筆開始 |
| | | 10月 | この頃『カイエ』K12〜16（*OC*VI 3, 4）執筆<br>「最前線看護婦部隊編成計画」の実現に奔走、他方レジスタンスのためヨーロッパに戻る手段を画策<br>ハーレムの黒人教会にゴスペルを聞きに通う。黒人霊歌、アメリカ先住民など各地の民間伝承を研究 |
| | | 9月 | クーチュリエ神父に『ある修道者への手紙』を送る。兄アンドレ夫妻に娘シルヴィ誕生 |
| | | 11月10日 | 単身ニューヨークを発ちロンドンへ |
| | | 12月14日 | ロンドンに戻り、ド・ゴールのレジスタンス・グループに加わる。文案起草委員となり精力的に執筆<br>『根を持つこと』（*OC*V 2）、「人格と聖なるもの」「われわれは正義のためにたたかっているのか」「人間に対する義務宣言のための試案」「この戦争は宗教戦争である」「政党全廃に関する覚書」（*OC*V 1）など執筆多数<br>この頃『カイエ』K17〜18（*OC*VI 4）執筆 |

| 西暦 | 齢 | 月日 | |
|---|---|---|---|
| 一九四三 | 34 | 4月15日 | 下宿で倒れ入院（慢性の疲労、栄養不足から急性肺結核に） |
| | | 4―5月 | 入院中も食事摂取を最小限しかせず、病状悪化 |
| | | 5月末 | 病床でサンスクリット学習再開 |
| | | 7月26日 | 方向性の違いからド・ゴールのレジスタンス・グループを脱退 |
| | | 8月17日 | ロンドン近郊アッシュフォードの病院に転院 |
| | | 8月24日 | 死去。死因は「肺結核と栄養欠乏による心臓衰弱」 |

（作成＝鈴木順子）

2011年
鈴木順子『シモーヌ・ヴェイユ 「犠牲」の思想』藤原書店、2012年
松原詩乃『シモーヌ・ヴェイユのキリスト教――善なる神への信仰』教友社、2012年
クルティーヌ＝ドゥナミ、シルヴィ『シモーヌ・ヴェイユ――天上の根を求めて』庭田茂吉・落合芳訳、萌書房、2013年
岩野卓司編『別冊水声通信 シモーヌ・ヴェイユ』水声社、2017年
脇坂真弥『人間の生のありえなさ――〈私〉という偶然をめぐる哲学』青土社、2021年
ド＝リュシー、フロランス『シモーヌ・ヴェイユ』神谷幹夫訳、白水社（文庫クセジュ）、2022年
鈴木順子『シモーヌ・ヴェイユ 「歓び」の思想』藤原書店、2023年

（作成＝鈴木順子／協力＝谷 虹陽）

SUPIOT, Alain (éd.), *Mondialisation ou globalisation ? Les Leçons de Simone Weil*, Paris, Collège de France, 2019.

VETÖ, Miklos, *La métaphysique religieuse de Simone Weil*, Paris, Vrin, 1971. 2e éd. L'Harmattan, 1997.

WEIL, Sylvie, *Chez Les Weil : André et Simone*, Paris, Buchet Chastel, 2009.

WINCH Peter, *Simone Weil: « The Just Balance »*, Cambridge, New York, Cambridge University Press, 1989.

### 欧語雑誌、論文

*Cahiers Simone Weil* (juin 1978- : Revue trimestrielle publiée par l'Association pour l'étude de la pensée de Simone Weil)

TOMIHARA, Mayumi, *La transposition de la notion grecque de médiation dans la pensée religieuse de Simone Weil*, Thèse de troisième cycle, Université de Paris-Sorbonne, 1982.

### 邦語著作・論文（刊行順）

大木健『シモーヌ・ヴェイユの生涯』勁草書房、1964（1968、1998）年

田辺保『シモーヌ・ヴェイユ――その極限の愛の思想』講談社現代新書、1968 年

ダヴィ、M - M『シモーヌ・ヴェイユ入門』田辺保訳、勁草書房、1968 年

ダヴィ、M - M『シモーヌ・ヴェーユの世界』山崎庸一郎訳、晶文社、1968 年

大木健『シモーヌ・ヴェイユの不幸論』勁草書房、1969 年

ペラン、J - M、ティボン、ギュスターヴ『回想のシモーヌ・ヴェイユ』田辺保訳、朝日出版社、1975 年

ペトルマン、シモーヌ『詳伝シモーヌ・ヴェイユ』（全 2 冊）、杉山毅・田辺保訳、勁草書房、1978（2002）年

カヴォー、ジャック『シモーヌ・ヴェーユ最後の日々』山崎庸一郎訳、みすず書房、1978 年

大木健『カルカソンヌの一夜――ヴェイユとブスケ』朝日出版社、1989 年

ダルヴィ、クロード『シモーヌ・ヴェイユ――その劇的生涯』稲葉延子訳、春秋社、1991 年

冨原眞弓『ヴェーユ』清水書院（人と思想 107）、1992 年

吉本隆明『甦えるヴェイユ』JICC 出版局、1992 年（『甦えるヴェイユ』（Modern Classics 新書 6）、洋泉社、2006 年）

フィオーリ、ガブリエッラ『シモーヌ・ヴェイユ――ひかりを手にいれた女性』福井美津子訳、平凡社、1994 年

冨原眞弓『シモーヌ・ヴェイユ　力の寓話』青土社、2000 年

冨原眞弓『シモーヌ・ヴェイユ』岩波書店、2002 年（岩波人文書セレクション、2012 年、岩波現代文庫、2024 年）

ヴェトー、ミクロス『シモーヌ・ヴェイユの哲学――その形而上学的転回』今村純子訳、慶應義塾大学出版会、2006 年

クルティーヌ＝ドゥナミ、シルヴィ『暗い時代の三人の女性――エディット・シュタイン　ハンナ・アーレント　シモーヌ・ヴェイユ』庭田茂吉ほか訳、晃洋書房、2010 年

今村純子『シモーヌ・ヴェイユの詩学』慶應義塾大学出版会、2010 年

ヴェイユ、シルヴィ『アンドレとシモーヌ――ヴェイユ家の物語』稲葉延子訳、春秋社、

CHENAVIER, Robert, *Simone Weil : Une philosophe du travail*, Paris, Cerf, coll. « la nuit surveillée », 2001.
COURTINE-DENAMY, Sylvie, *Trois femmes dans de sombres temps: Edith Stein, Hannah Arendt, Simone Weil, ou, Amor fati, Amor mundi*, Paris, A. Michel, 2002.
COURTINE-DENAMY, Sylvie, *Simone Weil : La quête de racines célestes*, Paris, Cerf, 2009.
DAVY, M. M., *Introduction au message de Simone Weil*, Paris, Plon, 1954.
DAVY, M. M., *Simone Weil*, Paris, Éditions Universitaires, 1961.
DELSOL, Chantal (éd.), *Simone Weil*, Paris, Cerf, 2009.
DE LUSSY, Florence, *Simone Weil*, coll. « Que Sais-Je? » n° 4037, Paris, PUF, 2016.
DUJARDIN, Philippe, *Simone Weil – idéologie et politique*, Grenoble, Presse Universitaire de Grenoble, 1975.
FIORI, Gabriella, *Simone Weil: Biografia di un pensiero*, Milan, Garzanti, 1981.
GABELLIERI, Emmanuel, *Être et Don : Simone Weil et la philosophie*, Louvain, Peeters (Bibliothèque philosophique de Louvain 57), 2003.
GABELLIERI, Emmanuel., et BINGEMER, Maria Clara Lucchetti (éd.), *Simone Weil : Action et Contemplation*, Paris, L'Harmattan, 2008.
GINIEWSKI, Paul, *Simone Weil ou la haine de soi*, Paris, Berg International, 1978.
GUTBROD, Gizella., et JANIAUD, Joël., et SEPSI, Enikő (éd.), *Simone Weil : Philosophie, mystique, esthétique*, Paris, Archives Karéline, 2012.
KAHN, Gilbert (éd.), *Simone Weil – Philosophe, historienne et mystique*, Paris, Aubier, 1978.
KEMPFNER, Gaston, *La philosophie mystique de Simone Weil*, Paris, La Colombe, 1960, rééd. Nataraj, 1996.
LABBÉ, Mickaël, *La notion de travail chez Simone Weil*, Paris, Demopolis, coll. « Philosophie en cours », 2018.
LITTLE, Janet Patricia, *Simone Weil: Waiting on Truth*, Oxford, New York, Hamburg, Berg Publishers, 1988.
L'YVONNET François (sous la direction de), *Simone Weil : Le grande passage*, Paris, Albin Michel,coll. « Espaces libres », [1994]2006.
L'YVONNET, François, *Simone Weil*, Paris, Adpf, 2006.
McLELLAN, David, *Simone Weil : Utopian Pessimist*, London, MacMillan, 1989.
MULLER, Jean-Maris, *Simone Weil, l'exigence de non-violence*, Ed. Témoignage chrétion, 1991, 1993.
NARCY, Michel, *Simone Weil, Malheur et beauté du monde*, Paris, Centurion, 1967.
NARCY, Michel., et TASSIN, E. (éd.), *Les Catégories de l'universel, Simone Weil et H. Arendt*, Paris, L'Harmattan, 2001.
PERRIN, J-M., et THIBON, Gustave, *Simone Weil telle que nous l'avons connue*, Paris, Colombe, 1952.
PERRIN, J.-M. (préface) et al., *Réponses aux questions de Simone Weil*, Paris, Aubier, 1964.
PERRIN, Joseph-Marie, *Mon dialogue avec Simone Weil*, Paris, Nouvelle Cité, 1984.
PÉTREMENT, Simone, *La Vie de Simone Weil*, Paris, Fayard, 1973 (1997).
SAINT-SERNIN, Bertrand, *L'action politique selon Simone Weil*, Paris, Cerf, 1988.
SPRINGSTED, Eric-O., *Christus mediator : Platonic mediation in the thought of Simone Weil*, Chico, California, Scholars Press, 1983.

*Sur la science*, Paris, Gallimard, coll. « Espoir », 1966.
*La source grecque*, Paris, Gallimard, coll. « Espoir », 1953.

### 訳書（刊行順）

『抑圧と自由』石川湧訳、東京創元社、1965 年
『シモーヌ・ヴェーユ著作集』（全 5 冊）、春秋社、1967-1968 年
『労働と人生についての省察』黒木義典・田辺保訳、勁草書房、1967 年
『ロンドン論集とさいごの手紙』田辺保・杉山毅訳、勁草書房、1969 年
『シモーヌ・ヴェーユ詩集』小海永二訳、青土社、1971 年
『工場日記』田辺保訳、講談社、1972 年
『神の愛についての雑感』渡辺義愛訳（現代キリスト教思想叢書第 6 巻）、白水社、1973 年
『神を待ちのぞむ』田辺保・杉山毅訳、勁草書房、1975 年
『科学について』福居純・中田光雄訳、みすず書房、1976 年
『シモーヌ・ヴェーユ　哲学講義』川村孝則・渡辺一民訳、人文書院、1981 年（『ヴェーユの哲学講義』ちくま学芸文庫、1996 年）
『ギリシアの泉』冨原眞弓訳、みすず書房、1988 年
『カイエ』（全 4 冊）、冨原眞弓ほか訳、みすず書房、1992-1998 年
『ヴェイユの言葉』冨原眞弓編訳、みすず書房、2003 年
『自由と社会的抑圧』冨原眞弓訳、岩波文庫、2005 年
『根をもつこと』（上・下）冨原眞弓訳、岩波文庫、2010 年
『前キリスト教的直観　蘇るギリシア』今村純子訳、法政大学出版局、2011 年
『シモーヌ・ヴェイユ選集』（全 3 巻）冨原眞弓訳、みすず書房、2012-2013 年
『重力と恩寵』冨原眞弓訳、岩波文庫、2017 年
『シモーヌ・ヴェイユ　アンソロジー』今村純子編訳、河出書房新社、2018 年
『工場日記』冨原眞弓訳、佐藤紀子解説、みすず書房、2019 年
『神を待ちのぞむ』今村純子訳、河出書房新社、2020 年

## II　シモーヌ・ヴェイユに関する文献一覧

### 欧語著書（著者名アルファベット順）

ALLEN, Diogenes, SPRINGSTED, Eric-O., *Spirit, Nature, and Community: Issues in the Thought of Simone Weil*, State University of New York Press, 1994.
BELL, Richard H., *Simone Weil: The Way of Justice as Compassion*, Rowman & Littlefield Publishers, Lanham-Oxford, 1998.
BROC-LAPEYRE, Monique (éd.), *Simone Weil et les langues ; Recherches sur la philosophie et le langage*, 13, Université P. Mandès-France, Grenoble, 1991.
CABAUD, Jacques, *L'Expérience vécue de Simone Weil*, Paris, Plon, 1957.
CABAUD, Jacques, *Simone Weil à New York et à Londres : Les quinze derniers mois (1942-1943)*, Paris, Plon, 1967.
CANCIANI, Dominico, *Simone Weil : Le courage de penser*, Paris, Beauchesne, 2011.
CEDRONIO, Marina (éd.), *Modernité, démocratie et totalitarisme : Simone Weil et Hannah Arendt*, Paris, Klincksieck, 1996.

# 文献一覧

## I　シモーヌ・ヴェイユの著作一覧


### 原著（アルファベット順）

*Attente de Dieu*, 6e éd. Paris, Albin Michel, coll. « Spiritualitéss vivantes », 2016.

*Cahier 1, 2, 3*, 2e éd. Paris, Plon, 1970, 1972, 1974

*La condition ouvrière*, 3e éd, Paris, Gallimard, coll. « Folio Essais », 2002.

*La connaissance surnaturelle*, Paris, Gallimard, coll. « Espoir », 1950.

*Ecrits historiques et politiques*, Paris, Gallimard, coll. « Espoir », 1960.

*Ecrits de Londres et dernières lettres*, Paris, Gallimard, coll. « Espoir », 1990.

*L'Enracinement*, 2e éd. Paris, Gallimard, coll. « Folio Essais », 1990.

*Intuitions pré-chrétiennes*, Paris, Fayard, 1951, 1985.

*Leçons de philosophie de Simone Weil (Roanne 1933-1934)*, 3e éd. Paris, Plon, 1989.

*Lettre à un religieux*, 2e éd. Paris, éd du Seuil, coll. « Livre de vie », 1974.

*Simone Weil ; Œuvres complètes* (*OC*), Paris, Gallimard

*OC* I : *Premiers écrits Philosophiques*, 1988.

*OC* II 1 : *Écrits historiques et politiques. L'engagement syndical (1927-juillet 1934)*, 1988.

*OC* II 2 : *Écrits historiques et politiques. L'expérience ouvrière et l'adieu à la révolution (juillet 1934-juin 1937)*, 1991.

*OC* II 3 : *Écrits historiques et politiques. Vers la guerre (1937-1940)*, 1989.

*OC* IV 1 : *Écrits de Marseille. Philosophie, science, religion, questions politiques et sociales : (1940-1942)*, 2008.

*OC* IV 2 : *Écrits de Marseille. Grèce-Inde-Occitanie (1941-1942)*, 2009.

*OC* V 1 : *Écrits de New York et de Londres. Questions politiques et religieuses (1942-1943)*, 2019.

*OC* V 2 : *Écrits de New York et Londres. L'enracinement : prélude à une déclaration des devoirs envers l'être humain (1943)*, 2013.

*OC* VI 1 : *Cahiers 1 (1933-septembre 1941)*, 1994.

*OC* VI 2 : *Cahiers 2 (septembre 1941-février 1942)*, 1997.

*OC* VI 3 : *Cahiers 3 (février 1942-juin 1942)*, 2002.

*OC* VI 4 : *Cahiers 4 (juin1942-juillet 1943)*, 2006.

*OC* VII 1 : *Correspondance familiale*, 2012.

*Œuvres (sélection)*, Paris, Gallimard, collection « Quarto », 1999.

*Oppression et liberté*, Paris, Gallimard, coll. « Espoir », 1955.

*Poèmes*, suivis de *Venise sauvée*, Paris, Gallimard, coll. « Espoir », 1968.

*La Pesanteur et la Grâce*, 1re éd. Paris, Plon, 1947.

*Pensées sans ordre concernant l'amour de Dieu*, Paris, Gallimard, coll. « Espoir », 1962.

*Réflexions sur les causes de la liberté et de l'oppression sociale*, Paris, Gallimard, coll. « Folio Essais », 1998.

EDITORIAL STAFF

*editor in chief*
FUJIWARA YOSHIO

*editor*
KARIYA TAKU

*assistant editor*
KURATA NAOKI

〔編集後記〕

▼あれは確かもう50年近く前になるだろうか。“女性解放の旗手”、九州福岡在住の今は亡き河野信子さんが上京された75年春。『高群逸枝雑誌』に連載されていた文章をまとめる打合せだった。その時、『シモーヌ・ヴェーユと現代』の新著が誕生したばかりだったので、河野さんはひとしきり、自分が何故ヴェイユに関心を持ち、一冊の本にまとめたかを語られた。それが、初めてヴェイユに拙が接した時だった。『根をもつこと』という本が河野さんにとって大切な本であることを強調されていた。

▼それが、今回10余年前に小社主催の河上肇賞を受賞された鈴木順子さんの編集で、ヴェイユの新たな全体像が甦った。嬉しい限りである。齢34という若さで、フランスがドイツ占領下にあるなか、病いのうちに亡くなったヴェイユ。ユダヤ系の医師の家に生まれ、20世紀前半を生きた早熟の思想家が、今日のわれわれに何を遺言したのか？　ヴェイユの多様な面を浮び上がらせたつもりである。今こそ、ヴェイユの肉声の響きに耳を傾けていただければ有難く思う。　（亮）

別冊『環』㉙

甦《よみがえ》るシモーヌ・ヴェイユ　1909-1943

純粋《じゅんすい》にして、勇敢《ゆうかん》・寛容《かんよう》

2024年 6月30日発行

編　　者　鈴 木 順 子
発 行 人　藤 原 良 雄
発 行 所　株式会社 藤 原 書 店

〒162-0041　東京都新宿区早稲田鶴巻町523
電　話　03-5272-0301（代表）
ＦＡＸ　03-5272-0450
ＵＲＬ　http://www.fujiwara-shoten.co.jp/
振　替　00160-4-17013

印刷・製本　中央精版印刷株式会社


ISBN 978-4-86578-423-7